**MICE** 会展策划与管理专业系列教材

专家指导委员会主任/韩玉灵　总主编/康年

# 会展运营与执行管理

罗绮琦　彭慧翔　张媛 ◎ 主编
武君　张磊　刘臻 ◎ 副主编

数字资源总码

◆ 推进校企"双元"合作开发
◆ 瞄准行业数字化发展趋势
◆ 匹配专业教学标准核心课程
◆ 贯穿国际通行活动管理理念
◆ 引领职业教材形式创新需求

旅游教育出版社
·北京·

# 会展策划与管理专业系列教材
# 专家指导委员会、编委会

## 专家指导委员会

**主 任：**

韩玉灵（北京第二外国语学院教授，曾担任教育部全国旅游职业教育教学指导委员会秘书长）

**副主任：**

杜兰晓（浙江旅游职业学院校长、教授，中国职业技术教育学会智慧文旅职业教育专业委员会执行主任）

瞿立新（无锡城市职业学院校长、教授，全国旅游职业教育教学指导委员会会展专业类专业委员会副主任委员）

丁海秀（中国职业技术教育学会智慧文旅职业教育专业委员会副秘书长，旅游教育出版社副社长）

## 编委会

**总主编：**

康　年（上海师范大学副校长、上海旅游高等专科学校校长，全国旅游职业教育教学指导委员会会展专业类专业委员会主任委员）

**执行总主编：**

宋　波（上海师范大学教授，上海旅游高等专科学校旅游研究院常务副院长，全国旅游职业教育教学指导委员会会展专业类专业委员会秘书长）

**编委（排名以姓名拼音为序）：**

| | | | | | | |
|---|---|---|---|---|---|---|
| 安小霞 | 仓　俊 | 陈　超 | 陈　萍 | 陈　姝 | 陈彬彬 | 陈翊霖 |
| 程致远 | 褚玉静 | 丁　旭 | 段玉敏 | 葛　菲 | 宫　博 | 关庆飞 |
| 哈丽旦·巴克 | 韩　健 | 郝俊谦 | 洪伟鑫 | 黄可筠 | 贾巧云 | |
| 蒋天骐 | 雷　敏 | 李　健 | 李　杨 | 李荣艳 | 李小蓉 | 李悦玫 |
| 林海榕 | 刘　硕 | 刘　文 | 刘　臻 | 刘馥馨 | 刘淼晶 | 罗绮琦 |
| 彭慧翔 | 钱红阳 | 任子荣 | 宋慧娟 | 孙景然 | 唐新安 | 田明舸 |
| 田志武 | 万　涛 | 王　菱 | 王琳艳 | 王姗姗 | 邬　燕 | 吴　烽 |
| 吴杰楠 | 吴舒姗 | 武　君 | 向　军 | 谢予馨 | 徐敏钰 | 徐若然 |
| 徐永君 | 闫　敏 | 杨　洁 | 杨　欣 | 杨　正 | 姚　歆 | 叶大海 |
| 余音梅 | 袁　丽 | 张　磊 | 张　素 | 张　媛 | 张慧娟 | 张立英 |
| 张素霞 | 张岩岩 | 张颖真 | 张芝敏 | 赵　建 | 赵慧娟 | 赵中华 |
| 郑　伟 | 郑晓星 | 钟梦婷 | 周春旺 | | | |

## 《会展运营与执行管理》编委会

**主　编：**

罗绮琦　广州科技贸易职业学院

彭慧翔　广州科技贸易职业学院

张　媛　上海农林职业技术学院

**副主编：**

武　君　北京优联信驰信息科技有限公司

张　磊　北京财贸职业学院

刘　臻　湖北轻工职业技术学院

**顾　问：**

张颖真　广州优联信驰文化发展有限公司

钟梦婷　广州优联信驰文化发展有限公司

洪伟鑫　广州优联信驰文化发展有限公司

周　旺　湖南逸思文化发展有限公司

许　乐　湖南逸思文化发展有限公司

# 总序 PREFACE

会展业以多维度、深层次的经济与社会功能，不仅为现代服务业的发展注入了强劲动力，更在推动城市经济繁荣、促进全球经济一体化等方面扮演着举足轻重的角色。近年来，全球会展业步入了持续且高速发展的轨道，其市场规模以前所未有的速度扩张，到2028年，全球会展活动市场规模将达到15 529亿美元（ResearchAndMarkets.com）。国内会展业更是迎来了蓬勃发展的春天，市场规模连年攀升，已跃升为全球会展版图中不可忽视的重要力量。从被誉为"中国第一展"的中国进出口商品交易会（广交会），到世界上首个以进口为主题的中国国际进口博览会（进博会）等国家级展会，均具有高度的国际影响力和重要性，它们不仅促进了国内外经济交流与合作，更展示了国家的发展成就和未来趋势。2023年，国内会展经济的直接产值约为5820.6亿元，全国线下展览总数为7852个，展览总面积为14 345万平方米，展览城市由2011年的83个增至197个（《中国展览数据统计报告》）。

伴随着经济社会和数字技术的发展，会展行业发展不断升级，对相关人才培养提出了新的要求。自2018年起，上海旅游高等专科学校作为牵头单位，顺利完成了教育部和全国旅游职业教育教学指导委员会委托的《会展行业人才需求与职业院校专业设置指导报告》《高职会展策划与管理专业教学标准修订》等工作，准确分析把握会展行业人才需求与会展专业人才培养的匹配性。为适应会展行业优化升级需要，本系列教材对接会展产业数字化、网络化、智能化发展新趋势，对接新产业、新业态、新模式下的会议、展览、节庆、会奖旅游等职业群的新要求，满足会展行业高质量发展对高素质技术技能人才的需求，推动职业教育专业升级和数字化改造，提高人才培养质量，遵循推进现代职业教育高质量发展的总体要求。

2023年底,经过前期与旅游教育出版社的沟通酝酿,上海旅游高等专科学校牵头,组织了"会展策划与管理专业系列教材"核心课程设置暨系列教材编写研讨会,联合浙江旅游职业学院、无锡城市职业技术学院、成都职业技术学院等院校共同组成本系列教材牵头编撰团队,确定了《会展概论》《会展策划》《会展项目管理》《会展营销》《会展沟通与商务礼仪》《会展展示设计与搭建》《会展文案写作》《会展财务管理》《会展运营与执行管理》《会展数字化应用》整套10本教材。本套教材面向会展行业着力培养具有会展策划能力、营销能力、运营能力和服务能力等素养的高素质服务型人才,注重培育学生的创新精神和实践能力,使学生既能够熟悉会展的相关政策和理论知识,又能从事会展企业经营管理和服务运作等方面的工作。

本套教材主要特点体现在:一是匹配专业核心课程体系。系列教材与高职会展策划与管理专业核心课程高度匹配,可直接服务专业核心课程建设与教学。二是贯穿活动管理理念和过程。系列教材贯穿活动管理理念,教材内容和主题,与会展活动管理(Event Management)知识框架保持一致。三是瞄准行业数字化发展趋势。系列教材对接新兴职业岗位需求,满足数字化服务技能的需要,结合数字化新技术应用,助力会展新业态发展。四是迎合职业教材形式创新需求。推行项目—任务结构式教材,并配套开发数字化资源,保证后续教材内容及时动态更新,积极与行业共建产教融合教材。

本套教材既可作为中高职职业教育会展类专业教学用书,也可作为职业本科会展类专业教育的参考用书,同时可作为工具书供从事会展策划与管理的企事业单位专业人员借鉴与参考。

作为全国首套会展策划与管理专业系列教材,难免存在缺陷与不足,恳请读者朋友指正,我们将在再版过程中予以完善与修正。

总主编:上海旅游高等专科学校

# 前言 FOREWORD

会展运营执行管理，是将创意与方案转化为现实体验的关键桥梁。每一个成功的会展活动，其背后都凝结着精准的现场执行与系统化的管理思维。会展项目的价值，最终通过"现场"这一实景舞台得以呈现，而运营与执行管理的核心使命，正是确保策划设想在动态复杂的场景中完美落地。这一过程既是对专业能力的检验，也是对团队协作与统筹智慧的考验。

本书聚焦会展运营与执行管理的系统性方法论与实践要点。基于行业实践，我们将执行管理划分为六大专业模块：邀请与接待、内容与流程、物料与环境、营销与传播、第三方运营及技术专项应用。这些模块并非孤立存在，而是通过"统筹能力"这一核心纽带相互联结——它既是贯穿项目全生命周期的管理逻辑，也是会展人必须掌握的职业素养。正如业界共识所言："细节决定体验，而统筹决定成败。"

统筹能力绝非抽象概念，而是融合了目标预见力、资源整合力、流程控制力和危机应对力的复合型管理技能。它要求从业者既能俯瞰全局，把握各环节的关联性与优先级，又能深耕细节，确保每项任务按标准、按时序精准推进。这种能力的培养，需要从三个维度持续精进：其一，建立对执行要素的深度认知（懂执行才能真统筹）；其二，掌握科学的项目管理工具（如WBS分解、关键路径法等）；其三，积累实战中解决问题的经验（从应变到预判）。

本教材的编写遵循"认知—方法—实践"的递进逻辑：

认知层，解析执行管理的本质属性与行业特征；

方法层，提供模块化工具与标准化流程框架；

实践层，通过典型案例拆解统筹决策的底层逻辑。

我们特别强调"双重视角"的培养：既要像项目经理那样思考资源调配与

风险管控，又要像现场执行者那样关注服务动线与用户体验。这种立体化的能力构建，将帮助学习者逐步完成从执行者到统筹者的角色转化，最终具备"既见树木，又见森林"的职业洞察力。

会展行业正在经历数字化与体验经济的双重变革，但不变的是对卓越执行的永恒追求。希望本书能为从业者提供可落地的管理工具，也为院校学生构建符合产业需求的知识图谱，让更多人在实践中领悟：优秀的执行管理者，永远是让创意扎根现实的"关键变量"。

编　者

# 目录 CONTENTS

序章　执行与统筹　/ 1

第一章
## 邀请与接待　/ 5

- 项目一　嘉宾邀请 ········································ 6
  - 任务1　制定来宾邀请分类方案 ···················· 6
  - 任务2　准备邀约物料 ································ 15
  - 任务3　邀约信息汇总与整理 ······················· 19
- 项目二　接待管理 ········································ 28
  - 任务4　制定接待流程 ································ 28
  - 任务5　制定交通接待方案 ·························· 36
  - 任务6　制定酒店接待方案 ·························· 46
  - 任务7　制定餐饮接待方案 ·························· 52
  - 任务8　制定现场接待方案 ·························· 58
- 项目三　重点嘉宾 ········································ 65
  - 任务9　重点嘉宾邀请 ································ 65
  - 任务10　重点嘉宾接待 ······························· 68

## 第二章
## 内容与流程 / 71

项目四　会展项目整体安排 ……………………………………………… 72
　　任务 11　提炼项目基本信息 ………………………………………… 73
　　任务 12　制定与细化日程安排 ……………………………………… 77
　　任务 13　活动亮点与创意设计 ……………………………………… 81

项目五　会展活动流程管理 ……………………………………………… 99
　　任务 14　制定串场视频文件 ………………………………………… 99
　　任务 15　制定流程工具表 ………………………………………… 104
　　任务 16　彩排预演 ………………………………………………… 109

项目六　内容管理 ……………………………………………………… 116
　　任务 17　活动主题策划与故事线编制 …………………………… 116
　　任务 18　活动环节内容设计与校对 ……………………………… 122
　　任务 19　延展内容与信息确认 …………………………………… 128

## 第三章
## 物料与环境 / 133

项目七　主视觉与核心策略 …………………………………………… 134
　　任务 20　依据策略选择视觉元素和参考资料 …………………… 135
　　任务 21　确定主视觉画面 ………………………………………… 139
　　任务 22　制定延展设计方案 ……………………………………… 142

项目八　物料管理 ……………………………………………………… 149
　　任务 23　制定物料统筹工具表 …………………………………… 149
　　任务 24　物料收集与归类 ………………………………………… 154
　　任务 25　物料储存与发放 ………………………………………… 156
　　任务 26　物料回收 ………………………………………………… 160

## 项目九　项目现场环境营造 ················································· 162
### 任务 27　场地勘测与规划 ·············································· 162
### 任务 28　展具设计方案 ················································ 165
### 任务 29　施工图与施工方案 ············································ 169
### 任务 30　工厂加工及预搭建 ············································ 172
### 任务 31　管理现场搭建与拆除 ·········································· 175

# 第四章
# 营销与传播　/ 183

## 项目十　营销目的与目标 ··················································· 184
### 任务 32　确定会展产品与服务 ·········································· 184
### 任务 33　目标受众分析 ················································ 188
### 任务 34　建立团队营销策略 ············································ 193
### 任务 35　确定营销计划 ················································ 197

## 项目十一　宣传与推广 ····················································· 201
### 任务 36　媒体策略与媒介选择 ·········································· 202
### 任务 37　制订传播计划 ················································ 207
### 任务 38　制作传播物料 ················································ 211
### 任务 39　营销渠道选择 ················································ 213

## 项目十二　会展品牌 ······················································· 217
### 任务 40　会展项目品牌化思路 ·········································· 218
### 任务 41　产品与服务定价 ·············································· 221
### 任务 42　项目总结与持续改进计划 ······································ 224

## 第五章
## 第三方人员管理和运营 / 227

项目十三　第三方人员管理 …………………………………………… 229
　　任务 43　协调主持人与演艺团队 ………………………………… 229
　　任务 44　礼仪与兼职人员现场培训 ……………………………… 234
　　任务 45　摄影摄像资料收集 ……………………………………… 236

项目十四　现场运营计划 ……………………………………………… 237
　　任务 46　召开首次运营分工协调会 ……………………………… 237
　　任务 47　制订每日运营工作计划 ………………………………… 239
　　任务 48　制定运营重点与难点解决方案 ………………………… 241

## 第六章
## 科技与应用 / 243

项目十五　数据运营 …………………………………………………… 245
　　任务 49　依照 RSVP 数据和项目需求设计信息化工具流程 …… 245
　　任务 50　设计会展观众行为数据采集方式 ……………………… 247
　　任务 51　根据创意方案确定技术解决方案 ……………………… 248

## 结束语　了解趋势，畅想未来会展 / 252

# 序章　执行与统筹

会展执行管理，是方案落地实施的重要保障。每一个会展活动项目的策划实施，都需要由"现场"给予最终的场景呈现，同理，会展项目的现场属性，也是所有参与项目工作的最终目标。所以，会展项目的执行管理，最终目的是在实景现场实施策划的设想，也正因为这个原因，会展执行所涉及的工作内容复杂多样。按照专业类别区分工作模块，会展执行管理范畴主要涉及六大部分：邀请与接待、内容与流程、物料与环境、营销与传播、第三方人员管理和运营以及所有涉及的技术层面的专项应用。

也正因为会展现场执行管理的复杂性和多样性，对于项目团队来说，区分每一个任务的执行属性和统筹属性尤为重要。往往我们既不能忽略全盘考量工作内容的统筹思维（因为每一个细分任务间都会有着千丝万缕的关联），也不能忽略具体任务的执行顺序和服务标准（会展人公认的，执行细节决定成败和体验）。

每一个合格的会展项目经理，都需要具备强大的统筹能力。统筹能力是什么？统筹能力怎么练习和提升？

统筹能力是指洞察事物、工作谋划、整合协调和创造性思维等多方面的能力。这种能力涉及对全局的把控、对目标的可预见能力，以及对工作的科学规划和实施。具体来说，统筹能力包括预测、计划、实施、指挥和掌控等步骤，它体现为对全局的把控能力以及对目标任务的可预见能力。善于统筹的人能够妥善解决问题，甚至达到事半功倍的效果。统筹能力管理者必备的能力素质，需要通过日积月累和精益求精的培养方有可能形成。

统筹能力是一种管理能力，同样也是一种领导能力，换一个容易理解的定义，统筹是对会展各种执行资源、流程、细节信息的处理能力，不懂执行无法统筹，不了解过程也无法统筹好。

学习会展执行管理，最终会帮助我们提升对于会展工作任务的执行能力和对于会展项目的整体控制能力，统筹安排或亲自执行各类型的执行工作从而达成项目目标，完成项目任务。

全书聚焦会展项目执行所涉及的六大类典型工作任务，以任务目的、任务目标和通用工作流程作为核心框架，匹配流程所需的知识技能点，便于更好地认知岗位能力，更好地练习完成岗位任务所需的工作技能。在正式开始学习之前，需要强调一下执行管理范畴内的三个重要内容。

## 一、管理与执行准则

在实际的会展项目管理过程中，不会单纯地存在管理角色或者执行角色，往往对于项目组的所有参与人来说，既需要有"来之能战"的强大执行力，同时也需要有跳出执行维度，站在管理的角度去思考和统筹所辖人、事、物的能力。每一个执行细节除了可以委托更加专业的团队予以完成外，也都会同其他工作模块产生强关联，可以说牵一发而动全身，特别需要会展从业者保持项目目标的高度统一，即项目团队每一个成员都要具备作为协作共同体的信息高度共享的意识。

为了更好地达成统一的项目目标，并且可以在一个或多个团队中实现高效协作，团队内部以及团队间需要提前约定沟通协作的工具和方法，有些时候甚至会细化到某一个文件的命名方式，这一类工作习惯的标准统一，是团队间默认的协作前提；管理者下达清晰有效的需求信息和执行标准，执行者充分理解项目分工下自身工作结果的提交标准，使用共同的工具或平台完成确认与反馈，尽量减少因信息传达不准确而产生的各种沟通内耗，才是团队成功完成项目执行任务的关键，也是管理者最先应该整理和明确的。

注：在项目工作中，沟通内耗指在项目执行过程中，由于项目成员之间、项目团队与外部利益相关者之间在信息传递、理解、协调等方面出现障碍和冲突，项目资源（包括时间、人力、物力等）被不必要地消耗，从而影响项目进度、质量和成本的现象。

## 二、执行手册及执行工具

不是所有的会展项目团队都会编制项目特有的执行手册，尤其是小微型体量的项目或者分工模块。但是手册中涉及的每一项工作任务，以及所需工具和标准都会出现在每一个参与者的岗位上，编制执行手册可能会被很多项目管理者、执行者认为是一项重复工作。但是这里需要强调的是，执行手册作为重要的执行工具，不仅能为管理者提供清晰的思路和行为依据，约定合理的分工和职责，厘清不同位置所需的物料种类数量等，更重要的是，它作为项目独有的标准化文件，可以极大化地促进临时突发状况下岗位衔接的便捷性和效率性，也因此，中大型项目往往会被要求必须完成执行手册的编制和汇总，并且，一定是依照岗位分工各自梳理并统一汇总。

执行手册作为项目现场的执行工具，绝不是由某一个人，或者在最后时刻一次性编制的文件或文档。在相关项目事项得到确认之后，项目团队应该率先整理执行手册的框架和初步内容，并依照项目进展和相关信息的逐步确认，在团队间做协作执行间的查漏补缺，逐步补充和完善，最终形成现场执行期的标准化工具。

当然，提到执行工具，还有很多信息技术和各种数字系统、软件也是项目管理和执行过程中会用到的工具，但我们这里略作区分，信息工具和相关技术的使用，核心目的是提升信息效率，在没有数字技术和现代信息化手段的年代，即便是一张用于展示思路的手绘效果草图，也是项目团队的重要"执行工具"，用以完成思路的可视化沟通。

## 三、执行风险与控制

风险管理是贯穿项目全过程的，我们对于风险的定义不应该只停留在出现"事故"之上，要知道会展类的项目管理，在众多的项目领域其实是难度最高的，因为它的唯一性、一次性、时效性，使得所有的执行管理工作都必须做到万无一失，这也导致了在会展活动的筹备期，需要花费大量的时间、精力和成本去做好各种突发事件的应对准备。即便是预留足够充足的条件，也很难做到现场的万无一失，所以行业中更依赖具有实战经验并且拥有足够应变能力和统筹能力的负责人。

我们无法规避突发事件的产生，但是我们可以通过对于风险点的识别和分级分类，通过多重预防机制的设定，最大化地将风险控制在安全的范围区域，同时也要求我们在进入筹备期之后，在现场执行工作开始之前，最大化地分工细化各类执行安排，具有足够统筹能力和资源调动能力的负责人应该在现场执行期更多地去应对现场的各种突发状况，即调动资源、调整安排，将影响控制在最小范围。

# 第一章

# 邀请与接待

## 思维导图

```
                                              ┌─ 制定接待流程
                                              ├─ 制定交通接待方案
                              ┌─ 接待管理 ─────┼─ 制定酒店接待方案
                              │               ├─ 制定餐饮接待方案
    ┌─ 制定来宾邀请分类方案    │               └─ 制定现场接待方案
    │                         │
嘉宾邀请 ─┼─ 准备邀约物料 ── 邀请与接待
    │                         │
    └─ 邀约信息汇总与整理      │               ┌─ 重点嘉宾邀请
                              └─ 重点嘉宾 ─────┤
                                              └─ 重点嘉宾接待
```

在会展活动项目的执行过程中，围绕参会人员这一核心要素所开展的工作内容非常重要，邀请和接待工作本身直接关系到受邀来宾的直观体验，其执行结果所带来的服务体验，可直接关系到一场会议、展览或者活动组织的成败；无论是何种类型的项目，管理团队都需要重视受邀对象的全过程体验，同时加强在整体流程中的信息获取与管理，对参会嘉宾的参会情况及参会行为进行量化。尤其是会议类型的项目，此部分工作内容更为重要。

本章共分为三个部分 10 个典型工作任务，因会展项目的不同、用户需求的不同以及管理组织的不同，可继续延伸和扩展子任务。

## 项目一　嘉宾邀请

嘉宾邀请工作是保障会展项目成功与否的关键因素，各类型的会展项目都需要有定制的邀请方案、物料、渠道或营销方法，本质上嘉宾邀请是一个会展活动项目在组织工作过程中的前期任务，也是会展营销的核心目的。

嘉宾邀请及确认过程会涉及大量的来宾信息，包括来宾的个人信息和项目参与信息，这些来宾的数据信息管理工作会贯穿整个项目，了解具体项目需求并明确项目目标，根据具体情况确认邀请渠道、邀请方法等，制定整体工作流程并予以实施反馈。

### 任务 1　制定来宾邀请分类方案

#### 一、任务解析

1. 任务目的

明确邀请需求，根据整体项目目标的设定，对不同类型的受邀主体进行系统性的规划和分类设计，从而形成后续邀请工作的依据。

2. 任务目标

依照项目需求，确定会展活动所有参与人员的分类，并依据不同类别的人员制定对应的邀请和接待标准。

3. 任务路径

（1）整理会展项目邀请和接待需求。

（2）确认受邀嘉宾分类和人数。

（3）制定邀约工作流程。

（4）制定来宾邀请分类方案。

（5）制定邀约工具表单。

## 二、核心知识与技能

### （一）邀请的准备工作

邀请前要做好如下几方面的准备工作：①会前会议邀请概述。②注册报名平台。③ callcenter 电话邀请。④依据会议邀请转化率制订邀请计划。⑤撰写数据日报。

执行这部分工作，需要掌握数据整理及制作报表的办公技能。项目中，很好地管控会议邀请的进度以及质量，是项目管理者必备的能力。

### （二）会议邀请需求要素

项目相关的信息管理，主要是针对人员的信息管理。在进行具体执行流程中的第一步"会前会议邀请"阶段，我们需要明确会前邀请的相关需求。

1. 对参会人员的要求

（1）参会人员的构成

参会来宾：参会嘉宾（VIP及普通参会嘉宾）、赞助商参会人员、演讲嘉宾、主办方内部员工、媒体人员。

工作人员：会务组工作人员、酒店及场地工作人员、第三方工作人员。

信息管理的目标人群通常为"参会来宾"。

（2）目标参会人数

会议的目标参会人数是指在规划一场活动前，根据会议举办的需要及所要达成的目的而设定的目标。

目标参会人数的最终达成率，也就是实际到场人数是否达标，是评估一场会议成败的关键因素，也是信息管理的重要考核标准。

（3）对参会人员的具体要求

任何会议的举办，对邀请的参会来宾都会设定一些具体的要求，以达成举办会议的最终目的。实际参会人员是否符合具体的要求，是会议邀请质量的重要考核标准。比如：产品发布会，主要是达到宣传和品牌传播的目的，那么邀请的人以相关媒体为主；销售型会议，最终要达成的目的是产生订单，那么邀请的人以目标客户为主；合作伙伴大会，目标是拓展渠道及达成合作，那么邀请的人群常以行业内合作伙伴或潜在合作伙伴为主。

在以上大的方向的前提下，对具体参会来宾的岗位和级别也需要做一定的要求，比如：IT 厂商的大会，大多需要参会的人是行业企业中 IT 相关岗位的从业人员；而达成最终目标，又需要参会者有一定的决策权或参与决策权，比如：设置"部门经理级别以上"的要求等。

2. 邀请途径（渠道）的选择

这里说的邀请途径指的是参会来宾邀请的渠道，比如：官方网站公开邀请、媒体渠道邀请、内部销售渠道邀请、企业自有数据库邀请，外部第三方数据公司邀请等。

项目中具体选择的邀请渠道，需要视项目的具体情况及目标参会来宾的性质而定。

官方公开邀请，可以制作独立的大会网站进行邀请，也可制作邀请页面挂在主办方已有的官方网站上进行邀请。

媒体渠道邀请，指通过相关行业媒体渠道进行邀请。

内部销售渠道邀请：指通过内部销售人员或者渠道商进行人员邀请，此类别多为日常销售及市场推广过程中接触到的潜在用户，此渠道邀请到的参会来宾，人员质量相对较高。

企业自有数据库邀请：通常企业经过日常工作接触及客户关系的管理和拓展，会积累很多客户资源，我们称之为自有 Database，即自有数据库。自有数据库邀请指针对这部分数据进行的邀请，可以由主办方销售或市场部门直接邀请，也可提供数据由第三方邀请公司进行邀请的执行工作。

外部第三方数据公司邀请，指外部专业第三方数据公司利用自己的第三方数据库进行的邀请。第三方数据邀请需首先设定被邀请嘉宾的属性（即邀请需求），如部门、职位等个人属性，行业、公司规模等公司属性，以此作为邀请要求发布给第三方数据公司，由第三方数据公司进行数据甄选、邀请数量预估，并进行邀请实施。

3. 邀请形式

邀请形式指具体的邀请手段，如网站发布、电话邀请、专人一对一邀请等；另外还包括具体的注册报名方式等。

会议一般包含多种人员类型，具体的邀请形式需要根据人员类型而定。一场会议通常按照不同类别存在多种邀请形式。

网站公开邀请：通过官方网站及媒体渠道进行发布，进行来宾的公开邀请。此种邀请方式是公开的邀请，适用于对人员没有太多具体要求的普通来宾邀请工作。

电话邀请：通过 callcenter（呼叫中心）电话邀请的形式，利用现有数据库进行来宾的邀请。通常会辅助以 EDM 平台、短信平台、热线等方式。电话邀请适用于对人员有一定要求的普通参会来宾的定向邀请，邀请前需要对数据库按照具体要求进行数据甄选。

专人负责邀请：对于会议中特殊类别的嘉宾，需要特别对待，通常由专人专门负责，如 VIP、演讲嘉宾、媒体等。

### （三）总体路径关键步骤说明

**1. 整理会展项目邀请和接待需求**

依据项目类型，明确邀请和接待工作的具体需求，包括但不限于嘉宾类别、参与环节、重要程度、详细人数、个人信息、参与信息等。

**2. 确认受邀嘉宾分类和人数**

根据活动项目的总体规划，明确总人数以及各类嘉宾的人数，确认嘉宾的邀请和接待规格级别，以便后续安排邀请和接待工作的工作量和具体分工。

**3. 制定邀约工作流程**

在完整的邀请和接待流程中，单独罗列邀约部分的接待细节流程，至少要包含不同级别嘉宾的邀请方式、渠道、跟进时间点和重点关照内容。

**4. 制定来宾邀请分类方案**

依照分类和总体工作流程，制定邀请分类工作方案，包含项目邀约工作组在不同节点的负责人或执行人，对应岗位职责，关键工作节点的执行标准、标准动作和标准话术等。

**5. 制定邀约工具表单**

为后续邀约工作制定和整理表单、标准文档等工具，后续如果需要应用来宾邀请和接待的信息化工具，也应清晰列出工具表单内容细项，以便于数据整理和校验。

### （四）扩展知识内容

**1. 邀请工作内容**

执行期间，对邀请和接待工作，按照"前、中、后"三个阶段来区分不同阶段的工作目标和重点，信息管理工作将贯穿项目始终。以会议为例（会议类邀约工作相对复杂，要求严格，做好会议类邀请接待工作是所有会展项目执行工作的基本功之一），会议邀请和接待会涉及"会前""会中""会后"的相关执行和管理工作，其中核心是信息管理工作，邀请阶段的最终目的，是获取可以来参会的嘉宾信息，所以以下的知识内容以来宾信息管理为核心展开。

（1）会前

会前主要为参会来宾的招募，通常我们称为"会议邀请"或"RSVP"，课程中将对会议邀请的方式、步骤及指标等进行详细阐述。

RSVP 即 Please respond，也就是"请答复"的意思。"RSVP"是法文"Répondez s'il vous plaît"的缩写，这是一种在邀请函上常见的用语，用来请求收到邀请的人回复是否能够参加某个活动。在英文中，通常会直接写"RSVP"并附上联系方式，以便受邀者确认他们的出席情况。

RSVP 并非一项指定的工作，而是一个工作范围。结合到项目中，它包括了前期的注册网站建立、邀请函发布、电话邀请及注册数据跟进等。

（2）会中

主要指会议召开现场的信息管理。

主要为参会来宾相关的信息管理工作，如"签到管理"、"入场管理"及"其他环节的信息管理"。

其中其他环节的信息管理包括："反馈表""投票""抽奖""现场其他信息互动"等。项目中所有涉及嘉宾身份管理的内容，均可纳入此范畴。

（3）会后

会后数据分析主要指根据"会前""会中"的数据管理内容，以及各环节信息采集情况，进行数据分析。

会后分析有几方面的目的：一是对本次会议进行总结呈现；二是引发下一届会议完善工作的思考；三是根据各维度的分析工作，进行销售线索（leads）的挖掘，以便达成会议最终的销售目标等。

信息管理工作，贯穿整个项目，大的前提为了解了具体项目需求，明确了项目目标，并根据具体情况确认了邀请渠道、手段等，在此基础上进行整体工作流程的制定。

2. 信息管理工作的流程拆解

（1）会前的邀请阶段

会前准备期：包括注册网站的制作及开发，邀请函的制作与开发。

邀请发布期：包括邀请函的发布及注册平台上线。

会议邀请期：通过呼叫中心及其他手段，进行参会来宾的邀约，促使参会来宾进行注册报名。

注册跟进期：对注册报名的拟参会来宾进行电话跟进，保证其参会热度。

会前提醒期：通常在会议前的一周或 1~2 天进行，提醒的手段包括电话、短信及邮件。

（2）现场信息管理阶段

按照其目的主要分为签到管理、入场管理、其他信息管理环节。

签到管理：指参会来宾到达会议现场，通过参会 ID 或个人信息的核对，完成签到，并领取参会入场证的过程。

签到环节要达成两个目的：记录并统计实际参会者；核定参会者是否有参会资格。

入场管理：主要用于多环节的会议，比如含有分会场、展区的，以及需要凭权限进行用餐等环节的项目。入场管理指的是实际到场的参会来宾凭胸卡进入各分会场、展区或参与项目各环节时，进行的记录和统计。

其他信息管理环节：指的是除主要的签到及入场管理外，其他与参会来宾信息管理相关的环节设置。如：实名制的礼品领取、现场参会来宾抽奖、实名制互动投票、互动积分等。总之，涉及参会来宾个人信息记录及权限判定的，均属于会议现场的信息管理范畴。

（3）会后数据分析

会后数据分析是根据会前邀请阶段及现场信息管理阶段所获取的数据，进行数据分析，并出具体数据分析报告。包括但不限于：邀请各比率的分析、实际参会者类别的统计、各环节参与情况统计、参会行为分析，等等。

会后数据分析的深入程度，根据项目具体需求及采集数据的广泛程度而定。

## 案例

近期，多个会议和活动主办方纷纷发布了参会嘉宾的邀请新闻，展现了各领域精英和专家的积极参与。以下是根据公开信息整理的几则关于参会嘉宾邀请的新闻要点。

### 案例1　国际性会议嘉宾邀请

标题：2024中国仲裁高峰论坛暨中国-中东北非仲裁高峰论坛嘉宾邀请盛况

会议信息：由中国国际经济贸易仲裁委员会（CIETAC）、联合国国际贸易法委员会（UNCITRAL）等联合举办的"2024中国仲裁高峰论坛暨中国-中东北非仲裁高峰论坛"将于9月26日在北京国贸大酒店举行。

嘉宾邀请：会议邀请了全球各仲裁机构代表、仲裁员、律师、公司法务、学者等行业同仁及其他感兴趣的朋友参与。预计将吸引来自中东北非地区及全球的众多重量级嘉宾，共同探讨国际仲裁的未来发展方向。

会议特色：本届论坛以"跨越时代的国际仲裁"为主题，采用线上线下相结合的方式，全程提供中英文同声传译，为全球仲裁界人士提供交流平台。

### 案例2　地方性会议嘉宾邀请

标题：2024贵州省国际友好城市交流合作会议嘉宾邀请新闻

会议信息：由贵州省人民政府主办，省外事办、省贸促会承办的"2024贵州省国际友好城市交流合作会议"将于9月9日至11日在贵阳举办。

嘉宾邀请：会议预计将有来自10多个国家30多个国际友城、友好组织的约90名外宾参加，其中包括省（州）市长约20位。这些嘉宾将围绕"共商友好合作、共促开放发展"的主题进行深入交流。

会议内容：会议期间将举办省领导集体会见及签约仪式、友好城市交流合作会议及经贸投资促进对接会、人文合作对接会等一系列活动，促进友城之间的务实交流合作。

**\* 案例解析**

参会嘉宾邀请是会议筹备过程中的重要环节之一，通过精心策划和细致执行，可以确保会议的顺利进行和圆满成功。会议邀请注意事项：

嘉宾选择：根据会议主题和议题，邀请相关领域的专家学者、政府官员、企业领袖等重量级嘉宾。

邀请方式：采用多种邀请方式，包括电子邮件、社交媒体、即时通信工具等，确保邀请信息的准确传达。

个性化邀请：为每位受邀嘉宾量身定制邀请函，突出其在会议中的重要性和作用，提高参会意愿。

后续跟进：在发送邀请后，及时进行跟进，了解嘉宾的参会意向和需求，提供必要的协助和支持。

## 案例 3

1. 会议名称：某大型企业软件厂商技术大会"×××Summit"

2. 会议日期：10 月 25 日

3. 会议地点：北京

4. 参会来宾目标人数：1500 人（其中包含 VIP50 人、厂商内部员工 200 人、赞助商人员 100 人、媒体 100 人、演讲嘉宾 50 人，其余为普通参会嘉宾）

5. 普通参会嘉宾要求：

·企业高管、业务部门经理、总监，IT 部门经理、总监（不包含竞争对手及学生）。

·年营业额 5 亿元或企业员工人数超过 500 人。

·行业不限制，以消费品、零售、高科技、制造、金融、电信、化工、公共部门为主。

·End-user（最终用户数）与 BP（合作伙伴）的参会比例不小于 6∶4。

·C-level 级别的参会者不低于 15%。

·ERP 相关软件公司，视为竞争对手公司，禁止邀请。

6. 会议为免费会议，需要采用线上注册报名的形式（其中 VIP、媒体、演讲嘉宾为专人负责联系线下报名）。

7. 会议现场采用电子签到，并对各会场及赞助商展区进行统计分析。

8. 主会场及分会场设置反馈表。

9. 会后出具数据报告，并根据反馈表进行跟进（Feedback follow），产生销售线索（Leads）。

\* 案例思考

（1）会议可以分为哪些类型？该案例属于哪种，有什么特点？

（2）在案例中目标参会嘉宾有哪些？

\* 案例解析

该案例为 IT 行业案例，所涉及的一些知识点，需要做个简单的了解。

（1）案例中项目的名称。活动是由某大型企业软件厂商举办的技术大会，称为"×××Summit"。

会议按照其规模及主题形式,可分为:

Forum(论坛):论坛是一种多功能的交流平台,它为来自不同领域的专家和参与者提供了一个共同讨论和分享知识的空间,旨在促进思想的碰撞和信息的交流,通常围绕特定的主题或行业趋势进行。

Summit(峰会):峰会是一种高级别的会议形式,通常邀请行业领导者、决策者和影响力人物参与,目的是讨论和解决行业内的重要问题,分享前沿观点,以及探索合作与发展的新机遇。

Workshop(研讨会):研讨会是一种互动性强、注重实践的学习形式,它通过小组讨论、案例分析和实际操作,使参与者能够深入探讨特定主题,学习新技能,并与其他参与者共同解决问题。

RoundTable(圆桌会议):圆桌会议是一种促进平等交流的讨论形式,它通过消除传统会议中的主讲台和听众席的划分,鼓励所有参与者积极发言,从而激发创新思维并促进共识的达成。

Roadshow(路演):路演是一种巡回展示活动,企业或组织通过在不同地点举办一系列演讲和演示,向广泛的受众推介自己的产品、服务或理念,旨在增强品牌知名度和吸引潜在客户。

(2)目标参会嘉宾的参会比例"End-user(最终用户数)与BP(合作伙伴)的参会比例不小于6∶4"

这是将参会嘉宾按其所在企业性质进行的划分。

End-user,最终用户。结合本案例,活动主办方为IT软件厂商,则"最终用户"为企业级软件产品的用户,如制造业、零售业、消费品等行业的企业等。

BP(Business Partner),合作伙伴。在本案例中指的是除最终用户以外的一些可以进行商务合作的企业,比如业内系统集成商、软件销售渠道商等。

(3)"C-level级别的参会者不低于15%"

C-level属于参会嘉宾在企业中的角色,属岗位级别。

岗位级别:

C-level:副总级别以上,含CEO、CFO、CIO、CTO等。

CEO(Chief Executive Officer):首席执行官,负责公司的整体运营和管理,制定公司战略方向和目标。

CFO(Chief Financial Officer):首席财务官,负责公司的财务规划、风险管理以及财务报告等财务相关事务。

CIO（Chief Information Officer）：首席信息官，负责公司的信息技术战略和信息系统管理，确保信息技术支持公司的业务需求。

CTO（Chief Technology Officer）：首席技术官，负责公司的技术战略和研发方向，领导技术团队进行技术创新和产品开发。

High-level：总监级别。

Mid-level：经理及主管级别。

Basic-level：职员/员工。

## 任务2　准备邀约物料

### 一、任务解析

**1. 任务目的**

依照不同的邀请渠道和邀约对象，定制不同的邀约物料，如邀请函、电子邀请函、微站、海报（含二维码等），便于后续邀请发送。

**2. 任务目标**

在常见的两种邀约方法（微信消息、面对面投送）中，规划邀约物料，明确物料上的信息内容。

**3. 任务路径**

（1）准备项目背景基本信息。

（2）确定邀约目标人群。

（3）确定内容（纸质邀请函及电子海报样式内容）。

（4）根据主KV（主视觉画面）选定样式。

（5）确定最终样式及发送渠道。

### 二、核心知识与技能

**（一）总体路径关键步骤说明**

**1. 准备项目背景基本信息**

项目基本信息包括活动名称和主题、时间、地点、组织者及目标参与人等，对应会展项目五类基础需求（Why、What、When、Where、Who）。

### 2. 确定邀约目标人群

针对计划邀约的目标人群进行确认和分析,针对不同目标人往往会使用不同的邀约手段,投送不同的邀约物料,电子邀请函或海报相对来说比较利于传播,而纸质版本的邀请函更加传统也会显得更加正式。

### 3. 确定内容(纸质邀请函及电子海报样式内容)

确定此次邀请物料设计所需全部的文案。无论是何种样式的邀请函,都需要将项目的重要信息突出显示,除了基础信息之外,往往还会通过视觉的方式进一步加工需要传递的其他活动信息,如活动理念、重要环节和嘉宾等,加工这些信息形成视觉元素,增加物料的设计感以突出主办方的用心与诚意,根据实际的嘉宾需要和项目需要,选择必要的信息用来进行下一步的设计制作工作。

### 4. 根据主 KV 选定样式

活动的主视觉画面会跟随整体活动策划先一步制作完成,但邀约物料属于延展设计范畴,需要根据主视觉画面的风格、内容,进行进一步的加工,在保持视觉风格和内容统一的前提下,兼顾邀请物料的实用性和目标性,决策合适的样式。

### 5. 确定最终样式及发送渠道

结合决策后的邀约物料样式,选择目标邀约人群的投递方式和发送渠道,并明确投放和发送的注意事项。

## (二)扩展知识内容

### 1. 信息化邀约方法

利用信息化手段进行邀约,常用方法的呈现形式,按照嘉宾查看及注册的方式不同,分为 PC 端电子邀请函及手机端电子邀请函两大类。

PC 端电子邀请函包括 EDM 邀请函、大会网站两类。

EDM 邀请函:是指通过电子邮件的形式向客户发送的邀请函。EDM 邀请函通常与大会网站或注册平台相关联,设置"立即注册""了解大会详情"等按钮,用户可点击此按钮进入大会官网或直接进入注册平台进行报名信息的填写及提交。EDM 通过 E-mail 进行推送,因此比较适合定向邀请。

大会网站:制作大会网站,含有会议各部分信息的具体展示及在线注册报名页面等。

手机端电子邀请函包括 H5 邀请函、微信公众号等四类。

H5 邀请函:指通过手机端进行传播的电子邀请函,通常为多页,含有会议主题、大会介绍、日程安排、会议时间地点、在线报名或通过长按二维码导流到其他注册入口等。H5 邀请函可以加入动画及音乐，展现形式比较生动，移动互联网发达的今天传播起来也比较方便，因此 H5 邀请函在现阶段活动及会议的举办中，已经作为一种比较广泛的邀请及传播手段。

微信公众号：为会议申请会议专门的公众账号（服务号或订阅号），公众号的导航栏设置成相关的会议信息模块并设有在线注册功能，与大会网站的导航相呼应。

大会 App：开发大会 App，将会议信息相关内容在 App 中进行展示并设有在线注册功能。

微网站：即手机端网站，同样与大会网站的展示内容相呼应并设有在线注册功能。

2. 邀约手段的选择

"H5 邀请函"和"EDM 邀请函"，是邀请发布时主动推送使用的手段，是 PC 端和手机端相呼应的两种形式。

"微信公众号""大会 App""微网站"，均是手机端大会详细信息展示的手段，最终目的是相同的，可选择其一，无须重复设置。三者与大会网站是手机端及电脑端并行的两种形式。

它们各有各的优缺点，可根据项目的具体情况和关注侧重点，进行选择。

微信公众号，优点是可以吸引微信用户关注，在活动期间可以进行消息的主动推送等，增加黏性，贴近用户操作习惯，方便简单。缺点是，开通公众号需要时间及相应的流程，用户界面及功能等受微信平台的限制，不够灵活与新颖，为了品牌形象会后仍需要专人维护。

大会 App，优点是界面友好，功能比较灵活，创意的空间大。缺点是，用户下载麻烦，是大会专用的 App，会议结束之后用处不大，开发周期长，成本高。因此在实际项目中，在没有现有 App 可以进行模块关联的情况下，单独建立大会 App 的案例比较少。

微网站，为单独建立的手机端会议网站，与微信公众号相比，不受微信平台的限制，更加灵活，页面更加友好，功能有更多创新；不足之处是没有微信消息推送等类似功能，不能产生后续持续黏性。

3. 注册方法

PC 端注册平台：直接关联注册平台注册；EDM 进入大会网站，通过大会网站的注册页面进行注册。大会网站直接注册。

手机端注册平台：H5 邀请函直接注册；通过 H5 邀请函关注微信公众账

号,在微信公众号导航注册功能中进行注册;通过H5邀请函下载大会App,在App注册功能中进行注册;通过微网站直接进行注册。

另外需要说明的是,由于手机屏幕显示空间的限制,因此比较复杂的注册不建议使用手机端直接注册。

4. 邀约视觉风格

注册网站的整体设计风格需与活动的主视觉相匹配,通常主视觉配图在注册网站中以banner(标题栏)的形式出现,当然也不乏个性化设计。大会的介绍部分,除了常规的会议简介、会议日程、演讲嘉宾介绍、赞助商信息等,还可以包含"往届精彩回顾"等相关内容。

会议日程,为会议具体的安排,包括各个环节的具体时间段、主要内容、演讲嘉宾等。

在线注册页面为功能页面,嘉宾可以通过该页面进行相关信息的填写并提交。通常包含基本信息、交通信息、住宿信息,以及特殊需求及环节选择等部分。

基本信息包括个人信息和公司信息。

个人信息:姓名、性别、手机、邮箱、职务等。

公司信息:公司名称、所属行业、公司规模等。

交通信息:主要用于统计来宾的来程和返程方式及具体航班信息,便于接送机的安排。

住宿信息:用于统计来宾的住房安排,包括但不限于住宿时间、离店时间、同住人备注、是否需要吸烟房等内容。

特殊需求信息:如饮食要求,针对穆斯林、素食者、海鲜过敏人群等;会议相关环节参与选择。

除上述页面功能外,常规注册网站还包含会场平面图及路线图、会务组联系方式以及其他活动相关的内容及网站功能等。

案例

H5 邀请函

某大型商业集团,举办年度商业洽谈会,会前制作H5版本的邀请函,用于移动端进行邀请发布及会议信息的推送。并引导拟参会者长按识别二维码,关注"大会官方公众账号",进行公众账号功能内的"在线注册"等。

#### EDM 邀请函

　　某大型商业集团，举办年度商业洽谈会，会前制作 EDM 邀请函，用于 PC 端以邮件的形式进行邀请发布及会议信息的推送。

　　并引导拟参会者，通过手机扫描 EDM 尾端的二维码，关注"大会官方公众账号"，进行公众账号功能内的"在线注册"等。

\* 案例思考

请根据课程内容进行网络查询，收集多种邀约方式，并进行展示。

## 任务 3　邀约信息汇总与整理

### 一、任务解析

**1. 任务目的**

　　受邀对象会从多个渠道反馈参与信息，这些零散信息需要统一格式和汇总，形成标准的 RSVP 表格，作为邀约工作的基础数据库工具，帮助后续邀约跟踪、提醒以及现场管理使用。

**2. 任务目标**

　　汇总全部零散邀约信息，并做数据排查，保障邀约信息准确，格式统一。

**3. 任务路径**

（1）整理各渠道零散信息。

（2）合并整理 RSVP 表格。

（3）按照要求修改部分信息（找出问题项 / 进行数据清洗）。

（4）再次修改部分信息。

（5）上传最终版本。

## 二、核心知识与技能

### （一）总体路径关键步骤说明

**1. 整理各渠道零散信息**

除了使用统一平台注册之外，一般情况下邀约途径会根据实际的目标对象群体类别分为很多种，先一步整理本项目可能的邀约渠道信息，便于后续汇总查漏补缺。

**2. 合并整理 RSVP 表格**

制作用于来宾信息管理的 RSVP 表格，也是整个现场邀约接待工作的基础数据库，作为邀请和接待唯一使用的执行工具，先一步完成所有信息的汇总和整理。

**3. 按照要求修改部分信息（找出问题项／进行数据清洗）**

实际邀约过程中采集的数据，往往会有很多错漏、无效的填写信息，也会因为实际需求可能的调研不足而遗留存在的数据问题，先一步规范工具表单的内容和格式，同时进行第一轮的信息核实校对，是邀约信息工作的必要步骤。

**4. 再次修改部分信息**

根据需求变动，对现有版本的工具表单进行更新，往往变更的信息来源是多渠道的，实际工作当中这项工作也会由多人协同完成，所以需要使用统一的更新方法、统一的标识方法进行修改工作。

**5. 上传最终版本**

确定最终版本后，上传至企业平台。

### （二）扩展知识内容

**1. 具体案例情况说明**

某 IT 厂商年度技术大会，目标参会人数 5500 人，其中现场普通来宾 5000 人，需要公开邀请。

邀请渠道为：内部销售人员提名、合作伙伴渠道邀请提名、自有数据库及第三方数据库邀请、网站及社交媒体。

根据以上案例情况进行目标拆解：

①明确参会人员都有哪些类别，需要进行公开邀请的人员类别有哪几种。

②现场普通来宾的邀请渠道有哪些？

③如何对总体的邀请目标进行各个渠道目标的分配？

④根据转化率进行"倒推"，计算出所需的"注册人数"及"投入数

据量"。

参会人员目标明细表：

| 人员类别 | 数量（人） | 普通参会嘉宾性质 | | 岗位级别 | |
|---|---|---|---|---|---|
| | | 最终用户（enduser） | 合作伙伴（BP） | C-level | 其他级别 |
| VIP | 50 | — | — | — | — |
| 厂商内部员工 | 200 | — | — | — | — |
| 赞助商人员 | 100 | — | — | — | — |
| 媒体 | 100 | — | — | — | — |
| 演讲嘉宾 | 50 | — | — | — | — |
| 普通参会嘉宾 | 1000 | 大于600 | 小于400 | 大于150 | 小于850 |
| total | 1500 | — | — | — | — |

| 人员类别及邀请渠道 | | 投入数据量及提名量（人） | 邀请注册转化率（%） | 目标注册量（人） | 注册提醒率（%） | 提醒成功量（人） | 提醒参会率（%） | 目标参会人数（人） | 占比（%） |
|---|---|---|---|---|---|---|---|---|---|
| 现场来宾（customer） | 内部销售人员提名 | 593 | 50 | 296 | 90 | 267 | 75 | 200 | 4 |
| | 合作伙伴渠道邀请提名 | 5000 | 50 | 2500 | 80 | 2000 | 75 | 1500 | 30 |
| | 自有数据库电话邀请 | 88 889 | 5 | 4444 | 75 | 3333 | 75 | 2500 | 50 |
| | 第三方数据公司数据邀请 | 17 778 | 5 | 889 | 75 | 667 | 75 | 500 | 10 |
| | 官方网站来源 | — | — | 267 | 50 | 133 | 75 | 100 | 2 |
| | 社交媒体渠道邀请 | — | — | 533 | 50 | 267 | 75 | 200 | 4 |
| Customer Total | | 112 259 | — | 8930 | — | 6667 | — | 5000 | 100 |

续表

| 人员类别及邀请渠道 | | 投入数据量及提名量（人） | 邀请注册转化率（%） | 目标注册量（人） | 注册提醒率（%） | 提醒成功量（人） | 提醒参会率（%） | 目标参会人数（人） | 占比（%） |
|---|---|---|---|---|---|---|---|---|---|
| 其他参会人员类别（Other） | 演讲嘉宾 | — | — | — | — | — | — | 30 | — |
| | 媒体 | — | — | — | — | — | — | 100 | — |
| | 赞助商工作人员 | — | — | — | — | — | — | 300 | — |
| | VIP 嘉宾 | — | — | — | — | — | — | 70 | — |
| Other Total | | — | | — | | — | | 500 | |
| Grand Total | | 112 259 | | 8930 | | 6667 | | 5500 | |

2. 案例解析

（1）邀约目标拆解方法

通过 Excel 进行数据整理。

①第一步：明确并填写邀请渠道的类别，作为"行标题"。

②第二步：分别列出"投入数据量及提名量""邀请注册转化率""目标注册量""注册提醒率""提醒成功率""提醒成功量""提醒参会率""目标参会人数""占比"，将它们作为"列标题"。

③第三步：根据项目情况进行各个渠道的目标拆解。

如：公开邀请目标为 5000 人，其中：

内部销售人员提名部分，需要承担目标的 4%；

合作伙伴渠道邀请提名部分，承担 30%；

自有数据库电话邀请部分，承担 50%；

第三方数据公司邀请部分，承担 10%；

官方网站自主注册，预估承担 2%；

社交媒体渠道邀请，预估承担 4%。

由以上比例推算出各个渠道的目标参会人数。

④第四步：根据此参会目标进行各环节数量的推算，首先是提醒参会率。

提醒参会率 = 参会人数 / 提醒成功量

预估为 75%（假设为以往项目的参考值），推算各邀请渠道需达成的会前提醒成功数量。

⑤第五步：明确注册提醒率。

通过各部分渠道注册的嘉宾情况不同，此转化率会有些差异。

注册提醒率＝提醒成功数量/注册数量

内部销售人员提名多为一对一联系，且有日常沟通基础，因此注册后的参会意向应为最高，假设为 90%；

合作伙伴渠道邀请，与销售渠道邀请相似，假设为 80%；

自有数据库及第三方数据库邀请，为陌生电话邀请，注册提醒成功率假设为 75%；

官方网站及社交媒体邀请为嘉宾自主注册，变动的因素会比较多，因此注册提醒成功率预估为 50%。

以此预估比例，推算各个邀请渠道的预计注册量。

⑥第六步：估算邀请注册率，进而推算数据邀请部分，需要推算出投入数据或提名名单的数量。

邀请注册转化率＝注册人数/投入数据量

内部销售人员及合作伙伴渠道邀请提名部分，提名注册转化率，预估为 50%；

自有数据库及第三方数据库邀请，为陌生邀请，预估注册转化率为 5%；

官方网站及媒体渠道，为公开陌生邀请，非定向邀请，因此不涉及投入数据量或提名。

根据邀请注册转化率，进行投入邀请数据量及提名量的预估。

此"倒推"计划表制作完成之后，我们可以很直观地看出各个渠道在邀请之前需要有多少数据资源，需要达成多少的注册量才有希望完成最终的目标参会人数，以保证整体会议的成功举办。

（2）制订邀约计划

针对以上案例，目标邀请 5000 人，各部分按照转化率倒推之后的目标注册量为 8970。假设启动邀请周期为 7 周的时间。思考一下：应以什么样的形式来做邀请计划呢？

实际执行过程中，每日每周都要进行实际注册情况与预期趋势计划的对比，来保证结果的有效达成；如偏差较大，需要第一时间做到风险预警，并制定备份方案。备份方案，如：进行各渠道间任务分配的调整沟通，引入新的邀请渠道，调整总计目标体量等。

单位：人

| 注册计划 | | | | | | | | | |
|---|---|---|---|---|---|---|---|---|---|
| 人员类别及邀请渠道 | | 目标参会人数 | 目标注册量 | 目标注册量参照（注册累计值） | | | | | |
| | | | | W1 | W2 | W3 | W4 | W5 | W6 | W7 |
| 现场来宾（customer） | 内部销售人员提名 | 200 | 296 | 50 | 80 | 120 | 160 | 220 | 280 | 300 |
| | 合作伙伴渠道邀请提名 | 1500 | 2500 | 300 | 700 | 1100 | 1500 | 1900 | 2400 | 2500 |
| | 自有数据库电话邀请 | 2500 | 4444 | 500 | 1200 | 2000 | 2800 | 3500 | 4200 | 4450 |
| | 第三方数据公司数据邀请 | 500 | 889 | 100 | 200 | 350 | 480 | 660 | 850 | 900 |
| | 官方网站来源 | 100 | 267 | 50 | 80 | 120 | 160 | 210 | 250 | 270 |
| | 社交媒体渠道邀请 | 200 | 533 | 100 | 160 | 220 | 290 | 380 | 480 | 550 |
| 总计 | | 5000 | 8930 | 1100 | 2420 | 3910 | 5390 | 6870 | 8460 | 8970 |

（3）制作工作日报

在正式邀请发布并有注册报名产生开始，就需要每天对数据进行汇总，并制作工作日报。一方面是向上级或领导汇报进展，另一方面将注册统计情况与前期的注册计划进行对比，也是对邀请工作的自查及风险预估的重要手段。

RSVP 的日报分为两部分内容：①注册数据明细；②邀请及注册情况统计。

视具体的需求，可能还需要对数据的一些特殊属性进行阶段性统计。例如：邀请的目标为"制造行业"比例在 50% 以上，那么我们就需要对每天的注册数据进行行业的统计并呈现。

明细数据通常包含以下几个部分：

①个人信息：姓名、手机、邮箱、公司、所属城市、职务、公司所属行业，公司规模等。

②报名参会情况：如是否参加晚宴，参加的分会场名称等，根据会前需要

收集的参会信息需求进行设定。

③注册时间及跟进状态。

项目中注册数据明细表，具体的表头（我们称之为"注册字段"）根据项目的实际情况进行设定，会有较大的区别。

常规的 Daily Report-Summary（日报汇总）包括几个部分：

①注册情况概述：截至日报日注册的情况展示。

②当前的已注册情况与计划的对比情况，时刻关注注册进度，如果实际注册情况与计划有较大的偏差，需要随时采取应急预案（调整各渠道邀请配额，增加邀请渠道，必要时降低邀请难度等）。

③其他维度的统计，如分会场报名参会情况等。

下面是一个具体的 Daily Report-Summary 案例。

注册情况及与计划对比（示例）：

① 10 月 12 日新增注册 45 人，截至当前共注册 8886 人；

②各邀请渠道目前注册情况，请详见下表：

单位：人

| 注册渠道 | …… | 10月8日 | 10月9日 | 10月10日 | 10月11日 | 10月12日 | 目前累计 | 目标（Target） | 差额（Gap） |
|---|---|---|---|---|---|---|---|---|---|
| 内部销售人员提名 | 280 | 1 | 2 | 4 | 1 | 2 | 290 | 296 | -6 |
| 合作伙伴渠道邀请提名 | 2400 | 20 | 23 | 36 | 13 | 12 | 2504 | 2500 | 4 |
| 自有数据库电话邀请 | 4200 | 24 | 56 | 35 | 45 | 26 | 4386 | 4444 | -58 |
| 第三方数据公司数据邀请 | 850 | 3 | 23 | 9 | 12 | 1 | 898 | 889 | 9 |
| 官方网站来源 | 250 | 1 | 1 | 2 | 1 | 3 | 258 | 266 | -8 |
| 社交媒体渠道邀请 | 480 | 12 | 23 | 16 | 18 | 1 | 550 | 533 | 17 |
| 总计 | 8460 | 61 | 128 | 102 | 90 | 45 | 8886 | 8928 | -42 |

③截至邀请的第五周（W5），共注册 6000 人，计划应为 6870 人；以下为与计划的对比图。

（实际注册情况与预计目标相差较多，因此需要采取备份邀请方案）

单位：人

| 人员类别及邀请渠道 | W1 | W2 | W3 | W4 | W5 | W6 | W7 |
|---|---|---|---|---|---|---|---|
| 内部销售人员提名 | 50 | 80 | 120 | 160 | 220 | 280 | 295 |
| 合作伙伴渠道邀请提名 | 300 | 700 | 1100 | 1500 | 1900 | 2400 | 2500 |
| 自有数据库电话邀请 | 500 | 1200 | 2000 | 2800 | 3500 | 4200 | 4444 |
| 第三方数据公司数据邀请 | 100 | 200 | 350 | 480 | 660 | 850 | 889 |
| 官方网站来源 | 50 | 80 | 120 | 160 | 210 | 250 | 267 |
| 社交媒体渠道邀请 | 100 | 160 | 220 | 290 | 380 | 480 | 533 |
| 总计累计注册 | 1100 | 2420 | 3910 | 5390 | 6870 | 8460 | 8930 |
| 每周新增注册 | 1100 | 1320 | 1490 | 1480 | 1480 | 1690 | 470 |

| 人员类别及邀请渠道 | W1 | W2 | W3 | W4 | W5 | W6 | W7 |
|---|---|---|---|---|---|---|---|
| 计划注册人数 | 1100 | 2420 | 3910 | 5390 | 6870 | 8460 | 8930 |
| 实际注册人数 | 1000 | 2200 | 3600 | 4900 | 6000 | | |

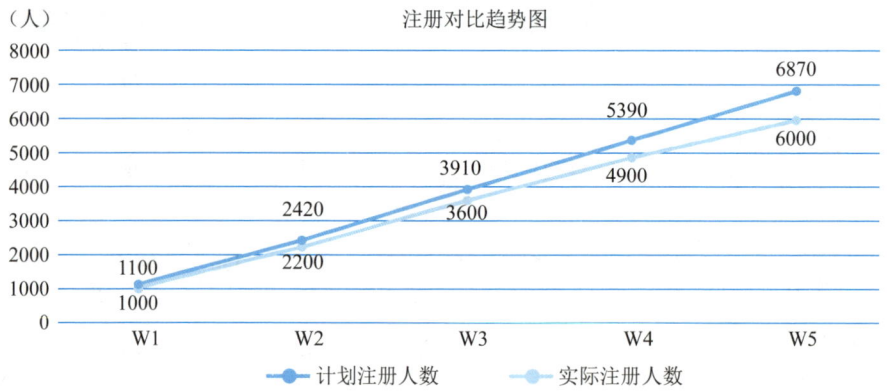

注册对比趋势图

注册名单统计（示例）：

①注册的6000人中，参加晚宴的人数为2400人，不参加晚宴的人数为3600人。

| 是否参加晚宴 | 数量（人） |
|---|---|
| 参加晚宴 | 2400 |
| 不参加晚宴 | 3600 |
| 合计 | 6000 |

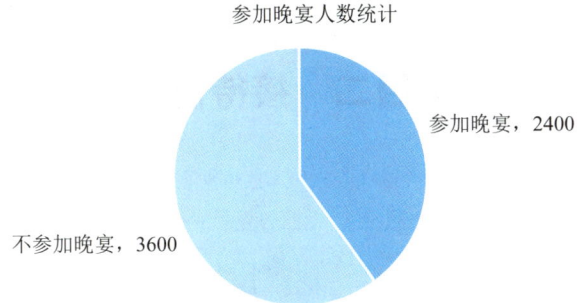

② 注册的 6000 人中，各个分会场的报名人数统计如下：

| 分会场名称 | 参加人数（人） |
| --- | --- |
| 分会场 1 | 1000 |
| 分会场 2 | 1200 |
| 分会场 3 | 1350 |
| 分会场 4 | 900 |
| 分会场 5 | 1550 |
| 合计 | 6000 |

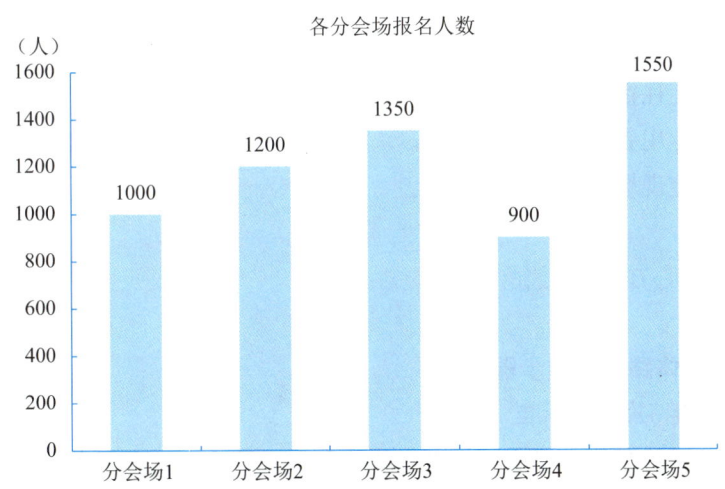

# 项目二　接待管理

## 任务4　制定接待流程

### 一、任务解析

1. 任务目的

根据不同人员的接待标准，确定对应的接待流程，包括抵达目的地后的全部活动接待事项。

2. 任务目标

VIP需要专人点对点负责；普通嘉宾统一安排；制作接待方案中不同接待项目的流程图，便于后续指导工作开展。

3. 任务路径

（1）确定接待规格和标准。

（2）确定交通接待内容和流程。

（3）确定住宿接待内容和流程。

（4）确定用餐接待内容和流程。

（5）确定现场接待内容和流程。

### 二、核心知识与技能

（一）总体路径关键步骤说明

1. 确定接待规格和标准

依照不同的邀约人群实际情况和重要程度，确定对应的接待规格和接待标准，以方便安排对应的接待内容和接待流程，一般情况下接待方案中的内容和流程，会优先照顾到绝大多数的受邀嘉宾，对于重点的嘉宾或特殊嘉宾，会单独制作接待方案。

2. 确定交通接待内容和流程

①路线规划：根据项目地点和参与人员分布规划最优的出行路线，包括交

通工具的选择（如飞机、高铁、汽车等）。

②票务预订：提前预订所有参与人员的交通票务，确保行程无误。

③接送安排：对于远程到达的参与人员，提供机场、火车站的接送服务，确保安全抵达。

④行程通知：将交通安排信息及时通知给所有参与人员，确保行程顺利进行。

3. 确定住宿接待内容和流程

①酒店选择：根据项目预算和地点，选择符合要求的酒店，考虑酒店的位置、设施、服务质量等因素。

②房间预订：根据参与人员数量和住宿需求提前预订酒店房间，确保房间数量充足。

③住宿分配：将预订的房间按照参与人员的意愿或项目需求进行分配。

④入住通知：将住宿信息及时通知给所有参与人员，包括酒店地址、联系方式、入住须知等。

4. 确定用餐接待内容和流程

①餐饮选择：根据项目预算和口味需求，选择适合的餐厅或提供自助餐服务。

②菜单制定：与餐饮服务商沟通，制定符合项目需求的菜单，确保营养均衡、口味适宜。

③用餐安排：根据活动时间表，合理安排用餐时间和地点，确保参与人员能够按时就餐。

④用餐通知：将用餐安排信息及时通知给所有参与人员，确保用餐顺利进行。

5. 确定现场接待内容和流程

①接待准备：在项目地点设立接待台，准备必要的接待物资，如签到表、项目资料、胸牌等。

②签到管理：对参与人员进行签到管理，确保人员到位并确认身份信息。

③指引服务：为参与人员提供项目地点的指引服务，确保他们能够顺利找到活动场所。

④咨询服务：为参与人员提供项目相关的咨询服务，解答他们的疑问和困惑。

## (二)扩展知识内容

### 1. 接待规格和标准

在实际的接待工作中，需要根据前期确定的目标来宾种类，明确对应的接待规格和接待标准，原则上会展项目这一步的工作，需要衔接任务1"制定来宾邀请分类方案"中所涉及的工作成果；同样的，案例接待全流程创意地图中所安排的创意点，也是针对受邀来宾而设计的，目的是加强参与活动时的服务感受，间接传递品牌力量。

接待规格和标准，一般情况下是指针对目标受邀嘉宾，需要配备的人力、物力、财力的综合标准。项目和项目之间的这个标准没有特别严格且固定的规定，都是依照项目整体目标而单独设定。但绝大部分情况下，对重要的嘉宾，我们往往会给予更多的服务关注和资源投入，具体资源投入的多少，需要主办方和项目统筹者依据整体项目的资源情况予以合理分配，举两个例子：

展会现场的普通购票或免费参观的观众，对于会展项目来说并不是不重要，但这一类人数量多，且人员构成复杂，针对他们的接待标准，往往是提供公共服务，以满足接待需求。

参与现场活动的重量级嘉宾或领导（VIP），此类人是会展接待服务的重点对象，机票酒店预订、专车接送服务、贵宾通道及休息室、专人服务、定制接待礼物和物料等都是常见的高规格接待标准，甚至可能会为个别贵宾安排定制的接待流程。

从这两种情况可以看出，不同接待规格所需要投入的接待精力和资源是截然不同的，但最后需要强调的是，所有的来宾接待规格和标准的制定，跟其他项目工作一样，都需要站在来宾的视角予以计划和安排，来宾感受的好与坏，才是项目成功的关键。

### 2. 会展活动接待内容和分类

与旅游接待业服务范围略同，我们可以参照旅游接待行业中"吃住行游购娱"六要素的服务内容来理解会展活动的接待内容。

在旅游接待业中，"吃住行游购娱"是指游客在旅行过程中涉及的主要活动和服务，具体定义和服务范围如下：

（1）吃（餐饮服务）

定义：指为游客提供各种餐饮选择，包括当地特色美食、国际美食、快餐、宴会等。

服务范围：餐厅、咖啡馆、快餐店、酒店餐饮、特色美食街等，通常包括菜单设计、食品安全、服务态度等。

（2）住（住宿服务）

定义：为游客提供住宿设施和服务，满足其休息和居住需求。

服务范围：酒店、旅馆、民宿、度假村、青年旅舍等，涉及房间预订、客房服务、卫生清洁、娱乐设施等。

（3）行（交通服务）

定义：指游客在目的地内外出行的交通工具和服务。

服务范围：公共交通（如巴士、地铁）、出租车、租车服务、接送服务、导游服务等，包含时刻表、票务服务、行程安排等。

（4）游（游览服务）

定义：为游客提供观光、游览、娱乐等活动的安排。

服务范围：景点门票、导览服务、团体游、自由行、自驾游等，涵盖路线规划、旅游活动组织等。

（5）购（购物服务）

定义：为游客提供购物机会和相关服务，帮助他们购买纪念品或当地特产。

服务范围：商场、专卖店、集市、购物中心等，涉及商品推荐、退税服务、售后支持等。

（6）娱（娱乐服务）

定义：指游客在旅行过程中享受的各类娱乐活动和服务。

服务范围：夜生活、表演、娱乐活动、游乐园、文化活动等，涵盖票务、预约、活动安排等。

这些要素相互关联，共同构成了完整的旅游接待服务体系。每个方面的服务质量和体验直接影响游客的整体满意度。

毕竟会展活动面对的人群不像旅游接待业那样可以大范围概括，但我们可以借鉴，且根据会展活动参与人群的特点，重点划分为以下几类接待内容：交通接待、酒店接待、餐饮接待、现场接待。除非重要嘉宾有对应的服务需求，否则一般情况下，类似旅游接待业中的"游购娱"要素，仅作为会展活动的辅助信息提供给与会嘉宾即可。

3. 常见交通接待流程内容

会展活动中与交通有关的接待服务通常包括：

（1）接送服务

为参展人员和观众提供从机场、火车站到酒店或展会现场的接送。

（2）交通安排

提供城际交通、当地接送车辆、租车服务、巴士接送等。

（3）交通指引

提供交通路线、时刻表、地图和公共交通信息。

（4）停车服务

安排现场停车位，提供停车指南。

一般流程如下：

（1）需求评估

了解参展人员和观众的交通需求。

（2）安排交通

根据需求预订接送车辆或安排公共交通。

（3）信息发布

提前向参与者发送交通指引和接送安排。

（4）现场协调

在活动期间协调交通接送，确保顺利进行。

（5）反馈收集

活动结束后收集交通服务反馈，进行总结和改进。

4. 常见酒店接待流程内容

会展活动中，会务组为所有嘉宾提供的酒店接待服务流程中，一般包括以下几个步骤内容。

（1）酒店选择与预订

根据活动地点和预算选择合适的酒店。

提前与酒店沟通，确认房间数量、价格、服务内容及优惠政策。

（2）房间分配

根据嘉宾的身份、需求及到达时间，合理安排房间分配。

提前告知嘉宾预订的酒店信息，包括地址、电话等。

（3）接送安排

安排专车接送嘉宾，从机场、火车站等交通枢纽到酒店。

规划从酒店到会场之间的路线，必要时提供摆渡交通服务。

确认接送时间和人员安排，并提前通知司机和嘉宾。

（4）签到与入住

在酒店设立接待台，提供快速签到服务，分发房卡和活动资料。

配备专人协助嘉宾办理入住手续，确保流程顺畅。

（5）行李服务

提供行李搬运服务，协助嘉宾将行李送至房间。

确保行李的安全,并告知嘉宾行李服务的联系方式。

（6）信息咨询

提供活动信息、酒店设施介绍及周边交通指南。

解答嘉宾在入住期间的各种咨询需求,提供必要支持。

（7）活动期间的支持

提供活动日程及会议室安排的通知,确保嘉宾准时参加各项活动。

根据需要提供餐饮服务、会议室设备支持等。

（8）退房与离开安排

提前通知嘉宾退房时间,并协助办理退房手续。

提供离开时的交通安排,确保嘉宾顺利离开酒店。

（9）反馈收集

收集嘉宾对酒店服务的反馈,为今后的活动提供改进依据。

感谢嘉宾的参与,并询问其是否需要后续支持或服务。

（10）其他

除了以上常规内容外,还有可能在整个项目进行期间,为有特殊需求的参会嘉宾协调酒店相关的服务和对接,包括特殊的会议室安排及技术支持、相关社交活动、酒店特殊设备设施的使用,或进行必要的沟通以获取嘉宾参会的反馈等。

5. 常见餐饮接待流程内容

一般情况下,确定具体项目的餐饮接待内容,也需要经过餐饮需求调查、餐饮供应商选择、餐饮计划制订、菜单确认、现场布置、餐饮服务人员安排、餐饮时间管理、特殊需求处理、餐饮反馈收集和后续跟进内容处理等环节。

通常情况下,一场会展活动的餐饮需求并不完全需要集中在一个场地或餐厅内解决,虽然集中式用餐更便于管理,但考虑到嘉宾参会参展体验,往往会安排很多更有特点的餐饮。按照常规的经验,常见餐饮接待流程,依照嘉宾一天的日程安排,可以考虑按照以下分类进行计划和安排。

餐饮接待可以根据活动类型、时间和场合的不同,分为以下几种主要类型：

（1）自助餐（Buffet）

适合大型活动,提供多种菜品和饮品,嘉宾可以根据个人喜好自由选择。

通常用于早餐、午餐、晚宴或茶歇。

（2）正式晚宴（Plated Dinner）

通常为包含多道菜的正式用餐,由服务员逐桌上菜。

适用于重要场合，如颁奖典礼、庆祝活动等。

（3）茶歇（Coffee Break）

提供咖啡、茶、点心和小吃，适合会议间的短暂休息时间。

通常为轻便的选择，时间较短。

（4）午餐盒（Lunch Box）

提供单独包装的午餐，方便嘉宾在会议或活动期间享用。

适合不便设立餐桌的场合。

（5）现场烹饪（Live Cooking）

在活动现场进行烹饪，提供新鲜制作的菜品。

增加互动性，适合餐饮展或社交活动。

（6）饮品接待（Beverage Reception）

提供酒水、软饮料、鸡尾酒等，通常在活动开始或结束时进行。

适合开幕式、闭幕式或社交活动。

（7）早餐（Breakfast）

提供丰富的早餐选择，如水果、面包、热食等。

适用于会议开始前或活动开幕时。

（8）欢迎晚宴（Welcome Dinner）

在活动开始前为嘉宾举行的晚宴，旨在欢迎与会嘉宾。

通常包括多种菜品和社交环节。

（9）主题餐（Themed Meal）

根据特定主题设计的餐饮，如地方特色食品、节庆风味等。

增加活动的趣味性和互动性。

根据活动的性质和目标，可以灵活选择合适的餐饮种类，以满足嘉宾的需求、提升活动的整体体验。

6. 常见现场接待流程内容

在会展活动现场，接待工作需要跟现场的整体设计风格相协调，这是嘉宾抵达现场后非常重要的提升体验的第一环节。一般情况下，现场接待需要安排的内容主要包括以下几个方面。

（1）签到与注册

设置签到台，准备登记表和参会资料包。

确保有足够的工作人员协助嘉宾顺利签到。

（2）信息咨询

设立信息咨询台，提供活动日程、会场指引、展位信息等。

配备专业人员,解答嘉宾的各种问题。

(3)接待区域布置

确保接待区域(如签到区、休息区)的整洁和舒适。

准备好必要的接待物品(如名牌、宣传资料、礼品等)。

(4)现场引导

配置引导人员,协助嘉宾找到会议室、展位和餐饮区等。

在重要位置设置指示牌,便于嘉宾识别。

(5)贵宾接待

针对重要嘉宾或贵宾安排专门的接待服务,包括接送、专属休息室等。

提供个性化服务,确保其需求得到满足。

(6)餐饮服务

安排餐饮区,提供茶歇、午餐或晚宴的服务。

确保餐饮供应及时、卫生,服务人员能够提供必要的支持。

(7)现场协调与沟通

指定专人负责现场协调,确保各环节顺利进行。

定期召开会议,及时处理突发情况和问题。

(8)技术支持

确保音响、投影仪、Wi-Fi等设备正常运作,安排技术人员现场支持。

提供嘉宾所需的技术协助,如演讲设备调试等。

(9)反馈收集

设定反馈渠道,如意见箱或问卷调查,收集嘉宾对活动的评价和建议。

及时与嘉宾沟通,了解其满意度和建议。

(10)安全保障

确保活动现场的安全措施到位,包括消防通道、应急处理人员等。

配合安保人员,做好人员进出管理和安全检查。

周全的接待工作安排,可以确保会展活动现场各项工作的顺利进行,为嘉宾提供良好的体验。

 案例

### 某商业发布会媒体接待全流程创意地图

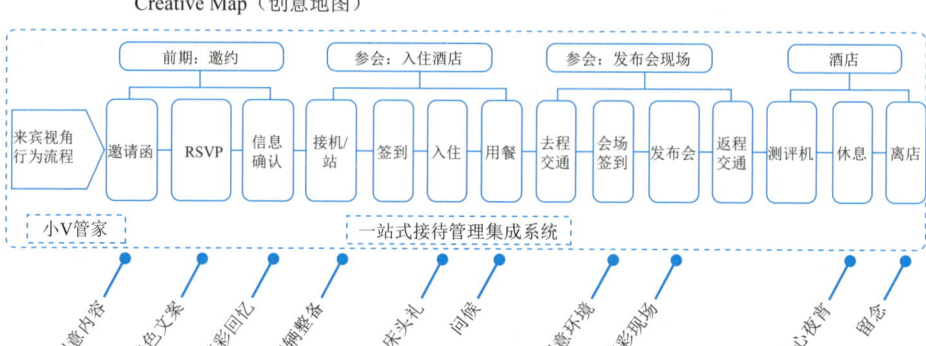

## 任务 5　制定交通接待方案

### 一、任务解析

**1. 任务目的**

明确交通接待需求，根据整体项目目标的设定，对不同类型的受邀主体进行系统性的规划和分类设计，从而形成后续工作的原则依据。

**2. 任务目标**

依照预先收到的来宾接待需求，确定会展活动所有参与人员的交通接待方案，并针对不同类别的人员制定对应的交通接待标准，对交通出行方式进行统一的现场管理。

**3. 任务路径**

（1）规划交通接待路线。

（2）明确交通接待车辆。

（3）确定交通接待流程。

（4）安排交通接待人员。

（5）确认交通接待物料规划。

（6）上传完整的交通接待执行方案。

## 二、核心知识与技能

### （一）总体路径关键步骤说明

#### 1. 规划交通接待路线

依照预先收到的来宾接待需求，确定会展活动所有参与人员与所有活动地点的路线规划，包括嘉宾步行路线规划和车辆行驶路线规划。交通路线规划的首要原则是保障车辆及嘉宾的安全，在此前提下尽量选择节省时间的道路。

#### 2. 明确交通接待车辆

依照预先收到的来宾接待需求，确定接机接站、送机送站、交通接驳三项工作内容，包括参与活动嘉宾级别对应的车型、车辆的准乘人数、车辆的发车排期和车辆的行驶线路。

#### 3. 确定交通接待流程

依照预先收到的来宾接待需求，整理接机接站、送机送站信息表，针对不同时段的接待做出合理安排，普通嘉宾接待流程与VIP嘉宾接待流程稍有差异。

#### 4. 安排交通接待人员

依照预先收到的来宾接待需求，确定项目接待与"第三方人员管理"职能的衔接计划，根据现场勘探结果得出人员安排，在场地平面图中标注人员位置所在，并以此在执行过程中安排相关人员工作。

#### 5. 确认交通接待物料规划

依照预先收到的来宾接待需求，确定项目接待物料清单，包括但不限于接待标识、人员相关、车辆相关、接待备品和应急备品。要求各职能负责人将物料规划明确地传达给物料负责人，以保障活动实施前物料的顺利交接。

#### 6. 上传完整的交通接待执行方案

依照预先收到的来宾接待需求，细化交通接待任务的统筹计划（执行方案），制定对应执行文件，对所有的准备工作进行检查并监督，包括接待工作人员检查、车辆检查、接待物料检查。

### （二）扩展知识内容

#### 1. 交通接待路线规划

交通规划其实就是一次会展项目中涉及所有地点之间的路线规划，包括：
从机场／火车站到酒店的接机（站）路线；
从酒店到机场／火车站的送机（站）路线；

从机场／火车站到会场的接机（站）路线（部分无法提前抵达的嘉宾会安排接送其直接前往会场）；

从会场到机场／火车站的送机（站）路线（部分嘉宾在活动结束后即前往机场／火车站）；

从酒店到会场的交通接驳路线。

特别需要注意的是，会展项目中需要把嘉宾步行至车辆停放地的路线及时间规划进来。

交通路线规划的首要原则是保障车辆及嘉宾的安全，在此前提下，尽量选择节省时间的道路，尤其在城市交通早晚高峰期间，尽量避开拥堵路段。另外，因为城市交通的不可预测性（如交通事故或管制等），在制定交通路线还应规划一条备选线路。

2. 嘉宾步行路线规划

规划的路线包括：

接机（站）时，嘉宾由机场（车站）不同航站楼的到达大厅出口步行到车辆停放地点的步行路线；

送机（站）时，车辆可在机场（车站）出发大厅外短暂停靠，因此嘉宾步行的距离一般较短；

交通接驳时，嘉宾步行到上车地点，以及从下车地点步行到会场的距离，一般酒店及会场主入口外大巴均可以短暂停靠，因此步行距离较短；如会场前通道狭窄，大巴无法进入，则指从大巴停放的位置步行至目的地的路线。

交通接驳起／终点场地环境相对开阔，路线亦不复杂，我们本次重点介绍机场的接送机路线。

路线的制定需要考虑如下几个因素：

①机场各个航站楼的位置／顺序，国内、国际出发到达的位置，大巴的停靠点，小型汽车停放地点。

②部分机场国内国外的航班一般安排在不同航站楼，需要提前详细了解航班代码对应的航空公司，以及项目城市机场航站楼的航空公司分布情况，可以通过机场官方网站了解。

③抵达活动城市的航班，即到港航班，嘉宾抵达机场到达层出口情况。

④由活动城市离开的航班，即离港航班，嘉宾由出发层进入自行办理登记手续的情况。

以成都双流机场为例。成都双流机场有两座航站楼，即 T1 和 T2。T1 为四川航空公司航班及境外航班（港澳台及国际航班），T2 为其他航空公司的国内航班，如中国航空、中国南方航空等。

根据 T1、T2 出发层平面图，确定入口位置。送机时，大巴停靠在国内航班入口或国际航班入口外即可。

根据到达层平面图，我们可以看到 01 出口、02 出口、04 出口、05 出口即为嘉宾从到达大厅出来的位置，也是接待嘉宾的地点，再结合停车场平面图，确定大巴停放区域，嘉宾步行路线即从到达大厅出口到大巴停放区域的这段路程。

在实地勘查时，我们可以根据实地测量在平面图中标注嘉宾的行走路线、距离及时间。

3. 接待车辆规划

接待车型规划，主要考虑两个因素，一是与嘉宾级别对应的车型，二是车辆的准乘人数。首先，我们对市面上的车型（含品牌）要有一个大致的了解。

交通接待的车辆类型有以下几种：

大巴，常用规格为 45 座，常见的有金龙、宇通；

中巴，19 座，常见品牌有丰田；

高端商务车，7 座，常见的车型有别克 GL8、梅赛德斯奔驰 V-Class 等；

豪华轿车（limo），3 座，常见品牌车型如梅赛德斯-奔驰 S-Class、E-Class，宝马 7 系、5 系，奥迪 A8、A6 等。

上述所有车辆都是会展项目接待中可能用到的交通工具，均可以用于嘉宾的接送及交通接驳服务，但针对的嘉宾级别会有所不同，同时由于车辆准乘人数的不同对接待人数也有要求。

大巴，一般用于普通级别嘉宾的交通接待，且嘉宾的数量较多，以 20~35 人为合理区间，根据具体车辆乘坐人数进行调整。

中巴，一般用于普通级别嘉宾的交通接待，但嘉宾的数量较少，10~15 人左右乘坐考斯特更加经济合理，另外在部分活动中考斯特会用于级别高于普通嘉宾且数量较少的嘉宾接待，比如活动中邀请的部分媒体人员等。

高端商务车，一般用于接送主办方内部或者受邀嘉宾中级别较高的人员。

豪华轿车（limo），适用于接送主办方或受邀嘉宾中 VIP 级别的人员。

注意：以上只是在车型对应的接待嘉宾这一范围内进行分类区别，当考虑到主办方的品牌定位，项目的规模及预算时，车型的使用通常会有所不同。比如宝马新 5 系媒体试驾项目，为增强媒体对新品全方位的体验，接送机使用的车辆也是宝马 5 系产品，但媒体人员并非本次活动中的 VIP 嘉宾；还有一种情况是，承办方也会结合实际预算及市场价格进行车辆安排，比如高端商务车在广义上的接待规格虽然高于大巴，但由于其使用因素及市场因素（准乘人数少，营运资格简易等），商务车的市场租赁价格低于大巴，当面对寥寥数人的嘉宾，接机或送机时，出于节省预算的考虑，当然会选择经济性更好的商务车。因此车辆的规划安排需要工作人员灵活应对，当然这些都需要得到主办方的许可。

4. 商务接待用车规范

车辆行驶证件及营运资质齐全，确保行车过程中不会被有关部门查处。

硬件完善，车辆使用不超过 3 年，行驶里程不足 10 万公里，车况良好无故障；确保油量充足并随时检查油量及时补给。

车内外整洁，车内无异味，座椅套清洁无污渍。

车内备品完善，包括饮用水、纸巾、雨伞、急救包及其他接待物资齐全。

车内温度，根据季节调节车内空调温度，保证车内冬暖夏凉。

目前车辆租赁市场的价格分类情况主要为：

单次使用价格，即从 A 点到 B 点单程使用车辆的价格；

全天租用使用价格，此价格一般包含 8 小时，需要注意的是，全天租用不意味着可以随便使用，很多公司对于车辆的行驶公里是有限制的。当然，不同地域时长和公里数会有差别，全天租用使用车辆时，往往会发生超时超公里的情况，因此需要了解相应的收费标准；

杂费，是指在车辆工作时间内产生的高速费、停车费等；

附加服务，是车辆能够提供的增值服务，比如免费提供 50 瓶饮用水等。

车辆价格是影响车辆规划的一项重要因素，根据市场价格灵活调整车辆的安排能够有效减少项目成本。

5. 车辆时间规划

从交通接待管理的统筹规划中，我们了解到，在接待车辆时间规划上，我们要考虑三项工作内容，即接机／站、送机／站、交通接驳。

接机／站——会展项目的邀约嘉宾往往从全国各地前往一个城市，抵达时间相当分散，并且由于天气原因、流量管控等诸多原因，航班会有不同程度的延误；高铁相对准时，但遇上恶劣天气为保障安全也会减速行驶。另外一点，我们强调过多次，机场及火车站人口密度大，环境规划复杂，这些特点都会影响接机／站的车辆时间安排。

送机／站——相较接机／站会轻松一些。嘉宾往往从酒店或会场，按不同时间段（根据起飞时间）分批次集体出发，由于酒店及会场环境较为简单且人流量适中，所以易于组织人群集中发车，嘉宾抵达机场或车站后，送机服务即结束。

交通接驳——交通接驳的一个最大特点是发车的时间段集中,一般在 30 分钟内将所有嘉宾由 A 点运送至 B 点,出发地及目的地都易于组织管理,但需要注意尽管发车时间段集中,但发车时间不要过于密集,以免目的地的接待压力过大,引起混乱及嘉宾抱怨。

接送机时间安排——根据 RSVP 整理接送机时间,根据航班的起降时间及出发地与目的地之间行驶耗时安排车辆及相应发车时间。

交通接驳时间安排——根据活动流程需求及出发地与目的地之间行驶耗时安排车辆及相应发车时间。

注意:车辆行驶途中不可控因素较多,如嘉宾迟到、交通拥堵等,因此计划的时间一定要留出合理的余量。余量的预留不可太短,否则失去意义;亦不可过长,过长会导致不必要的等待。

发车间隔 30 分钟——由 RSVP 信息导出的接送机表格,可以很清楚地看到同一时间段(一般 30 分钟内)的航班抵达情况,在航班抵达班次较少的时间段,我们可以调整车型,以节省项目成本,而不是一定要等嘉宾坐满才发车。发车间隔最多不超过 30 分钟,以避免嘉宾过长时间等待(不同的主办方有不同的要求,间隔时间需要提前与主办方确认)。

在接送机/接送站时,需要实时关注航班及列车的抵达时间是否准时。飞机延误时有发生,机场大厅屏幕会实时显示航班到港/离港情况,需要随机应变,及时调整发车安排并调配车辆。

6. 接待流程规划

(1)接机流程

首先根据整理好的接机信息表,了解该时段的接待人数,通过机场和车站的航班/车次信息显示系统可以第一时间得知嘉宾的航班是否抵达;

航班抵达后,所有接待人员及接待物资就位,接待工作随即开始;

嘉宾由出口走出后凭借活动标识很容易找到接待的工作人员,此时工作人员应立即核实嘉宾身份信息,并告知嘉宾接下来的安排(等待其他嘉宾到来,集合前往停车场)。舟车劳顿之后,嘉宾相对疲惫,不宜站立等候过久,因此应及时联系未到的嘉宾,了解其去向并决定下一步的工作安排;

嘉宾集合完毕后,引领嘉宾前往车辆停放区域,嘉宾上车后需清点人数,车上人数与出口接待的人数一致即可发车。发车后尽快通知酒店接待人员发车的时间以及嘉宾人数,以便提前准备酒店接待工作。

(2)送机流程

根据送机时间表,告知嘉宾送机车辆时间安排以及嘉宾集合地点。

工作人员提前到位，接待工作开始，嘉宾抵达后核实嘉宾信息，引领嘉宾前往车辆停放处；对于未到达嘉宾，应及时取得联系，以免耽误发车时间，造成误机误车等状况。

发车前核对嘉宾人数，确保没有嘉宾遗漏，然后即可发车前往机场或车站。

送机安排中，经常会出现某些嘉宾因私事迟到或晚于正常时间到达集合地点的情况，以下为常规的解决办法：

①提前联系来宾，与来宾保持沟通；

②对于送机时间留出余量，不要把时间留得太少，并且清晰知道最晚的出发时间，在最晚出发时间一定要出发，不能再等待；

③做好紧急预案，有条件的情况下设置备用车辆，用于送迟到嘉宾，没有费用的情况下，可采取现场叫车等多种方法进行操作。

送机时，最重要的是保证该批次大多数嘉宾可以正常到达机场/火车站，对于小部分行程有问题的嘉宾，可以灵活处理，尽量保证嘉宾安全按时到达目的地。

（3）交通接驳流程

根据发车信息表，告知嘉宾发车时间安排及集合地点。

工作人员提前到位，接待工作开始，嘉宾陆续集合后，引领嘉宾前往车辆停放处，发车前清点人数。因交通接驳发车时间集中，嘉宾抵达的时间也很集中，这种情况下无法一一核对嘉宾的姓名身份，因此需要清点每车人数，以此得出剩余嘉宾人数。最后剩下的少数嘉宾，可以安排用备用车辆送他们去会场。因此备用车辆的发车时间取决于嘉宾是否来齐。

另外，每一辆车发出后，需要告知会场接待人员发车时间及车内人数，确保其提前准备会场接待工作。

7.接待人员规划

人员规划，即项目接待与"第三方人员管理"职能人员的衔接计划。

会展项目交通接待涉及地点众多，以上海为例，交通接待服务需覆盖虹桥机场、浦东机场、虹桥高铁站及上海南站，而机场及火车站这类大型公共场所，环境复杂，出入口多，人流密集，因此需要在关键位置安排工作人员进行迎宾接待及信息登记。但我们无法在各个位置都安排内部工作人员，因此需要雇用第三方人员协助。如此，既可节省公司内部的人力成本又可保障接待工作的完成质量。

（1）总体规划

交通接待人员规划一般由接待负责人负责接待工作整体运营，同时配备若干礼仪人员、兼职人员、司机辅助完成交通接待工作。

（2）与"第三方人员管理"职能人员沟通注意事项

在与"第三方人员管理"职能人员沟通此项衔接计划时，应注意明确以下5项：

①人员类别，除工作人员及司机外，礼仪、兼职两类人员由第三方人员管理，统一面试选取，然后按人员规划分配给各职能负责人，因此需明确需要的人员类别有哪些。

②人员数量，各类人员对应的数量，需根据每日工作量进行确定。

③工作地点，第三方人员的工作地点，如机场的不同航站楼、火车站等。

④工作时间，第三方人员的工作时间，包括彩排培训时间，正式活动时间，以及相应的工作时长（第三方的工作时长在合同签订之时已经明确，一般为8小时或10小时，超时需额外支付加班费用以及交通补贴）。

⑤工作职责，明确各人员工作职责并提供岗位培训文件。

（3）实地勘察后规划

人员规划，实际是在完成对接待场所的实地勘察后，绘制第三方人员站位图后得出的结果。第三方人员站位图，即在场地平面图中标注人员所在位置，并依此在执行过程中安排相关人员工作。

（4）注意关键位置

接机/站一般涉及两处关键位置，一处为机场出口/火车站出站口，一处为停车场。

嘉宾航班降落后经由行李提取大厅提取行李（未托运行李的嘉宾则直接走出）然后通过出口走出。

工作人员通过接机时间表及机场播报的航班起降信息能够很清楚地了解嘉宾航班的落地情况，航班落地后工作人员带领礼仪、兼职人员位于出口位置迎宾接待。此位置的礼仪人员需要手持明显的活动标识——接机牌，便于嘉宾辨识。嘉宾看到接机牌自然会主动上前问询。此时工作人员需通过接机信息表统计抵达嘉宾的信息并将嘉宾集结于一处，当该航班或者该时段（两个航班先后落地，可安排同一辆车接机）嘉宾全部抵达，工作人员安排1名礼仪人员引领嘉宾前往停车场，将嘉宾交接给停车场的兼职人员后返回出口位置准备接待下一批次嘉宾。

每班次车辆发出后，工作人员需告知酒店接待人员嘉宾的信息（嘉宾姓名，嘉宾人数是否有增减），以方便酒店接待人员提前准备接待工作。

（5）停车场管理

礼仪人员引领嘉宾进入停车场入口，位于停车场入口的兼职人员继续引领嘉宾前往车辆停放的位置，引导嘉宾上车并协助嘉宾安置行李物品等。然后兼职人员返回原始位置等候接待下一批次嘉宾。

工作人员需按照接机信息表统计该车次嘉宾的抵达情况，当嘉宾全部在车上集合，工作人员即可安排司机发车并告知酒店接待人员发车时间。

会展项目的接待要求不尽相同，比如并非所有主办都要求在出口处安排礼仪人员进行迎宾接待，兼职人员亦可，但各个位置人员的职能是相同的。

关于接待人员数量的规划，需要综合考虑主办方需求以及嘉宾航班的分布情况，这也要求我们在制作接机信息表时一定要准确。

（6）着重关注

在工作人员及第三方人员的数量规划上，需要保证以下 2 点。

①在 1 名第三方人员引领嘉宾前往停车场而该时段仍有第二批次嘉宾抵达的情况下，在出口位置务必保证仍有人手持接机牌且能够完成集合嘉宾并统计嘉宾信息的工作。

②必须安排 1 名工作人员统计车内嘉宾的集合情况，安排发车并告知酒店接待人员（接待嘉宾数量较少或者发车频次不高的情况下，礼仪人员可以引导嘉宾前往车辆位置）。

（7）对第三方人员的要求

接待工作，对第三方人员的要求主要表现在以下三个方面。

①具有相关商务接待经验。具备相关经验的第三方人员可以快速进入工作角色，并且由于经验丰富在接待工作中往往能够独当一面。

②外形得体。要求第三方人员不得有文身露出，发色及发型得体，无夸张配饰。

③标准着装及妆容要求：礼仪标准着装，活动定制礼仪服装／鞋子，如为裙装，务必穿肉色丝袜；兼职标准着装，要求活动定制工作服装，并根据活动要求着统一颜色长裤及鞋子，一般要求为黑色；司机标准着装，要求大巴司机一般穿白色长袖衬衫、黑色裤装及皮鞋，系黑色领带，佩戴白手套；高端商务或 VIP 司机要求穿着深色西服套装、白色衬衫，系黑色领带，穿黑色皮鞋，佩戴白手套；妆容主要针对礼仪人员而言，符合活动需求的妆容及发型，如无特殊要求一般为淡妆，头发盘起或束马尾。

8. 接待物资规划

物料规划，即项目接待与"物料管理"职能的衔接计划。

在会展项目中，通常会专门安排一名人员负责对接各个职能部门的物料需求，由物料负责人统一对物料进行制作、运输、分配管理等。但物料负责人并不了解各职能部门的需求细节，这就要求各职能部门的负责人将物料规划明确地传达给物料负责人，以保障活动实施前物料的顺利交接。

我们先来了解交通接待制作物料涉及的门类。

①接待标识，即此前第三方人员规划中所介绍的，礼仪人员需要手持接待标识，方便嘉宾辨识。

②人员相关物料，通常为第三方人员在活动过程中穿着的服装等。

③车辆相关物料：停车证——顾名思义，通行停车所需要的证件标识；车身贴——一般是根据活动的统一视觉元素进行设计，其目的一是方便嘉宾辨认车辆，二是能够对活动宣传起到一定作用；车号贴——对应车辆的编号，一般置于车前后风挡玻璃右上／左上，便于嘉宾辨识车辆信息同时方便工作人员对车辆的管理。

④接待备品，从字面意思理解，即接待工作中准备的相关物品。车内常备物品一般为饮用水、纸巾；个别项目会根据主办方需求增加其他物品，比如为体现品牌对嘉宾的关怀，会在车内为赶乘早班飞机的乘客准备简易早餐等，部分品牌意识较强的客户也会对车内的陈设布置非常在意，比如大巴上座椅头尾套的设计等，这些细节的设计能够帮助嘉宾加深品牌印象。

⑤应急备品，根据应急预案所准备的物品，常用应急备品为雨伞、雨衣、急救包等。

### 9. 现场执行

现场执行，就是根据我们此前所做的统筹计划（执行方案）展开接待工作的过程。在这个过程中，需要不断根据实际情况调整并优化接待工作，作为我们以后项目运营的经验储备。

（1）检查工作

现场执行时，在接待工作开始前，我们要对所有的准备工作进行检查并监督，包括接待工作人员检查、车辆检查、接待物料检查，使用对应的执行文件进行一一核查即可。

除以上三项检查外，还有一项预查工作对交通接待工作的现场执行至关重要，即航班预查。

①航班预查是对影响航班的所有因素进行预查。比如天气情况；比如是否有政府类事件，比如航空演习一般会实行空中管制，影响部分空域的飞机起降；这些都要在项目开始前提前关注，以预留更多的调整时间。活动当天，除通过机场／车站的信息显示系统能够提前得知航班的起降情况外，目前市场上有很多提供航班动态服务的 App，如非常准、航旅纵横等，都可以随时查询航班的

起降信息。

②我们当然希望风和日丽，项目一切顺利，但对可以预见的延误状况做出相应预案是一项十分必要的工作，如此才可以保障工作顺利进行。

③少量的航班延误是相对正常的。比较严重的是活动所在地出现大雨或暴雨或大面积降雪，或有重大政府类事件，这两种情况非常容易导致航班的大面积延误。

④情况发生后，首先应确认的是航班是延误状态还是取消状态，如航班取消应尽快联系嘉宾确认航班改签或行程调整情况（如行程调整，比如无法参加本次活动，应与主办方报备）。

⑤航班延误发生时，嘉宾也会拨打热线电话与呼叫中心联系航班改签或行程调整，此时应与该职能部门工作人员或合作商保持实时有效的沟通。

⑥航班信息调整完毕，需尽快更新接送机信息表，保证自己手中的信息是准确无误的，同时调整接送机车辆安排。

另外，由于天气恶劣以及嘉宾抵达时间推迟，在车内应准备雨伞或一次性雨衣以及简餐等物资，以备嘉宾所需。

（2）交通接待现场执行的注意事项

①所有的执行文件完善，需要纸质打印的文件预留备份。

②准备工作细致，并根据执行文件在接待工作开始之前进行自查。

③在现场执行时，应根据实际情况灵活调整，优化接待方案。

④对航班影响因素的预查工作要到位，并据此提前准备接待预案。

⑤交通接待工作的进度，如航班调整、发车时间调整、发车时间应及时告知目的地（酒店及会场）接待负责人，以便对方提前准备目的地接待工作。

⑥整体接待中的任何一部分工作进行了调整，都应与其他配合方保持良好的沟通，以实现信息共享，确保接待工作的正常运转。

## 任务6　制定酒店接待方案

### 一、任务解析

#### 1. 任务目的

明确酒店接待需求，根据整体项目目标的设定，对不同类型的受邀主体进行系统性的规划和分类设计，从而形成后续工作的原则依据。

2. 任务目标

依照预先收到的来宾接待需求，确定会展活动所有参与人员的酒店接待方案，并依据不同类别的人员制定对应的酒店接待标准，对酒店接待方式进行统一的现场管理。

3. 任务路径

（1）对酒店和房间进行统筹规划。

（2）同酒店协调沟通细则。

（3）确定接待物料规划。

（4）制定酒店接待人员规划。

（5）制定酒店接待执行方案。

## 二、核心知识与技能

### （一）总体路径关键步骤说明

1. 对酒店和房间进行统筹规划

依照预先收到的来宾接待需求，确定会展活动所有参与人员居住的酒店及房型推荐，包括酒店的推荐方案以及房型安排计划。

2. 同酒店协调沟通细则

依照预先收到的来宾接待需求和参会信息，制定跟酒店进行沟通的清单，包括接待区相关、住房相关、用餐相关（餐饮接待详解）、活动日程相关、手续与结算相关事务等。

3. 确定接待物料规划

根据实际的接待需要，在接待规格的范围内，准备包括指示、背景、设备、会务资料、伴手礼等，甚至有可能还会包括一些零食饮料，确保每一个环节的接待使用物资都计划完备。

4. 制定酒店接待人员规划

依照预先收到的来宾接待需求和接待流程，确定酒店签到和办理入住人员规划，安排必要的引领礼仪人员，以及负责物料管理的兼职人员，如果来宾对酒店接待方面还有其他特殊需求，需要做更多规划，如安排拍摄、互动等人员。

5. 制定酒店接待执行方案

根据已经确认的信息，汇总上述与酒店接待的相关规划，形成执行方案。根据不同的使用场景，执行方案可以是PPT，也可以是Excel形式。

## （二）扩展知识

### 1. 酒店星级划分标准

世界上酒店等级的评定多采用星级制，我国根据《中华人民共和国旅游涉外酒店星级标准》，按一星、二星、三星、四星、五星来划分酒店等级。五星级为最高级，在五星级的基础上再产生白金五星。酒店的星级是按其建筑、装潢、设备、设施条件和维修保养状况，管理水平和服务质量的高低，服务项目的多少，进行全面考察、综合评价后确定的。酒店的评星标准是非常具体且严格的——五星酒店客房面积不能小于 30 平方米，五星级酒店客房服务（Room Service）标准，一般是菜品不少于 8 种，饮品和甜食各 4 种起，不同的星级酒店的差异不仅体现在硬件和服务当中，更多体现在细节方面。

### 2. 五星级酒店分类

奢华五星级酒店（Luxury 5 star hotel），如丽思卡尔顿、四季、柏悦、华尔道夫等。

精品五星级酒店（Boutique 5 star hotel），如安缦、悦榕庄、安纳塔拉等。

豪华五星级酒店（Deluxe 5 star hotel），如洲际、JW 万豪、威斯汀等。

普通五星级酒店（5 star hotel），如香格里拉、皇冠假日、喜来登等。

### 3. 按酒店定位分类

各个酒店的市场定位不尽相同，酒店定位主要分为以下五种类型。

商务型酒店——主要以接待从事商务活动的客人为主，是为商务活动服务的。这类客人对酒店的地理位置要求较高，要求酒店靠近城区或商业中心区。这类酒店客流量一般不受季节的影响，不会因季节变化而产生大的变化。商务型酒店的设施设备齐全、服务功能较为完善。

度假型酒店——以接待休假的客人为主，多建造在海滨、温泉、风景区附近。其经营的季节性较强。度假型酒店要求有较完善的娱乐设备。

会议型酒店——以接待会议旅客为主的酒店，除食宿娱乐外还为会议代表提供接送站、会议资料打印、录像摄像、旅游等服务。要求有较为完善的会议服务设施（大小会议室、同声传译设备、投影仪等）和功能齐全的娱乐设施。

观光型酒店——主要为观光旅游者服务，多建造在旅游点，经营特点是不仅要满足旅游者食住的需要，还要求有公共服务设施，以满足旅游者休息、娱乐、购物的综合性需要，使旅游生活丰富多彩、得到精神上和物质上的享受。

常住型酒店——为租居者提供较长时间的食宿服务。此类酒店客房多采取家庭式结构，以套房为主，房间大者可供一个家庭使用，小者有仅供一人使用的单人房间。它既提供一般酒店的服务，又提供一般家庭的服务。

### 4. 按酒店规模分类

目前对酒店的规模旅游行政部门还没有一个统一的划分标准。较通行的分类方法是以客房和床位的数量多少，区分为大、中、小型三种。

小型酒店——客房在 300 间以下。

中型酒店——客房在 300~600 间。

大型酒店——客房在 600 间以上。

### 5. 酒店房间类型

按照床型分为大床房、双床房。其中，大床房又分为：King Size（特大号），尺寸为 203cm×193cm；Queen Size（大号），尺寸为 203cm×152cm。

按照设施规格（主要指房间大小、设施类别、楼层位置、附加服务），分为套房、行政客房、豪华客房、普通客房。

套房，简而言之就是成套的住房，房间面积在 40 平方米以上，一般包括独立的会客厅、卧室、卫生间等。

酒店根据各自的企业文化及市场定位会使用不同的名字命名不同等级的套房。比如我们耳熟能详的总统套房。一般酒店只有少量套房，占 2%~5% 的比例，有些奢华酒店根据自身定位全设套房，但并非每家酒店都设置总统套房。

行政客房会统一安排在行政楼层，行政楼层一般安排在酒店顶层，行政客房的核心待遇在于该楼层的增值服务，如楼层有行政会议室、专有餐厅、有免费行政酒廊，有个人管家服务，可免费洗衣，有免费迷你吧等。

豪华客房与普通客房是酒店的基础房型，两者的差距往往体现在面积和楼层上，豪华客房房间面积更大，楼层更高。

按类型划分，主要指房间窗外景色，多与酒店的市场定位有关。海滨城市酒店多以城景房、海景房作区分；其他诸如山景房、园景房等。

### 6. 推荐酒店多方面考虑因素

为会展项目推荐酒店需要考量的因素不只是酒店星级，还要考虑能否满足计划数量的人员入住，同时需要考虑以下几个因素。

酒店定位及特色，酒店定位与项目需求的匹配度，酒店特色是否与项目主题结合，匹配项目主题的酒店推荐能够起到锦上添花的效果。

价格，是否满足项目预算。

地理位置，距离机场、火车站、主会场的距离远近。

餐饮接待能力，酒店餐厅最大的接待能力是否与需求相匹配。

其他因素，比如主办方要求在酒店举办会议，那么酒店宴会厅的接待能力则成为酒店甄选的重要条件。

### 7. 酒店推荐方案

首先是酒店的地理位置。在地图上将会展项目中所涉及的位置标注出来，能够非常清晰地看到所有位置的分布情况。同时为了更清晰地显示各个酒店在地理位置方面的优劣势，可以用一个表格注明酒店距离机场/车站/会场的距离及行车时间。

其次是对酒店的介绍，介绍酒店的优势及特点，可以使用酒店官网上的内容。

酒店客房接待能力，指酒店目前可以提供的房间余量，而非酒店的整体接待能力；餐厅位置及接待能力；酒店外观、房间、餐厅的实景图。

### 8. 酒店合同签订注意事项

签订酒店合同时，应注意3点。

①合同内应注明客房浮动数量，在此范围内如住房数量减少，酒店按照实际住房数量收取费用，浮动空间一般为合同签订数量的5%~10%。比如我们合同签订50间大床房、50间双床房，合计为100间，浮动空间为10%，即最终住房数量不少于90间，均可按照实际发生结算费用；酒店用餐方面，则需要与酒店签订用餐的最低人数，一般以嘉宾计划人数的90%作为最低人数。用餐人数低于最低数值，酒店按最低数值收取费用；用餐人数高于最低数值，按照实际人数收取费用。

②明确酒店产品内容，房间是否包含早餐（1份还是2份），是否包含mini bar（迷你吧）使用，是否包含洗衣费用、健身房游泳馆使用等。

③明确酒店价格标准，五星级酒店的价格分为净价、非净价两种。净价（Net Price），即该价格包含税费即酒店服务费；非净价（Gross Price），则此价格+税费（一般7%）+酒店服务费（一般15%）的综合是最终支付给酒店的费用。

### 9. 房间分配原则

会展项目的房间分配的首要原则为遵循主办方要求。

1人1间房，抑或2人同住1间。但在主办方要求2人同住1间的情况下，个别嘉宾会提出单住的需求，此种状况发生后应将此类嘉宾的信息汇总处理并发送给主办方，征求主办方的意见。再通过Call Center及时向嘉宾反馈，避免在入住时造成实际情况与嘉宾需求不符，以致嘉宾抱怨或投诉。

### 10. 落客接待

接待流程规划中的落客接待，指嘉宾由大巴进入酒店签到区这段路程的接待工作。

①接机车辆即将抵达时，随车工作人员（兼职）或者大巴司机会根据路况判断抵达酒店的时间，一般提前 5~10 分钟告知酒店负责人车辆即将抵达酒店，负责人安排礼仪人员前往大巴停车落客区准备迎宾接待工作。

②嘉宾陆续走出大巴后，礼仪人员组织嘉宾步入酒店大堂，前往项目专属签到区域。

③嘉宾抵达签到区域后，礼仪人员组织嘉宾排队开始签到。首先，工作人员根据 RSVP 信息表核对嘉宾信息，礼仪或兼职人员辅助嘉宾进行入住签到，然后根据酒店入住流程领取房卡，之后领取签到物资，最后工作人员对嘉宾进行必要的项目提示，如用餐时间、佩戴活动标识的重要性、发车时间等。客房入住签到，需要提前与酒店协商具体的流程及方式，由于各地对酒店入住人员身份验证管理越来越严，酒店基本都会要求入住嘉宾进行身份证的扫描。但作为接待处的工作人员，需要尽量缩短嘉宾在签到台办理手续的时间，所以在项目筹备期内需要与酒店进行详细的流程沟通，以达到简化签到流程、缩短签到等候时间的目的。

④根据主办方需求，部分项目会为嘉宾在房间内准备欢迎礼包（欢迎礼包内容多为欢迎信、项目流程、项目礼品、项目物资，如项目统一服装或宣传资料等）。此操作会使入住嘉宾感觉服务非常贴心到位，为活动效果加分。

⑤客房布置的前提——大批量的嘉宾是在下午 2 点以后到达酒店。我们知道，一般五星级酒店要求的离店时间为 12：00，然后酒店安排客房打扫，酒店要求完成全部客房打扫的时间一般为 14：00，因此五星级酒店嘉宾入住的时间多为 14：00 以后。接待工作人员只能利用 12：00 到客户入住前的这段时间进行客房布置。

⑥嘉宾完成签到后，在工作人员的引领下前往酒店前台扫取证件信息并领取房卡，之后酒店礼宾部服务人员接管嘉宾行李，工作人员引领嘉宾至电梯间，嘉宾自行上楼入住。

11. **酒店接待人员规划**

第三方人员站位规划，主要分布在以下四个位置：

大巴落客区——酒店正门入口，主要职能为迎宾指引。

签到区——辅助嘉宾签到，分发物资。

位于酒店前台——办理入住。

电梯间——指引，嘉宾行李管理。

入口处多安排礼仪人员，数量为 1~2 人，主要职能为迎宾接待，引导嘉宾进入酒店。

入口处兼职人员主要负责签到区指引,往返于签到台及酒店正门。

签到区多安排礼仪人员做签到管理工作,具体人数取决于签到流程,一般情况下,1~2人负责核对嘉宾信息并辅助嘉宾签到,1人负责分发活动物资并给予嘉宾项目提示。

工作人员多往返于签到台与酒店前台之间,主要职能为组织接待工作,管理嘉宾签到秩序,避免混乱拥堵,同时与酒店协调住房安排;如若嘉宾集中抵达,则增加1名礼仪协助进行嘉宾入住管理。

酒店工作人员多负责扫取入住嘉宾证件信息及入住手续办理,为嘉宾制定房卡。针对团队客户,酒店一般会指定1~2名接待人员专门负责团队嘉宾接待,如此可减少嘉宾等待时间。

嘉宾领取房卡后,兼职人员组织酒店礼宾部服务人员接管行李并引领嘉宾前往电梯间。

## 任务7　制定餐饮接待方案

### 一、任务解析

**1. 任务目的**

明确餐饮接待需求,根据整体项目目标的设定,对不同类型的受邀主体进行系统性的规划和分类设计,从而形成后续工作的原则依据。

**2. 任务目标**

依照预先收到的餐饮接待需求,确定会展活动所有参与人员的餐饮接待方案,并依据不同类别的人员制定对应的餐饮接待标准,对餐饮接待方式进行统一的现场管理。

**3. 任务路径**

(1)统一用餐接待标准及结算流程。

(2)确定菜品。

(3)整理酒店协调内容清单。

(4)制定餐饮接待执行方案。

## 二、核心知识与技能

### （一）总体路径关键步骤说明

**1. 统一用餐接待标准及结算流程**

依照预先收到的来宾接待需求，确定会展活动所有参与人员餐饮标准及餐饮推荐，包括餐饮的推荐方案以及餐饮安排计划，重点需要明确与餐饮服务提供方的结算依据和结算流程。

**2. 确定菜品**

餐饮接待中，关于菜品的选择和确认一般包括以下内容。

菜品种类：确定餐饮形式（如自助餐、正式晚宴、茶歇等），根据形式选择适合的菜品种类，包括前菜、主菜、甜点、饮品等。

饮食需求调查：收集嘉宾的饮食偏好和特殊要求，如素食、过敏原、宗教饮食习惯等。通过问卷形式或与嘉宾直接沟通，确保菜品满足不同嘉宾需求。

菜单设计：根据活动主题、时间和预算，设计具体的菜单，包括每道菜品的名称和描述。考虑菜品的搭配和口味，以增强整体用餐体验。

供应商推荐：与餐饮供应商沟通，了解他们的推荐菜品，选择具有代表性的地方特色或季节性菜品。考虑供应商的经验和过往表现，选择口碑好的菜品。

试餐安排：在确定最终菜单前，安排试餐，确保菜品质量和口味符合预期。收集团队成员的反馈，并根据反馈进行调整。

数量确认：根据预计参会人数确认每道菜品的数量，确保供应充足。考虑到可能的特殊情况（如临时增加嘉宾），做适当的预留。

卫生与安全标准：确保所选菜品符合食品安全标准，供应商具备相关资质。考虑食物的保存和处理方法，确保活动期间的安全和卫生。

最后确认：在活动开始前，和供应商进行最后确认，确保菜单、数量、配送时间等无误。确认菜品的摆放和服务方式，确保现场服务顺畅。

通过这些内容的细致安排，可以确保餐饮接待中的菜品选择满足嘉宾的需求并与活动的整体氛围相契合。

**3. 整理酒店协调内容清单**

在常见的餐椅接待过程中，跟酒店服务相关但需要会务组协调的内容主要包括以下几个方面。

菜单设计与确认：与酒店餐饮部沟通，根据活动主题、参会人数和嘉宾需求设计菜单。确认菜品种类、数量、价格和服务方式（自助餐、正式上菜等）。

餐饮时间安排：确定各餐饮环节的时间，包括早餐、午餐、茶歇和晚宴，确保与会议日程协调一致。预留合理的用餐时间，避免与会议时间冲突。

特殊饮食需求处理：收集并处理嘉宾的特殊饮食需求（如素食、过敏原、宗教饮食习惯等），确保菜单的灵活性和多样性。与酒店协调，确保特殊饮食需求能够得到满足。

餐饮区域布置：确定餐饮区域的布置方案，包括桌椅安排、餐具摆放、装饰风格等。确保餐饮区域的环境舒适，符合活动氛围。

餐饮服务人员安排：与酒店沟通，确认服务人员的数量和服务标准，确保能够满足活动期间的需求。了解服务流程，确保服务人员对菜单和嘉宾需求熟悉。

饮品与酒水选择：确定饮品（如软饮、果汁、酒水等）的种类与数量，并与酒店协调提供。考虑与会议内容和嘉宾需求相适应的饮品选择。

现场协调与应急处理：在活动当天，确保餐饮服务的现场协调，处理所有突发情况（如菜品不足、服务延迟等）。与酒店的餐饮团队保持沟通，确保服务流程的顺畅。

反馈收集与总结：在活动结束后，收集嘉宾对餐饮服务的反馈，评估其满意度。与酒店进行总结，讨论餐饮服务的改进意见和建议。

通过这些协调内容，会务组能够确保餐饮服务的顺利进行，为与会嘉宾提供良好的用餐体验。

**4. 制定餐饮接待执行方案**

依照预先收到的来宾接待需求，确定会展活动所有参与人员及工作人员用餐安排规划。

在编制会议展览和商务活动中的餐饮接待方案时，需要考虑以下内容，并重点关注可能出现的问题，以确保来宾的用餐体验良好。

（1）来宾类型与人数规模

内容：根据来宾的身份（如贵宾、普通参会者、媒体等）和人数规模，决定餐饮的形式和规格。高规格来宾可能需要单独安排贵宾餐区或向他们提供定制餐饮。

注意点：人数的准确性至关重要，预估不准可能导致餐饮供应不足或浪费。此外，还需确保各类来宾的餐饮需求能够及时得到满足，避免因场地安排或供应问题影响体验。

（2）餐饮形式的选择

内容：选择适合的餐饮形式，如自助餐、正式晚宴、茶歇或午餐盒。不同形式适用于不同场合和人数。

注意点：需要考虑场地大小、服务人员配备以及来宾的活动时间安排。比如自助餐适合大规模活动，而正式晚宴适合高端小型聚会。形式不匹配可能导致服务不便或来宾不满。

（3）菜单设计与多样化

内容：编制符合来宾口味的菜单，确保食材新鲜、多样，包括前菜、主菜、甜点和饮品。根据来宾的多样化需求提供素食、无麸质食物、清真食物等选择。

注意点：过于单一的菜单可能导致部分来宾不满，忽略特殊饮食需求（如过敏、宗教禁忌等）会引发健康及其他问题。提前调查来宾的饮食偏好非常重要。

（4）餐饮服务的时间安排

内容：安排合理的餐饮时间，确保各餐饮环节与会议议程不冲突。例如，将茶歇安排在讨论会间隙，午餐安排在主要会议结束后。

注意点：若时间安排不当，可能导致来宾的用餐时间和活动时间发生冲突。此外，需留出一定缓冲时间，以应对活动延迟或其他突发情况。

（5）现场布置与服务人员配备

内容：提前规划餐饮区的布置，包括座位安排、餐具摆放、装饰等。确保有足够的服务人员，分配明确的服务区域和任务。

注意点：餐饮区的布置需考虑通道宽敞、桌椅安排合理，避免拥堵。若服务人员配备不足或未培训到位，可能影响服务效率和来宾体验。

（6）卫生与食品安全

内容：确保食品安全卫生，安排严格的食品安全检查，控制食物的存储和运输温度，防止食物污染或变质。

注意点：忽视食品安全可能导致来宾食物中毒，影响公司声誉。应选择有资质的餐饮供应商，并提前制定突发情况应急方案。

（7）饮品选择与补给

内容：根据活动性质选择合适的饮品（如酒水、软饮、咖啡、茶等），确保充足的补给和多样化的选择。

注意点：饮品数量和种类若准备不充分，可能导致饮品不足或不符合来宾需求。酒精饮品的提供应根据活动类型和来宾情况进行控制，以避免饮用者出现不当行为。

（8）突发情况的应急方案

内容：为应对餐饮供应延迟、物料短缺、来宾突增等情况，制定备用方案

（如备用物料、应急联系供应商）。

注意点：突发情况可能导致餐饮服务中断或延误，影响来宾满意度。需确保应急方案切实可行，并与现场人员提前沟通。

（9）来宾反馈与后续总结

内容：在活动结束后收集来宾对餐饮服务的反馈，分析服务的优缺点，为未来活动改进提供参考。

注意点：忽略反馈收集将错失改进机会，无法提升服务质量。应设计简洁的反馈方式，鼓励来宾分享意见。

通过关注以上关键内容并提前应对潜在问题，餐饮接待方案将更加完善，从而更好地提升来宾体验和活动整体质量。

（二）扩展知识

1. 餐前准备

酒店用餐前，需要在酒店内部摆放用餐指引系统，便于嘉宾找到餐厅；开餐前15分钟，所有餐饮及相关物品摆放均需准备妥当，然后按时开餐，餐厅入口处安排用餐凭证检查。用餐凭证一般为餐券或胸卡。

桌餐通常在门口设立工作人员检查项目胸卡，用以确认来宾的身份。

自助餐通常以餐券为用餐凭证，嘉宾用餐前将餐券交给酒店方，酒店方用以核查自助餐的具体人数。

2. 酒店餐饮管理

酒店餐饮管理指嘉宾在住宿酒店就餐的管理。主要涉及以下4部分。

①就餐人数：通过RSVP信息可以合理地预估嘉宾的就餐人数。

②就餐地点：酒店自设的各类餐厅如西餐厅、中餐厅、日式餐厅等，以及酒店宴会厅。就餐地点与酒店人数、餐饮内容及餐饮形式有着十分密切的关系。

③餐饮内容分为正餐（午餐、晚餐）、茶歇；均包含食品及饮品两部分（Food and Beverage）。茶歇一般安排在会议的中途休息时段，茶歇地点一般在宴会厅序厅，一般半天会议安排1次茶歇，全天会议安排2次茶歇。

④餐饮形式，主要分为自助餐及桌餐两种形式。自助餐又分为酒店例开（酒店按其正常计划开放的自助餐，除团队嘉宾外其他团队或散客也可以进入就餐区用餐）和酒店单开（针对团队单独开放的自助餐，用餐时段不允许其他客人进入用餐区域）。桌餐一般分为圆桌餐或长条桌餐，视就餐人数决定是在酒店自设餐厅用餐抑或是在宴会厅单独开餐。圆桌餐一般为中式围餐，即传统的上菜就餐形式；长条桌餐一般适用于西餐的按"位"上菜形式，即每道菜品

为嘉宾单独呈上。

自助餐通常采用收集餐券的形式统计人数，且考虑到接待管理过程中不可预见情况的发生，与酒店合同约定的就餐人数会少于计划人数，一般以计划人数的 90% 签订合同；因为合同约定数量为付款结算的最低数量，如果实际用餐人数低于约定数量，仍需按照约定数量支付费用，如果超出约定数量则按照实际数量支付费用。

桌餐通常会根据计划人数计算餐桌数量，且往往在计划数量上增加 1~2 桌作为备用（部分桌子未坐满，或临时增加用餐需求）。

### 3. 确认最终餐单

无论是茶歇、正餐、自助餐或桌餐，餐单都需要经过主办方的最终确认，在餐单提交给主办方前，代理公司餐饮负责人应先进行审核，将异味较大及不适宜各地嘉宾食用的特色菜品剔除，同时也要考虑用餐嘉宾中是否有穆斯林人士，是否有嘉宾对海鲜过敏，是否有纯素食人士。

### 4. 嘉宾分组

使用桌餐形式，通常需要对嘉宾进行分组，嘉宾根据分组标识对号入座。

### 5. 用餐酒水

关于用餐酒水，茶歇一般安排咖啡、茶等软饮；午餐及晚餐是否安排酒水需根据接下来的项目流程而定。比如：会议午餐通常不提供高酒精饮品，而某些特殊活动项目，例如车企的试驾活动完全不提供酒精饮品。

### 6. 试餐

通常确认菜单后，代理公司需在酒店内安排主办方试餐；试餐时，服务人员着装、餐具、菜品摆盘、餐台装饰需与项目实施时完全一致，便于主办方提出建议进行调整。

宴会安排实例

## 任务 8　制定现场接待方案

### 一、任务解析

**1. 任务目的**

明确现场接待需求，制定接待工作的整体流程，根据不同区域及模块的要求制订接待计划，为后续现场活动顺利开展提供保障。

**2. 任务目标**

依照现场需求，确定会展活动所有接待的关键节点，并依据不同类别的接待环节制定对应接待方案。

**3. 任务路径**

（1）会展活动现场方案和接待需求整理。

（2）现场接待嘉宾分类数量确认。

（3）制定现场接待签注形式｜时间计算。

（4）制定现场接待物料清单。

（5）制定接待执行方案（含应急风险管理方案）。

### 二、核心知识与技能

**（一）总体路径关键步骤说明**

**1. 会展活动现场方案和接待需求整理**

依据项目类型、活动内容，明确接待工作的具体需求，包括但不限于：接待区域、活动环节、嘉宾人数、涉及物料、相关信息等。

**2. 现场接待嘉宾分类数量确认**

根据活动现场整体情况，明确接待总人数、各类嘉宾的人数以及各个区域对应的接待人数；同时，确认嘉宾的级别及相应的接待规格级别，以利于后续制定接待方案和现场分工安排。

**3. 制定现场整体接待方案**

现场接待流程与会场设置也有着紧密的关系。需要根据接待流程进行会场区域的布置，需要根据场地的限制调整接待流程的顺序，依据现场情况设置接待区域，整体接待方案包括但不限于各个环节接待流程，做好接待人员规划，确定礼品及相关物料，以上环节都依据接待嘉宾级别做相应调整。

4. 制定现场接待执行方案

依照整体接待方案，制定现场执行方案，包含接待人员现场确认、应急管理措施、现场物品检查、现场流程监督。所有的执行文件完善确认，提前做好准备工作，并根据执行文件在接待工作开始之前进行自查。在现场执行时，应根据实际情况灵活调整，优化接待方案，实时统计客房余量以及嘉宾人数的增减，做好人员规划及接待标准话术和动作。

5. 制定接待应急风险管理方案

依据接待现场情况，以及各个区域环节接待环境，做好安全预案方案，包含规划紧急疏散通道，培训相关工作人员，现场场地安全检查，对可疑人员、物预警和告知，对于现场搭建物可能存在的危险进行告知，以及可能存在的突发事件做好预案。

（二）扩展知识

前期完成了接待物料筹备、人员规划，进入执行期后，会场接待流程根据每一个区域接待环节的特殊性来执行，其中分为签到接待、酒店接待、入场接待三大区域。做好接待人员规划，在现场接待中对于每一个区域都要按相应的接待规模来安排工作人员、接待区域线路规划，提前做好礼品发放的统筹规划以及会场接待搭建和相关物资的准备，还有一点容易遗漏，就是接待应急风险管理。最终将接待现场执行的工作落实并形成文件，在活动开始之前根据执行文件在接待工作开始之前进行自查。在现场执行时，应根据实际情况灵活调整，优化接待方案。

1. 会场接待统筹

会场接待统筹是确保活动顺利进行的重要工作之一，是对于这场活动的接待进行全面、系统的策划、组织和协调工作，主要包括接待区域设置、会场接待流程、接待人员规划、礼品发放统筹、搭建和物料规划以及接待现场执行六大模块。

（1）接待区域设置

了解会场区域设置，能够更好地规划嘉宾的接待动线，同时能够掌握会场接待的关键节点，完善第三方人员的规划方案及培训方案。嘉宾由扶梯前往会场，经过签到处、安检大厅、茶歇区，最终进入会场，除签到处以外，不同区域的交界位置都是会场接待的关键位置，会场接待负责人需要特别留意。

在哪个位置查验身份信息或入场标识，是否会造成该区域拥堵，这些都需要工作人员做出周全的规划。因此了解会场区域设置，是会场接待首要的工作任务。

会场签到的嘉宾即为交通接驳运送过来的嘉宾。因此会场接待具备一个特点——嘉宾集中抵达。

为了更好地维持良好的嘉宾签到秩序，通常将会场接待的签到区域做得比较长，这样可以将签到区域分为若干通道。将签到通道的划分原则指示系统陈列在通道入口处，以使嘉宾很容易找到自己的签到区域，从而能够大大提高签到工作效率。

签到通道的划分原则很多，常用的有四种：

①以身份／职业划分，如媒体、内部员工、投资人、经销商等。

②以地域进行划分，比如华北区、华东区等。

③按姓氏首字母进行划分。

④按受邀渠道进行划分，比如通过经销商店完成邀约的项目，可以用经销商店名进行通道划分。

（2）会场接待流程

接待流程与会场设置也有着紧密的关系。需要根据接待流程进行会场区域的布置，也需要根据场地的限制调整接待流程的顺序。

根据嘉宾动线，嘉宾首先签到，然后接受安检，最后是入场。会议开始前的30~60分钟是预留给嘉宾签到使用的。

根据活动日程规定的签到时间，应至少提前30分钟完成签到的准备工作，接待人员应及时到位。

嘉宾抵达后。首先查询嘉宾的参会信息，信息查询方式取决于最终使用的签到方式，扫描二维码、输入参会ID等；然后进行身份核实。不同会展活动身份核实的严格程度不同，口头核实、出示邀请函、出示身份证件甚至扫取证件信息都可以进行嘉宾身份核实，具体方式取决于主办方对此工作的要求。

身份核实完毕，即可为嘉宾制作其专属的参会信息，参会信息的形式同样取决于签到形式，打印胸卡贴或直接打印胸卡等。参会信息制作完成后，将带有嘉宾参会信息的胸卡及参会资料交给嘉宾。

最后对嘉宾进行必要的参会提示，如会后用餐安排等。

①会议签到形式

电子签到，包括以下几种形式：

传统电子签到，现场扫描二维码／条形码作为签到身份识别，签到成功打印入场凭证；

触摸屏自助签到，凭借参会 ID 信息自助签到，签到成功后打印个人信息及入场凭证；

RFID／NFC 刷卡式，提前发放 RFID／NFC 胸卡或现场制作，作为入场凭证；

iPad 签到，输入身份信息完成会议签到。

互动签到，顾名思义，签到的形式以嘉宾的互动体验为主，大致分为四种：

a. 签到区域摆放一面长幅签名背板，签到嘉宾使用醒目颜色的马克笔签下自己的名字。

b. 拍摄照片签到，在拍摄装置前现场拍照完成签到，领取入场凭证。一般使用拍照签到的项目，会在项目环节中利用所有嘉宾照片做一些展示内容。

c. 微信签到，扫描二维码完成签到，领取入场凭证，此种方式多会在项目环节中安排微信评论或弹幕等桥段。

d. 人工手动签到：这是最为传统的会议签到模式，在签到簿上签署名字，然后领取入场凭证。

②安检设置

根据《大型群众性活动安全管理条例》规定，活动的承办者应当"配备与大型群众性活动安全工作需要相适应的专业保安人员以及其他安全工作人员"；"为大型群众性活动的安全工作提供必要的保障"。一般活动预计人员数量达到 1000 人以上即属于大型群众性活动。

"1000"这个数字是管理条例中的规定数字。实际情况是，不同地区及在不同时间，各地对数字的要求不尽相同。因此需要提前向相关政府部门咨询是否需要在活动现场设置安全检查区域。

常见的安检工具有如下两种：

安检门：也叫金属探测门。一般被安放在大型活动场馆的入口处，是一种探测入场人员有无携带金属物品的探测装置。当被检查人员从安检门通过，其携带的金属超过预设好的参数值时，安检门就会报警提示，并显示金属所在位置，执行安检任务的保安人员就能及时发现其所携带的金属物品。这种检测装置，重点检查入场观众有无违规携带管制刀具、枪支等危险物品，发现可疑情况，应及时报告给现场带队民警。

手持式金属探测器：用于检查入场观众身上携带金属的具体位置，也可配合金属探测门使用，当安检门报警发现金属物品时，用手持式金属探测器即可找到藏有金属物品的准确位置。金属探测器采用长方形检测头，探测区长12厘米，检查人体时，从上到下一次性完成检查工作。

安检的流程十分简单，与我们在机场和车站进行安全检查相似。按照安检人员要求配合完成检查即可。

③会场入场流程

是否需要入场验证取决于主办方的需求，部分主办方需要入场数据进行数据分析，会在入场前增加验证的环节。

入场验证的方式其实取决于签到方式的选取。

如采用传统签到或身份信息签到不具备数据管理的可能性，入场验证仅能依靠工作人员人工核查，并通过计数器记录入场人数。

如采用电子签到，则可以根据参会信息的形式进行入场统计，扫描二维码或条形码，装配入场闸机扫描参会信息后方可通过闸机，或通过 RFID 扫描入场。

④ VIP 嘉宾接待

针对 VIP 人员，在接待方面具有特殊性（见任务 10 中内容）。

（3）接待人员规划

会场接待人员规划包括以下内容：

①人员类别：工作人员，礼仪人员，兼职人员，保安。

②人员数量：每日工作人员数量。

③工作时间：彩排培训时间，活动时间，工作时长。

④工作地点：会场、分会场等。

⑤工作职责：明确工作职责，进行岗位培训。

依据各个接待现场，安排对应工作人员，明确第三方工作人员的站位以及接待话术等标准操作，明确工作人员职责。

（4）礼品发放统筹

礼品可在会前发放亦可在会后发放。

会前发放的好处在于，嘉宾在签到完成后即领取礼品，有效避免嘉宾重复领取礼品，同时也能缓解礼品发放的压力；缺点在于嘉宾从签到开始需要一直提着礼品，不方便且容易丢失。

会后发放礼品有两种方式：传统发放，嘉宾填写项目反馈表后领取礼品或领取礼品后将胸卡打孔或做其他标记。电子发放，领取礼品后扫描胸卡或二维码发放。会后发放礼品需要特别注意，会议结束后嘉宾可能集中涌向签到台领取礼品，容易造成拥堵，也会因为等待时间过长造成嘉宾抱怨。因此，这种领取礼品的方式对秩序管理的要求较高。

（5）搭建和物料规划

①会场接待需准备的搭建物

接待区域：签到台、签到背板、一米栏、服务台。

指引系统：签到流程导视、欢迎指引、用餐指引、其他功能区指引。

其他品牌形象展示：产品展示、道旗、A板。

②会场接待需要制作的相关物品

人员相关：礼仪服装、兼职服装、保安服装。

签到相关：签到电子设备、签到表。

活动物资：胸卡、挂绳、伴手礼等其他物资。

餐饮相关：餐券、品牌标示餐巾纸、预留席位卡、菜品铭牌。

行李寄存：行李牌、登记表。

（6）接待现场执行

在现场执行的时候，需要根据实际情况灵活调整，不断优化接待方案，做好第三方工作人员岗前自查、物品检查、应急管理、整体流程的监督工作。

酒店接待执行文件清单通常包括：

a. 项目组通联表；

b. 项目日程安排；

c. 会场平面图（大巴停靠位置，区域布置）；

d. 签到表（普通嘉宾／VIP）；

e. 嘉宾信息表（普通嘉宾／VIP）；

f. VIP行程；

g. 第三方人员站位图；

h. 第三方人员培训文件（岗位职责、行为规范、工作流程、话术脚本）；

i. 接待物料清单；

j. 用餐安排明细；

k. 行李寄存登记表；

l. 礼品发放安排表。

2. 接待应急风险管理

由于接待应急风险管理容易被遗漏，故这里单独列出。

（1）会场接待安全预案

预案内容包括：紧急疏散通道检查；相关工作人员安全培训；场地安全检查；可疑人员、物预警及告知；搭建制作物可能存在的危险告知。

（2）突发事件管理

在活动现场如有伤病人员、火灾以及恶劣天气等突发情况时，确保能及时、有效地采取措施是至关重要的。以下是针对这些情况可能的处理方法。

①伤病人员处理

a. 情况不严重可以到服务台询问常用药品。

b. 送到场馆指定医务室就诊。

c. 紧急情况下根据周边医院情况，立即拨打急救电话（如120），寻求专业医疗救助。

d. 在等待医护人员到达之前，保持镇定，提供适当的急救和安慰。

e. 指定专人负责协助医护人员，提供必要信息和协助。

f. 记录伤者的伤情、联系方式等重要信息，以备后续联系和跟进。

②火灾处理

a. 明确火情并立即汇报。

b. 立即启动应急预案：按照事先制定的应急预案和程序，立即组织疏散和灭火。

c. 保持冷静：在火灾发生时保持冷静，引导参与者有序疏散。

d. 疏散指引：指定疏散通道和集合点，确保参与者快速安全地离开现场。

e. 用灭火器灭火：如果火势较小且具备条件，可以尝试使用灭火器灭火，但安全第一。

③恶劣天气处理

a. 提前预警：提前关注天气预报，对可能出现的恶劣天气进行预警和评估。

b. 调整活动安排：根据恶劣天气情况，考虑调整活动时间、地点或内容。

c. 提供庇护场所：为参与者提供避雨防寒的场所，并提供必要的物资（如雨具、毛毯等）。

d. 检查场地电器情况以及户外搭建物并预防坍塌。

e. 暂时中止活动：如果情况恶化，考虑暂时中止活动并安排参与者安全撤离。

在任何紧急情况下，重要的是保持冷静、迅速应对，并确保以参与者和工作人员的安全为先。定期进行演习和培训也是预防和处理突发情况的有效手段。

## 项目三　重点嘉宾

### 任务9　重点嘉宾邀请

#### 一、任务解析

1. 任务目的

明确重点嘉宾邀请，依据整体活动要求，确认重点嘉宾邀请，针对不同等级的嘉宾分类制定邀请流程。对重点嘉宾的整体邀请流程形成信息化管理，为后续工作提供依据。

2. 任务目标

依照项目需求，确定会展活动所有重点嘉宾的等级分类，并依据不同级别制定对应的邀请方案。

3. 任务路径

（1）确认重点嘉宾分类及数量。

（2）确定重点嘉宾邀约负责人。

（3）确定邀约物料。

（4）制定重点嘉宾邀请方案。

（5）进行重点嘉宾行程信息汇总。

#### 二、核心知识与技能

（一）总体路径关键步骤

1. 确认现场重点嘉宾分类及数量

依据活动的总策划安排，确定参加活动的重点嘉宾人数，以及重点嘉宾的邀请和接待规格级别，以便后续的邀请和接待的工作量安排。

2. 制定重点嘉宾邀约流程

邀请重点嘉宾参加活动是一项重要而复杂的任务，需要针对不同等级的嘉宾进行细分邀约流程，包含邀约方式、跟进和沟通以及重点内容对接。

### 3. 制定重点嘉宾邀约策略

依据整个项目的安排，根据嘉宾的重要性和影响力来制定邀约策略，设计不同的邀约方式和待遇，明确邀约负责人和执行人的岗位职责，统一执行标准、标准动作和话术等。

### （二）扩展知识

进入执行期后，这是确保重点嘉宾在活动中得到良好待遇和体验的关键阶段，同正常邀约嘉宾一样，也是按照"前、中、后"三个阶段来开展工作，从项目启动后信息管理工作会贯穿始终。对应的执行工作和管理工作也围绕这三个阶段开展，以获取参会的重点嘉宾信息，保障项目顺利开展。下面将围绕重点嘉宾邀约的流程来进行说明。

#### 1. 会前准备工作

①会前确认邀约目标。
②确认重点嘉宾邀约计划。
③制定重点嘉宾邀请形式。
④制定重点邀约嘉宾的跟进计划。

相信大家学习了任务1嘉宾邀请的基本邀约知识以及来宾信息管理后，对于重点邀约嘉宾的方案能更快速地掌握。针对不同等级的嘉宾能明确邀约流程，把控整个项目的邀约质量，这是对每一位项目负责人的要求。

重点嘉宾的邀请和接待工作应在项目管理中特别对待，一般情况下，邀请阶段需要注意以下事项：

明确嘉宾身份和重要性，确认重点嘉宾的身份背景（如行业专家、公司高层、政府官员等），了解其在活动中的重要性。

制定符合嘉宾身份的邀请函内容，使其感受到活动方的诚意和对他的重视。

#### 2. 重点嘉宾构成

项目中的重点嘉宾通常是对活动具有重要价值和影响力的人士。以下是一些通常被认为是活动的重点嘉宾的特征：

①行业领袖：在特定行业或领域具有显著的声誉和影响力的人士，他们的参与对于活动的成功和影响力至关重要。

②名人和知名人士：包括明星、政治人物、艺术家等具有公众认知度和关注度的人士，他们的出席能够吸引更多的关注和媒体曝光。

③重要合作伙伴：对于活动组织方具有重要战略合作关系的合作伙伴，他

们的参与能够加强双方的合作关系。

④关键赞助商：活动的重要赞助商或支持者，他们的参与可以彰显活动的商业价值和吸引力。

⑤专家学者：在特定领域具有权威地位和专业知识的专家学者，他们的参与能够为活动增加专业性和学术价值。

⑥潜在重要合作对象：可能成为未来重要合作伙伴或支持者的个人或组织，他们的参与可以为双方建立关系奠定基础。

总的来说，活动的重点嘉宾应该是那些能够为活动增加价值、吸引更多关注和参与者、提升活动影响力的人士。但是具体的选择标准可能因活动类型、目的和受众而有所不同。

3. 邀请形式制定

重点嘉宾的邀请形式不同于普通参会人员，必须针对不同等级的重点嘉宾进行分类制定邀请形式。不同活动不同类型也会存在不同邀请形式。

通常重点嘉宾的邀请形式是根据每一位重点嘉宾的习性来筹备的，明确专人负责邀请。对于会议中特殊类别的嘉宾，如VIP、演讲嘉宾、媒体等，需要特别对待。

（1）准备邀请函

撰写个性化的邀请函，包括活动名称、日期、时间、地点、主题等重要信息。强调嘉宾的重要性和对活动的价值，表达诚挚邀请之意。

邀请函应有个性化设计，如在内容中提及嘉宾的具体贡献或影响力，体现对嘉宾的尊重。

邀请函应提供详细的活动信息，包括活动主题、时间、地点、参与环节等，确保嘉宾了解活动的核心内容和价值。

（2）发出邀请

通过邮件、传真、电话或专人送达的方式发送邀请函。确保邀请函的格式、内容和送达方式符合嘉宾的习惯和喜好。

提前沟通与确认：

在发送邀请函后及时跟进，确保嘉宾收到邀请函并确认出席。

建立一对一沟通渠道（如专属联系人或微信群），随时解答嘉宾的疑问并更新活动进展。

特殊需求询问：

提前了解重点嘉宾的特殊需求，如饮食禁忌、交通方式、住宿偏好等，确保接待方案能够满足其需求。

## 任务 10　重点嘉宾接待

### 一、任务解析

**1. 任务目的**

明确重点嘉宾接待需求，依据整个项目要求，制定重点嘉宾的接待标准，针对不同等级的重点嘉宾定制个性接待流程，形成细致、周到和专业的接待方案。

**2. 任务目标**

依照项目接待需求，确定项目重点嘉宾的相关信息，并依据嘉宾的不同等级制定对应接待标准。

**3. 任务路径**

（1）梳理重点嘉宾信息以及接待需求（吃住行游购娱）。

（2）重点嘉宾邀约分类和人数确认。

（3）制定重点嘉宾的接待方案。

（4）制定重点嘉宾的接待执行方案。

### 二、核心知识与技能

**（一）总体路径关键步骤说明**

**1. 梳理重点嘉宾信息以及接待需求（吃住行游购娱）**

依据项目整体安排，明确重点嘉宾的参会信息，制定详细的标准化接待方案，包括但不限于交通接待、酒店接待、会场接待等。

**2. 重点嘉宾邀约分类和人数确认**

根据现场整体情况，明确重点接待嘉宾的总人数以及额外的接待需求，确认嘉宾的级别和接待规格级别，以便后续制定接待方案和进行现场分工安排。

**3. 制定重点嘉宾的接待方案**

重点嘉宾接待要有专人负责，由于重点嘉宾的特殊性，需要定制个性化的接待环节，主要体现在交通接待、酒店接待、会场接待等方面。整体接待方案要包括接待人员规划，确定现场服务内容，确定礼品及相关物料，以上环节都应依据接待嘉宾级别做相应调整。

4. 制定重点嘉宾的接待执行方案

接待重点嘉宾是活动成功的关键之一，制定一个周密的接待执行方案可以确保嘉宾在活动期间得到良好的接待并获得较好的体验。其中包含现场交通接待落实、现场物品检查、现场流程监督。所有的执行文件完善确认，提前做好准备工作，并根据执行文件在接待工作开始之前进行自查。在现场执行时，应根据实际情况进行灵活调整，优化接待方案。

（二）扩展知识

1. 重点嘉宾交通接待流程

重点嘉宾也是活动的 VIP（Very Important Person），从字面上不难看出其重要程度。重点嘉宾是接待工作中重要又特殊的存在。特殊是因为在接待工作中，VIP 在许多方面有别于其他人，这里我们重点说一下其在交通接待部分的特殊性。

①车型特殊：项目中为 VIP 分配的接待车辆是规格最高的。

②行程特殊：VIP 的行程通常与普通嘉宾行程不同，比如在发布会前后接受专访、参加论坛、会见等，因此 VIP 有独立的行程信息表。

③接待方式特殊，主要体现在接送机方面。

接机方面：迎接 VIP 的车辆需根据当地机场规定停靠在距离到达层出口最近的位置，比如部分机场到达层的 3 分钟停车区等，保证 VIP 嘉宾步行时间最短。另外，部分接待规格较高的活动还会安排机场内部的 VIP 通道，提前将嘉宾信息及嘉宾车辆信息向机场报备，VIP 嘉宾走出飞机后机场内部人员会引领嘉宾前往机场贵宾休息室；同时，机场工作人员会协助嘉宾提取行李直接送往贵宾休息室；随后，机场工作人员会引领 VIP 嘉宾前往 VIP 车辆指定停放区域安排嘉宾上车离开。

送机方面：根据 VIP 的航班信息停靠在距离该航班值机柜台最近的出发层入口。送机亦可安排 VIP 通道服务，同样需要提前将嘉宾信息报备给机场，嘉宾进入机场后，机场工作人员引领嘉宾前往贵宾休息室并帮助其办理登机手续及行李托运，嘉宾亦可享受优先登机等服务。

④管理方式特殊：VIP 的行程随着项目的实施会发生程度不同的变化，因此有些 VIP 车辆及司机管理往往由 VIP 本人或其随行人直接管理，在此种情况下，接待工作人员应与司机保持信息同步。

2. 重点嘉宾酒店接待流程

VIP 在酒店接待方面的特殊性体现在以下四个方面。

酒店安排：为VIP嘉宾推荐的酒店级别要高于普通嘉宾，即使酒店不做单独推荐，也需要对VIP嘉宾的房型做升级处理。

用餐安排：涉及酒店内的集体用餐，需要单独安排VIP嘉宾就餐，即便在自助餐厅内，也需要预留相对优越的位置，VIP嘉宾往往会在酒店内安排商务宴请，需要提前检查用餐房间并了解用餐需求并由专人确认菜单。

签到方式：会展项目一般不安排VIP嘉宾签到，将普通嘉宾签到时领取的物资直接摆放在VIP嘉宾房间内或交给VIP嘉宾的随行人员。

入住方式：VIP嘉宾数量较少时，承办方可协调酒店安排先拿到房间房卡，然后在房内办理签到手续（In Room Check-in）。

3. 重点嘉宾会场接待流程

VIP嘉宾在酒店接待方面的特殊性体现在：

①会场签到：无须签到，如需要过闸机，工作人员可提前为VIP嘉宾制好胸卡，交给其随行人员。

②休息区域：会场内一般为VIP嘉宾单独安排休息室，休息室内摆放相应的接待物品，如茶歇、饮用水（高品质瓶装水等）、纸巾、装饰物（鲜花）等。

③入场通道：当会场环境较为复杂时，承办方需协调会议场地，为VIP嘉宾单独安排入场通道。

④礼品领取：提前将礼品摆放在休息室内，或交由工作人员。

进阶讲堂

会展现场接待管理

第二章

# 内容与流程

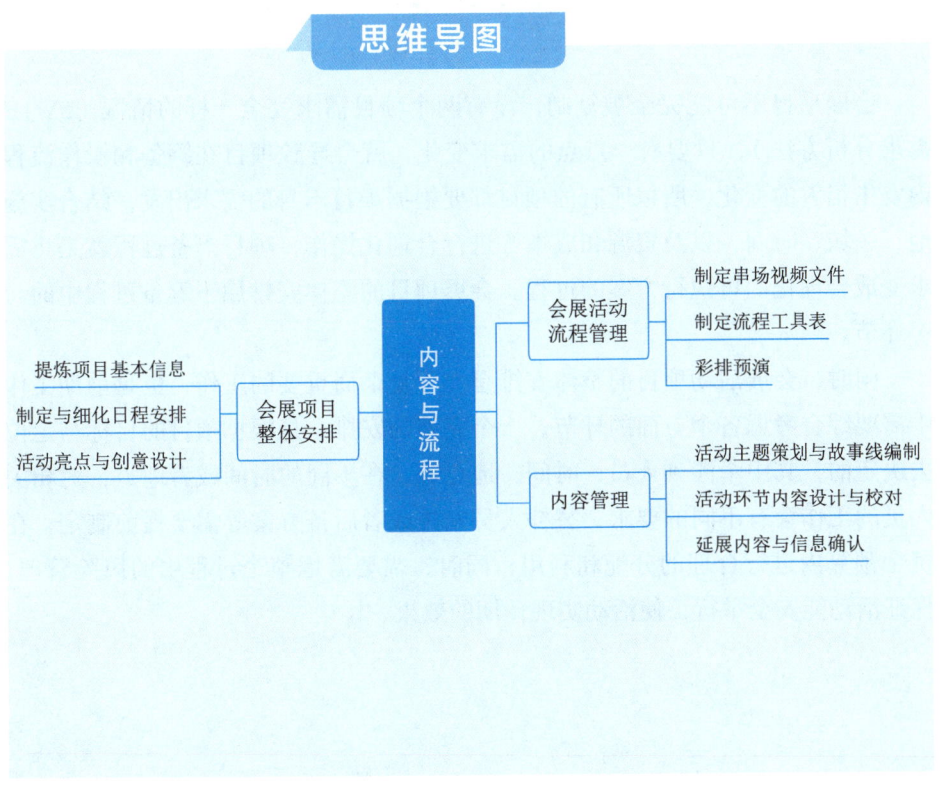

在会展活动项目里，首要工作是确定内容。在本章内容学习中，学生需要掌握会展项目中的常见流程工作，以及对项目种类的准确定位，之后进行内容的提炼，形成贯穿项目始终的主题与中心思想内容。一个合理的流程能直接影响到整个项目能否顺利落地。流程的制定使内容更细化、完整地呈现出来。所以内容与流程是会展项目策划工作中相辅相成的两个重要部分。

本章共分为三个部分9个典型工作任务，根据会展活动项目工作中的具体要求，对应的不同的内容和流程工作，并按照实施标准进行继续延伸，扩展子任务。

## 项目四　会展项目整体安排

会展项目不可能完全被复制，没有两个项目需求完全一样的情况（5W1H需求分析方法），只要有一点点的需求变化，就会导致项目在筹备和操作流程内发生很大的变化，所以所有的项目都要根据项目本身的需求出发，结合实施地、领域、时间，以及资源和成本等进行合理化操作，项目筹备过程就是将需求变成合理化的可执行方案的过程。会展项目的整体安排属于筹备过程中的一个环节。

同时，会展活动项目的整体安排是一项复杂而重要的工作，也是前期工作中需要综合考虑各个方面的环节。一个完整的安排，是根据项目的目标与定位去决定的，其中牵涉到人员、时间、地点等。在不同的时间或者地点，对相关人员的工作会有不同的要求，替补人员安排或者后备方案等需要提前制定；在资金预算内进行合理的分配和利用；同时，需要考虑整个过程中的风险管理，保证活动能安全举行，使活动实现预期的效果。

## 任务 11　提炼项目基本信息

### 一、任务解析

**1. 任务目的**

会展项目的信息非常多，其中有五个基本要素：目的、目标、时间、地点、相关人员。或者可以理解为项目事件的起因、经过、结果及相关人。在项目筹备过程中，这些要素都是需要优先确认的（例如策划前对于品牌历史、产品数据、活动需求的调研分析等）。在繁多的资料里对数据进行提炼筛选，按照优先级和分类重点把有效使用数据提炼出来，且能运用在后续的方案策划或者设计上。

**2. 任务目标**

依照项目需求，从甲方提供的资料里，在不同分类工作下提炼必要的数据，形成内容要素。

**3. 任务路径**

（1）收集会展项目资料。
（2）对数据进行种类的划分。
（3）对受邀人员的信息进行收集及提炼。
（4）对品牌或产品资料进行收集及提炼。
（5）对项目选址的资料进行收集及筛选。
（6）对交通工具的资料进行收集及筛选。
（7）对其他所需物料进行提炼。

### 二、核心知识与技能

**（一）总体路径关键步骤**

**1. 收集会展项目资料**

依据项目的需求，对项目整体资料进行收集，包括但不限于：品牌或产品信息、嘉宾类别、个人信息、详细人数等。

**2. 对数据进行种类的划分**

根据所收集到的项目资料进行种类的划分，包括但不限于：人员、活动地点、设计材料、其他物料、尺寸数据等。

### 3.对受邀人员的信息进行收集及提炼

受邀人员的种类不同，同时，不同的人员收集到的资料侧重点不一样，所以需要提炼的内容也不一样，需要进行区分标记，制定人员清单。

### 4.对品牌或产品资料进行收集及提炼

品牌或产品应该都是项目指定的内容，从甲方得到的资料里进行筛选。如何将资料用于后续的相关环节中，前期的收集起到了承上启下的作用。要从资料中将优势和特点调用出来。

### 5.对项目选址的资料进行收集及筛选

关于项目的执行地点，前期需要对符合需求的场地资料进行收集及分析，在预算和满足参会人数的条件下进行筛选，最后得出最终的实施执行地点。

### 6.对交通工具的资料进行收集及筛选

交通工具是项目中不同地点直接衔接的重要环节，项目需求不同，需要的交通工具种类也不同。需要收集不同的资料，结合实际情况、时间、使用人、费用预算等进行筛选。

### 7.对其他所需物料进行提炼

所需的其他物料比较琐碎，在前期应该根据人员需求、品牌定位或者是地点的情况，对物料进行罗列，形成物料清单，在方案的开展过程中随时增减。

## （二）扩展知识

在编制项目内容的过程中，前期收集相关资料应该根据项目需求、使用者、预算及时间四大部分进行分类，然后做进一步的细分。在细化的过程中，要持续跟进及更新。从收集资料，到转化成落地执行方案，要求资料的真实性与合理性同时满足项目需求。

### 1.项目需求

项目需求是甲方给承接方的最初的项目定位文件，从文件中进行分析和拆分，提炼重要部分，并且将提炼的信息进行重要、次重要、普通、非必要及无关资料的排序。从资料的等级上进行筛选会更有效准确。

开展会展项目需求分析是确保会展成功的重要步骤。下面介绍如何进行会展项目需求分析。

第一步，确定会展目标。明确会展的主题、目标市场、参展商和观众群体等。这些信息将有助于制订更加精准的会展计划。

第二步，进行市场调查。收集目标市场的信息，包括市场规模、行业发展趋势、参展商和观众的背景资料等。这将有助于了解市场对会展项目的需求和期望。

第三步，确定展品范围。根据市场需求和参展商的需求，确定展品的范围和分类。这有助于吸引更多的目标观众并提高参展商的满意度。

第四步，制订会展计划。根据市场调查结果和展品范围，制订详细的活动计划，包括展览场地、时间安排、活动日程、宣传推广计划等。

第五步，评估与反馈。在会展结束后，收集参展商和观众的反馈意见，对会展效果进行评估。根据评估结果对下次会展进行改进，以更好地满足市场需求。

总之，进行会展项目需求分析有助于确保会展的成功。通过明确目标、进行市场调查、确定展品范围、制订计划以及评估与反馈等步骤，可以不断完善会展项目，提高参展商和观众的满意度。

2.使用者

针对不同的使用者，有相对应的行走路线，使用配置、服务等级等都会不同，会产生不同的费用，因此在项目开展前期，应当首先根据项目定位，列出对应使用者的类型，再进行方案的编写。

会展活动中，对使用者的准确分类，有助于我们对项目进行定位及项目编排。使用者分为以下几种：参展商；参会者；组织者；媒体。

①参展商

参展商是参加展会的有目的性的展出商品或者服务的企业或者机构组织。他们是展会的绝对重要的组成成分，通过参展的形式，他们可以集中宣传新产品、新技术，找寻潜在客户，并了解行业领域内最新的动态或客户需求。参展商是展会服务的主要付费购买者，也是展会承办方主要营销服务的对象。

②参会者

参会者是指参加会展活动的代表，其目的是以会展活动为平台，发布信息、交流资源、商洽事宜、获取潜在市场。参会者的参与是衡量会展活动成功与否的关键，他们的参与为会展活动提供了"卖点"，这些"卖点"可以理解为活动的主题、议程、举办地、活动中心、嘉宾构成等创意设计。

③组织者

组织者负责会展的策划和组织工作，确保活动的顺利进行。他们与参展商和参会者之间形成了一种长期的稳定的合作关系，希望通过举办会展活动获得经济效益上的回报。

④媒体

媒体作为独立的参与者，报道会展活动，扩大活动的影响力和知名度，帮助参展商和参会者更好地进行品牌宣传和市场推广。

这些参与者的互动和合作共同推动了会展项目的成功举办，实现了信息的交流、资源的共享和商业机会的探索。

### 3. 预算费用

预算是在项目开启阶段，为控制企事业支出成本而做的成本预算。一般事先做好计划，然后严格按预算执行，如果有超出，则需要特别的流程进行审批。事后对预算和执行情况进行对比研究分析，为下一预算提供科学依据。

（1）预算管理的作用和意义

预算通过规划、控制和引导经济活动，使企业经营达到预期目标。预算具有规划、控制、引导企业经济活动有序进行、以最经济有效的方式实现预定目标的功能。

预算可以实现企业内部各个部门之间的协调。

预算是业绩考核的重要依据。

预算是企业在预测、决策的基础上，以数量和金额的形式反映企业未来一定时期内经营、投资、财务等活动的具体计划，是为实现企业目标而对各种资源和企业活动所做的详细安排。

预算具有两个特征：首先，预算是为实现企业目标而对各种资源和企业活动所做的详细安排。因此，预算必须与企业的战略或目标保持一致。其次，预算作为一种数量化的详细计划，它是对未来活动细致、周密的安排，是未来经营活动的依据，数量化和可执行性是预算最主要的特征。

（2）预算管理的重要性

预算管理是战略执行的保障。预算管理与战略规划和经营计划紧密相关，它帮助校验战略计划的可行性，通过发挥资源配置功能，合理引导资源使用，提升企业经营效率，为企业的战略目标实现提供保障。

预算管理还是风险控制的重要组成部分。预算管理通过建立全方位、全流程的过程监控指标体系，实现对财务资源使用过程的及时监控，确保财务资源的使用安全，它是企业内控体系的重要组成部分。

预算管理也是企业持续创新发展的激励手段。预算管理通过建立客观明晰的成果指标，充分引导和激发企业的创新动力，进而促进企业资源的良性循环。

#### 4.时间管理规划

时间管理规划根据项目需求严格制定，时间不单是指活动时间，还可以是执行时间，以及活动完毕后的跟进工作时间。所以时间首先要根据项目需求进行编写，后续实时更新，必须按时间安排去执行，以确保项目活动可以顺利进行。

时间规划主要涉及项目的生命周期和各个阶段，以及在这些阶段中时间管理的具体应用。

项目的生命周期通常包括启动、规划、执行和收尾阶段。每个阶段都有其特定的任务和目标，需要一定的时间来完成。例如，项目的启动阶段主要是确定项目目标和范围，而执行阶段则是按照计划进行具体的实施工作。

时间管理在项目管理中的应用包括活动定义、活动排序、活动资源估算、活动历时估算以及制订进度计划等。这些活动确保项目能够按照预定的时间表进行，避免延误。

组织需求和项目类型也会影响项目管理的持续时间。例如，有些组织可能希望项目管理持续时间较短以迅速实现项目目标，而其他组织可能愿意花更长的时间来确保项目的质量和可持续性。

总之，项目管理中的时间管理是一个复杂的过程，涉及多个阶段和活动，每个阶段都有明确的时间要求和目标，以确保项目能够按时完成并达到预期的效果。

## 任务 12　制定与细化日程安排

### 一、任务解析

#### 1.任务目的

会展项目根据已收集提炼的内容可以进行下一步的工作，即制定与细化日程安排。此项工作是让内容可以更好地进行编制及落地。并根据人员的变动、场地的情况、时间的安排不断地校正工作流程上的环节。

#### 2.任务目标

根据项目的对应需求及特点进行相应的细化。此次工作将进一步细化及完善已经提炼出的表格或者清单等文件，并查漏补缺，发现并解决在项目进行中出现的其他困难、漏洞或者缺陷。这是一个检验活动流程的重要环节。

### 3. 任务路径

（1）会展项目统筹制定。

（2）制定项目设计方案。

（3）细化受邀人员。

（4）确定执行地点。

（5）制定物料执行清单。

（6）制定日程安排。

## 二、核心知识与技能

### （一）总体路径关键步骤

#### 1. 会展项目统筹制定

会展项目统筹制定是对项目整体进行把控的环节，将项目整体进行拆分，拆分的类型包括但不限于：人员分工，时间安排，场地安排，等等。

#### 2. 制定项目设计方案

项目设计方案是实现项目整体效果的一个定制工作，使用从前期的资料收集中提炼出的设计元素，结合会议活动的流程需求进行设计，同时按项目时间安排，阶段性地完成相应的设计工作。

#### 3. 细化受邀人员

会议活动的定位不同，人员的类型也会有所变化。人员类型包括但不限于：媒体、VIP客户、普通客户、经销商、工作人员，等等。

#### 4. 确定执行地点

项目具体的召开地点和场地的选择是综合各种条件之后的结果，所以选择场地和地点不是按照主观意愿去选择，而是根据客观实际情况做出最佳的选择。可以说项目中的各种需求对于地点的选择都会有或多或少的影响，有些影响是积极的，有些影响是消极的，而我们所做的项目筹备工作就是让负面的影响降到最低，让正面的影响发挥到极致。

#### 5. 制定物料执行清单

对应项目需求，活动的环节及人员所需，在项目的前期编写物料的执行清单，在项目的全过程中不断地进行更新、修正。

#### 6. 制定日程安排

日程安排是根据人员的不同，基于会议活动的流程进行编制的，日程安排包含交通、食宿等项目安排。

## (二)扩展知识

项目统筹下,对部分工作需要进行细分,如人员信息、交通信息,物料清单等。但并不是拆分得越详细就对后面的执行越有用,拆分出来的信息是执行内容所需的。一切的细化工作都是为了使项目更加完善,使项目可以顺利完成,要在这一前提下进行编制。

### 1. 统筹前期

会议活动的统筹工作,需要由专人进行把控、监督和执行,以将设立的统筹方案落实到会议活动上。过程中需要注意以下四个方面。

第一,按项目要求进行准备,确保准备工作按时完成,并与参与人员进行沟通和确认,同时,确认物料的制作情况。

第二,监督并确保使用材料的准备情况,场地、设备和对应服务的可行性及运作是否正常。

第三,与参与人员保持沟通,确保人员信息准确。

第四,对项目工作的进展和突发问题进行评估,尽快调整方案,并提供改进措施,保证项目能正常推进。

### 2. 统筹具体工作

在会展活动筹备期间,明确了时间、地点、目的、目标和相关参与人之后,日程安排的制定与细化过程可以包括以下步骤,面向不同的参与方和服务方,确保活动各环节顺利进行。以下是与日程安排相关的具体工作和所需的工具文档。

(1)内容清单

①内容清单设定目的

首先,提高工作效率。通过清单的内容,可以明确记录和安排对应的工作任务或者制作内容;同时,避免遗漏和重复劳动,提高工作效率。

其次,规范工作流程。清单文件可以帮助规范各阶段的工作流程,确保在每个步骤相应的人员都得到正确的执行,减少错误,使项目顺利进行。

最后,清单的编制便于相关部门进行监督和评估,清单内容可以作为工作成果的量化,进行可视化展示,便于上级领导、部门监督评估工作进展和完成情况;同时,对预算也是非常有效的监管和把控。

②清单文件的细化宗旨

在整个活动策划过程中有很多的文件需要编写及实时更新,文件细化标准对于项目策划执行来说尤其重要,细化不够,内容容易有缺失,会直接导致执行过程不顺畅,但过度的细化,又会增加很多无效成本,降低用表人员或者部门的效率。

工作统筹前期的制定与细化，是确保项目顺利进行的重要保证，通过制定和执行工作筹备方案及分类清单，可以确保会议目标的实现。完整的前期筹备也是项目成功举办的关键，在执行过程中，需要不断地总结和改进，以提高项目的工作质量和效率。

（2）活动日程的总体规划

内容：创建整体活动日程，将所有主要活动环节列出，标明各个部分的时间安排和地点。

工具文档：

总体日程表：包括活动的开始时间和结束时间、各环节的详细时间点，确保所有参与方清楚总体安排。

活动时间轴：图示或表格形式的时间轴，有助于直观展示活动的各个关键节点，便于快速查阅。

（3）参与方的分角色日程安排

内容：根据不同角色（如主办方、嘉宾、观众、媒体等）的需求，制定具体的日程安排，让每类参与方清晰了解自己在活动中应遵循时间表和应负的责任。

工具文档：

嘉宾日程表：详细列出嘉宾的抵达、演讲或参与环节的时间，明确签到、休息、餐饮和活动参与安排。

媒体日程表：指定媒体签到、拍摄、采访等时间，确保媒体获得活动亮点内容。

观众活动指南：提供给参会观众的日程表，包括主要活动的时间和地点指引，帮助观众了解和合理规划参与活动的时间。

（4）服务方的日程和任务分配

内容：为服务方（如场地管理、餐饮、交通、后勤等）制定具体的任务和时间表，确保每项服务及时到位。

工具文档：

任务分配表：列出服务方的具体任务、负责人员和完成时间，确保各服务环节相互配合。例如，场地布置时间、餐饮摆放时间、设备调试时间等。

服务时间表：对服务方的具体服务时间进行分配，以确保各类服务不相互冲突，特别是在设备测试、场地布置与清场等关键环节的时间协调上。

（5）突发事件应急日程

内容：准备应急预案，确保在发生突发情况时能够迅速调整日程，减少对活动的影响。

工具文档：

应急时间表：预留处理突发事件的时间，列出活动中可能出现的问题（如设备故障、时间延误等）和应对方案。

备用活动表：在关键环节可能出现延误的情况下，安排备用活动表或互动环节，可以使观众在等待时保持良好体验。

（6）前期排练与确认日程

内容：在正式活动前安排排练和日程确认，确保各参与方熟悉各自的时间安排与职责。

工具文档：

排练日程表：包括所有工作人员、嘉宾的排练时间，确保熟悉流程，特别是涉及主讲人、主持人和技术支持人员的环节。

日程确认清单：列出所有重要时间节点，要求相关负责人签字确认，确保每个人清晰了解自己的任务。

（7）信息提醒与跟踪文档

内容：为各参与方设定提醒和跟踪机制，及时更新活动时间和进展。

工具文档：

提醒时间表：在每个活动时间点前设置提醒，如活动前一天、当天早晨的短信或邮件通知，确保所有人按时到位。

执行跟踪表：记录每个环节的时间执行情况，便于活动结束后进行总结和优化。根据此表可以清晰了解活动是否按照预期的时间推进。

通过这些工具文档的详细制定和分发，能够有效保证不同角色和服务方清晰了解日程安排，确保活动顺利进行。

## 任务 13　活动亮点与创意设计

### 一、任务解析

**1. 任务目的**

活动亮点及创意设计能留给参与者第一印象，因此它是使活动整体加分的一个环节。亮点和创意是在项目的要素中进行延伸，突出项目的重点，扬长避短，使项目执行完毕后可以达到初始设定的目标。

2. 任务目标

活动亮点与创意设计需跟活动初始设定的方向一致，能配合场地及不同的参与人员进行规划设计，给参与者眼前一亮的感觉，留下记忆点或者能增加有效传播。创意亮点要能展现项目积极向上、正能量的一面。

3. 任务路径

（1）编制策划方案。

（2）制定活动环节。

（3）进行平面规划及场地设计。

（4）定制礼品及周边产品。

（5）准备其他特殊的创意物料。

## 二、核心知识与技能

### （一）总体路径关键步骤

1. 编制策划方案

策划方案的编制原则主要包括但不限于：明确项目目标及定位；全面考虑项目整体情况；项目设计要有创新思维、注重细节；执行文件易于理解，能不断完善，能持续跟进调整；及时评估效果，有风险管理；协同合作，持续改进。这些原则相互依存、相互促进，旨在提高策划方案的质量和实施效果，实现预期目标。

2. 制定活动环节

活动环节是整体方案下的一个部分，这个部分跟参与者紧密相关。设计良好的活动环节不仅能给项目活动加分，更能体现执行队伍的创意执行能力。环节设置上的物料及人员配合也需要在前期一同设计落实。

3. 进行平面规划及场地设计

会展项目的执行场地种类非常多，主要分为室内和室外两种，但是这两种场地的执行要点截然不同。但是都需要做前期准备，测量是基础工作，是必须执行的一步。要求能从施工图纸上找到所需信息，与现场进行复核，能标注出现场跟图纸有差异的地方。设计方案结合现场条件进行编排，配置对应的物料及展品。人员动线也需要在图面上进行表达，要特别注意的是，不同的参与人员动线需要有所区分。

### 4. 定制礼品及周边产品

在整体场地设计后,根据项目定位及环境,对礼品、展品或者周边产品进行设计及制作,这类型物品有利于将活动目标更具象化地呈现给参与者,让他们进行亲身体验。

### 5. 准备其他特殊的创意物料

创意物料作为辅助物品,能增加项目的创意环节,或者给特殊参与者(例如 VIP 客户、特殊观众)更贴心的关怀,同时,还可以增加传播项目主题路径。

## (二)扩展知识

编制策划方案是把控整个活动的落地展现效果的一个工作环节,方案根据需求的不同可以分为几个重要类型:平面规划方案、人员动线方案、项目设计方案、物料设计方案、礼品设计方案等。

### 1. 方案的组成

策划方案是给甲方呈现汇报内容的重要文件,也为后续执行提供了一个可执行的依据。设计方案是对具体的设计目标、项目要求和环境条件等因素进行分析和研究的结果。一套可行的解决方案,主要包括以下几个方面内容。

(1)设计目标和要求

设计方案首先需要明确设计的目标和要求,包括对产品或项目的功能、外观、性能、质量等方面的分析,同时,制定出相关的时间、成本等方面的要求。明确设计目标和要求可为后续的设计工作提供明确的方向和约束条件。

(2)市场和用户分析

设计方案需要提供对市场和用户的调研结果,及对相应数据的分析,包括目标市场、竞争对手、用户群体的需求和偏好等方面的研究。通过对有关市场和用户的调研数据进行分析,设计方案能更好地满足项目需求,提高产品或项目的市场竞争力。

(3)技术方案

设计方案时需要制定相应的技术方案,这包括对所需技术的使用表述,可实现的效果,以及流程等方面的设计方案,需要有可行性、稳定性以及可靠性等佐证,确保所设计的方案在技术上是可以执行、实现的。

(4)设计进度和流程

各环节对应的完成时间节点及现场执行的步骤,都需要进行对应的细化,这需要在方案中体现出来。

（5）成本估算和控制

设计方案时需要对设计过程中的成本进行估算和控制。包括设计所需的各项资源成本估计，设计过程中的成本控制、措施等方面的规划。成本估算和控制的合理性可以帮助策划方案在经济可行的前提下实现设计目标。

（6）风险评估和管理

策划方案还需要对设计过程中的风险进行评估和管理，因为会议活动中经常有突发事件，需要有备选方案。需要注意的有：设计过程中可能出现的技术问题、市场和运营方面的风险评估。要对应这些问题，制定相应的风险管理策略。风险评估和管理可以有效地帮助项目做好风险防范和控制，为设计方案顺利执行提供有效可靠的保障。

策划方案是创意设计工作的重要组成部分，也是整体方案的体现载体，它为项目整体设计提供了明确的目标和方向。同时，也对设计过程中的各个方面进行了规划和管理。通过方案详细、全面地展现整个设计的效果，让相关人员可以在设计的过程中更加有序和高效地推进工作，从而实现设计目标，提高设计质量。

2.策划详细步骤、注意事项及人员配合

在会展活动策划过程中，完成活动亮点与创意设计需要系统性的规划和多方面的专业配合。以下是详细步骤和注意事项，以及涉及的专业人员。

（1）明确活动主题与目标

内容：活动亮点和创意应围绕活动主题和目标展开，确保设计内容符合活动的核心诉求，如品牌宣传、产品推广、学术交流等。

注意事项：创意设计要契合主题，避免目标过于分散或偏离目标，确保亮点吸引目标观众的关注。

人员配合：需要策划团队与市场营销人员共同讨论，以确保活动亮点设计符合品牌调性和市场定位。

（2）进行市场和观众调研

内容：调研活动受众的兴趣点、参与期望和行业趋势，找出最能吸引目标观众的亮点内容。

注意事项：要基于调研数据设计亮点，避免单纯依赖主观想法；关注市场动态，保证创意的新颖性和独特性。

人员配合：市场调研人员、数据分析师，负责调研受众需求，提供参考数据。

（3）头脑风暴和创意汇总

内容：组织团队进行创意头脑风暴，围绕活动目标产生初步创意，形成多个亮点方案，并选出最佳创意。

注意事项：鼓励创新思维，但要兼顾实际可行性；避免过多亮点分散资源和注意力。

人员配合：创意策划人员、项目经理、品牌代表、设计师共同参与创意讨论。

（4）亮点设计的细化与可视化

内容：将创意具体化，包括主题设计、视觉元素、互动方式等，确保亮点内容生动、直观，增强活动吸引力。

注意事项：保持亮点设计的一致性，避免不同环节风格不协调；设计内容要简洁易懂，不宜过于复杂。

人员配合：需要平面设计师、视觉设计师和 UI/UX 设计师将创意转化为视觉元素；如涉及舞台设计，还需要舞美设计师配合。

（5）活动体验设计

内容：设计活动中的互动和体验环节，增强观众的参与感和记忆点。例如，设置体验区、互动装置、品牌展示等。

注意事项：体验环节要易于操作，流程设计流畅，避免参与难度过大；在体验设计中确保安全性。

人员配合：体验设计师、互动装置技术人员、舞美设计师共同设计互动环节和装置，实现沉浸式体验。

（6）内容策划与媒体呈现

内容：策划亮点内容的呈现方式，如主视觉、宣传视频、直播环节等，确保亮点内容的媒体呈现吸引人。

注意事项：注意画面质量和内容时长的控制，避免因过长而降低观众兴趣；选择适合的媒体呈现方式。

人员配合：视频制作人员、摄影师、媒体公关人员协助亮点内容的拍摄和呈现。

（7）活动流程设计与亮点整合

内容：将亮点内容合理融入活动流程，确保亮点顺畅融入主要环节，比如开幕式亮点展示、高潮环节、闭幕式等。

注意事项：亮点要有节奏感，避免观众疲惫或失去兴趣，保持亮点之间的连贯性。

人员配合：活动策划人员、流程管理人员，确保亮点的合理融入和流畅衔接。

（8）亮点测试与优化

内容：在活动前进行亮点的预演和测试，确保设计和实施效果符合预期；根据测试结果进行调整和优化。

注意事项：提前测试创意实施效果，确保没有技术问题；及时根据反馈做出调整。

人员配合：技术支持人员、活动执行人员，协助测试互动环节、灯光、音响等，确保现场效果。

（9）多渠道宣传与亮点推广

内容：在活动前期通过多种渠道（社交媒体、广告、新闻稿等）宣传亮点，提高活动吸引力。

注意事项：亮点宣传要清晰直观，避免宣传内容与实际活动有差距；宣传策略要灵活多样，覆盖目标人群。

人员配合：公关人员、社交媒体运营团队、文案编辑，负责活动亮点的推广和宣传。

（10）亮点评估与总结

内容：活动结束后对亮点的实施效果进行评估，包括观众反馈、参与度和满意度，分析创意亮点的成功要素和不足。

注意事项：通过数据和反馈进行客观评估，明确亮点设计的成功之处和改进方向，为未来活动积累经验。

人员配合：数据分析人员、市场调研人员，通过数据分析和反馈总结亮点效果。

通过以上步骤和专业人员的配合，可以打造出符合活动主题、吸引力强的亮点和创意设计，确保会展活动达到预期的吸引效果和参与体验。

### 3. 策划方案涉及内容

策划方案编制，重点是根据需求有目的地整合策划内容，遵循核心方案策略，形成结构清晰的解决方案。实际的策划方案没有统一的标准，但至少要包括以下方面内容。

（1）明确项目目标及定位

定义目标：清晰界定项目的核心目标和预期成果，为策划方案的方向奠定基础。

细化定位：明确项目的市场定位和受众群体，确保方案设计能够贴合项目的核心需求。

示例：对于某个品牌推广活动，项目目标可能是"提升品牌认知度"；而项目定位可以是"面向年轻消费群体的数字营销活动"。

（2）全面考虑项目整体情况

环境分析：分析项目的外部环境，包括市场趋势、竞争对手、政策法规等，确保方案能够适应整体环境。

内部资源评估：评估项目的可用资源，如人力、预算、技术等，保证方案符合实际操作能力。

风险识别：提前识别潜在风险，如时间紧迫、资源不足等，并在方案中设置应对策略。

示例：在策划一个国际展会时，需要评估展会预算、场地可用性、参展商需求等。

（3）项目设计：创新思维与注重细节

创新思维：在项目设计上注重创新，避免老套的方案，力求通过创意吸引目标受众的关注。

注重细节：在方案设计的每个环节中关注细节，确保执行过程中顺畅无误，包括场地布置、材料准备、人员安排等细节。

示例：对于产品发布会，可以设置互动体验区和主题背景设计，通过创新设计增强用户的体验感。

（4）执行文件易于理解并可不断完善

清晰简洁：确保策划方案中的执行文件表达清晰、易于理解，便于各团队准确实施。

文档规范化：制定文件编写格式和规范，确保信息传达一致性，避免误解。

不断完善：在方案推进过程中，随时根据实际需求调整和优化执行文件，保持文件的动态更新。

示例：在活动策划方案中，执行手册中可以包含具体的工作流程图、联系人清单等，便于人员查阅和执行。

（5）持续跟进和调整机制

设置跟进机制：为方案执行建立持续跟进机制，安排专人负责实时检查方案执行情况。

及时反馈与调整：在执行过程中，根据实际反馈进行必要调整，确保项目方向不偏离原定目标。

示例：在策划一个为期多天的活动时，每日召开跟进会议，及时解决遇到的实际问题，动态调整方案。

（6）效果评估

指标设定：在方案中提前设定评估指标，如参与人数、满意度、费用控制等，以便衡量方案的效果。

反馈收集：活动结束后收集参与者的反馈，分析亮点和不足，形成系统的效果评估报告。

示例：针对一次推广活动，可以评估参与量、市场覆盖率、用户反馈评分等。

（7）风险管理

风险预案：在方案中制定风险应急预案，以备不时之需，包括资源短缺、时间延误等常见风险。

动态风险评估：在方案执行过程中，持续监测风险变化情况，及时更新风险应对措施。

示例：在大型户外活动策划中，风险管理包括恶劣天气应急预案、人员疏散方案等。

（8）协同合作

多部门协作：在方案编制时明确各部门的职责分工，确保所有相关方了解各自的任务。

信息共享：通过共享平台或定期会议，确保不同部门之间的信息共享和交流。

示例：在展会策划中，策划团队、市场团队、现场执行团队之间的紧密协作可以确保活动顺利进行。

（9）持续改进

经验总结：在项目结束后总结经验教训，整理出成功经验和问题，形成文档供后续参考。

方案迭代：将总结的经验融入后续策划方案中，不断提升方案的质量和执行效果。

示例：在多次举办的年度活动中，持续改进可以提高来宾满意度并减少重复性错误。

以上这些方面相互依存、相互促进，可以提高策划方案的专业性和可操作性，使其更贴合项目需求并确保有效实施，从而最终实现项目预期目标。

### 4. 细化方案设计目标和要求

在细化方案设计目标和要求时，需要从多个维度来明确具体的设计方向和标准，以确保设计方案符合预期并能够高效落地。以下是细化设计目标和要求的详细说明。

（1）功能性目标

定义：确定产品或项目需要实现的核心功能，明确使用场景及用户需求。

具体内容：

功能清单：列出所有关键功能，区分主次功能，确保设计方案围绕核心功能展开。

用户需求：分析目标用户的需求，设计功能时注重用户体验，例如在一个 App 设计中，便捷的导航功能可能是关键。

示例：一款会议管理软件的功能性目标包括"日程安排""通知推送""参会人员管理"等。

（2）外观设计目标

定义：明确产品或项目的视觉风格和外观要求，以保证设计的一致性和吸引力。

具体内容：

风格定位：根据品牌调性或市场定位选择合适的风格（如简约、科技感、复古等）。

色彩与材质：选择合适的色彩搭配和材质，增强设计的视觉吸引力和用户识别度。

品牌标识：确保外观设计符合品牌形象，例如 Logo（品牌标识）、品牌色彩、标志性元素等。

示例：若设计一款高端商务笔记本电脑，外观目标可能是"简约金属风格、深灰配色、轻薄便携"。

（3）性能目标

定义：确保产品或项目在实际使用中具备良好的性能，满足稳定性、响应速度等技术指标。

具体内容：

响应速度：例如软件应用在交互时的流畅度、页面加载速度等。

稳定性：设计中应考虑如何提高系统或产品的稳定性，如在大型会议系统中保证不掉线、不卡顿。

耐用性：硬件产品要关注使用寿命和耐磨性，确保在不同环境中保持性能。

示例：对于一款户外相机，性能目标可能包括"防水、防尘、耐低温、快速拍摄"。

（4）质量标准

定义：明确产品或项目的质量要求，包括材料、制造工艺、测试标准等，确保产品符合行业规范和用户期望。

具体内容：

材料选择：明确指定材料要求，确保安全、环保，并符合质量标准。

工艺要求：如加工精度、表面处理质量，确保每个生产环节的质量一致性。

测试标准：建立质量检测流程，如耐久测试、强度测试等，确保产品出厂前满足质量标准。

示例：一款智能家居产品的质量目标可能包括"符合 RoHS 认证环保标准、耐高温 80℃、抗摔 1.5 米"。

（5）时间要求

定义：设定设计和生产各阶段的时间进度要求，确保项目按时完成。

具体内容：

项目时间表：将设计、测试、反馈和优化等阶段的时间节点明确下来。

里程碑设置：在关键节点设置里程碑，如"完成初步设计""功能测试""样品确认"等。

应急时间安排：预留缓冲时间以应对突发情况，确保最终的交付时间不受影响。

示例：某会展活动的设计时间要求可能包括"前期策划两周""视觉设计三周""排练和测试一周"。

（6）成本控制

定义：在保证设计质量的前提下，设定合理的成本预算，确保成本效益。

具体内容：

预算制定：制定成本预算，控制材料、工艺、设计等环节的费用。

成本分配：明确各项资源的成本分配，如研发、材料、宣传等，保持预算的合理性。

降低成本策略：采取替代材料、优化工艺等方式，在不影响质量的前提下降低成本。

示例：某科技产品的成本目标可能包括"整体成本控制在 1000 元以内、外壳材料预算控制在 200 元内"。

(7)可持续性与环保要求

定义：确保产品设计符合可持续发展和环保标准，满足社会责任需求。

具体内容：

环保材料：优先选择环保材料，减少有害物质的使用。

节能设计：减少能耗，如优化系统功耗或选择低能耗硬件。

回收利用：设计中考虑产品回收的便捷性，增强环保价值。

示例：设计一款环保型包装材料，其环保要求可能包括"使用100%可回收材料、不使用塑料"。

通过以上详细的设计目标和要求，为后续的设计工作提供明确的方向和约束条件，确保设计符合产品定位、成本预算和时间安排，同时满足用户需求和市场期待。

### 5.有关环节设计的注意事项

(1)活动环节的核心作用

活动环节是整体方案中的关键组成部分，与会者直接参与互动，因此对整个活动的成败有着重要影响。环节的设计不仅要与活动主题和目标一致，还应满足参与者的兴趣点和期望。一个精心设计的活动环节能够有效增强参与者的参与感和体验感，从而提高活动的整体效果和满意度。

(2)环节设计对活动的影响

一个好的环节设计可以为项目活动加分，不仅使活动内容更加生动、吸引人，还能提升活动的品牌形象和影响力。活动环节的设计应尽量有所创新，避免重复和单调，通过新颖、有趣的设置让参与者产生兴趣。例如，通过互动式展示、沉浸式体验或创意互动环节，吸引参与者的注意力，让活动更加难忘。

(3)展示执行团队的创意与执行能力

活动环节的设计和执行是展示执行团队创意和专业水平的重要途径。环节设计既需要体现创意思维，又需要体现切实可行的执行力。一个团队如果能够将创意有效转化为实际的活动环节，并完美呈现，就能够体现团队在策划、沟通和执行上的综合能力。例如，创意性强的活动签到方式、个性化的背景布置都可以体现团队的设计和执行水平。

(4)物料需求的前期规划

活动环节的设计不仅需要创意，还涉及大量物料的准备。活动所需的各类物料（如展示道具、签到用品、背景布置、音视频设备等）应在方案设计阶段就进行详细规划。提前落实物料的规格、数量、来源和运输安排，可以确保活动的各个环节顺利进行，避免因物料不足或出错影响活动效果。

（5）人员安排和团队配合

每个活动环节的顺利实施都离不开人员间的密切配合。不同环节可能需要不同的团队支持，包括现场协调、技术支持、引导员、志愿者等。人员的分工、职责和时间安排应在前期就明确，并确保各团队成员对活动流程和环节要求有清晰的了解。例如，在重要环节设置专人负责，确保在突发情况下能够迅速响应和处理。

（6）环节设计的整体效果

环节设计不仅仅是单个创意的堆砌，而是要形成一个完整的体验流，确保活动的流畅性和连贯性。各个环节应当相互协调，形成有节奏的活动流程，使参与者能够自然而然地沉浸其中。通过合理的环节衔接，避免活动流程的中断或冷场，从而提升参与者的整体体验。

6. 平面规划与场地设计过程中所涉及的知识点和技能点

（1）知识点

①场地类型与特点

了解室内与室外场地的不同特点及适用场景。

熟悉两种场地在执行要点上的差异，例如室外场地需考虑天气和环境因素，室内场地则需注意空间布局和通风设施。

②前期测量与复核

明确前期测量的重要性，确保施工图纸与现场条件一致。

熟悉测量的主要步骤和内容，确保获取精准的场地尺寸、设施位置和其他关键信息。

③施工图纸的解读

掌握施工图纸的基本要素，包括尺寸、比例、空间分布和动线设计等。

能够从施工图纸上找到场地布置所需的所有关键信息，如电源位置、柱子或墙面位置等。

④差异标注与现场复核

了解如何复核现场情况并标注与图纸的差异。

能够准确标注出实际场地与施工图纸之间的差异点，确保设计方案符合实际情况。

⑤设计方案与现场条件的协调

理解如何结合现场条件进行设计方案的优化与编排。

能够在现有空间条件下合理配置物料及展品位置，确保设计方案的可操作性和实用性。

⑥人员动线设计

掌握活动参与人员的动线设计原则，确保人员流动的安全与效率。

了解不同参与者的动线要求，并清晰区分参展者、工作人员和 VIP 等动线，避免交叉和拥堵。

（2）技能点

①测量技能

熟练掌握场地测量工具（如测距仪、卷尺）的使用，能够独立完成场地测量。

能够根据图纸信息确认现场关键尺寸，确保测量结果的精确度。

②图纸解读与复核能力

熟练解读施工图纸，准确识别图纸中的各项信息。

能够将施工图纸信息与现场情况做对比，标注并记录差异。

③标注和差异记录技能

使用标注工具（如 AutoCAD、蓝图标注软件）标注出图纸与现场的差异。

掌握现场情况与图纸的比对记录方法，以便后续调整设计方案。

④空间与物料配置能力

根据场地情况灵活配置展品和物料，确保每个展示区域的功能和美观度。

具备根据场地限制进行物料和展示道具分配的能力，避免资源浪费和摆放不合理的问题。

⑤动线设计与标识能力

能够在图纸上设计并标注出不同人员的动线，避免人员流动冲突。

清晰划分不同参与者的路径，并设置合理的流线指示，确保动线安全、流畅。

（3）安全与应急准备

具备风险意识和应急设计能力，提前考虑疏散通道和紧急出口的布置。

在动线设计和物料配置上考虑安全因素，确保活动过程中人员的安全和活动的流畅性。

7. 礼品、展品及周边等设计

在会展活动策划方案中，礼品、展品和周边产品的设计与制作是细化活动目标的重要手段。它们通过增强参与者的互动和体验，使活动内容更加生动、易于理解，从而帮助活动主旨深入人心。以下是这些工作的具体内容和相关知识技能的梳理。

（1）礼品设计与制作

①礼品设计的目标要明确

内容：根据活动主题和品牌定位，明确礼品的核心传达目标，例如提升品牌认知度、传达企业文化或推广产品。

技能：

品牌识别能力：设计人员需准确理解品牌定位和活动目标，将品牌要素巧妙地融入礼品设计中。

用户需求洞察：通过调研了解目标群体的兴趣偏好，确保礼品符合受众的需求与喜好。

②礼品实用性与美观性结合

内容：礼品不仅要美观，还要具有一定的实用性，以提高受众的保留率和使用率。

技能：

设计与实用性结合的能力：礼品设计需兼顾外观和功能，使其符合日常使用需求并具备美观性。

材料与工艺选择：根据预算、使用场景和礼品设计要求，选择合适的材料和制作工艺，确保礼品的质量。

③礼品制作的预算控制与质量监控

内容：制定礼品的制作预算并监督生产质量，确保按时、保质完成。

技能：

预算管理能力：根据整体预算合理分配礼品费用，避免超支。

质量监控技能：在礼品制作过程中进行样品检查和工艺监控，确保礼品质量符合设计标准。

（2）展品设计与展示

①展品内容的选定与创意设计

内容：根据项目定位和受众需求，确定展品内容及展示方式，使其具有互动性和吸引力。

技能：

内容策划能力：策划符合主题的展示内容，例如产品展示、技术演示或品牌历史。

创意设计能力：运用创新设计使展品更具视觉冲击力，例如通过多媒体展示、3D模型或互动装置等提供丰富体验。

②展品的布局与展示道具配置

内容：在展览区域进行展品的合理布局，选择合适的展示道具，确保展品易于观看、体验或互动。

技能：

空间布局能力：根据展品性质和场地限制合理布局，确保参观者能顺利观赏和互动。

展示道具选择与设计：选择适合的展示道具，如展示柜、支架、互动屏等，并根据展品特点进行定制设计。

③展品展示的技术支持

内容：为展品展示提供必要的技术支持，如视频播放、照明、互动屏幕等。

技能：

技术设备操作技能：掌握音视频设备、照明设备等的操作和维护方法，确保展品展示效果最佳。

互动设计与技术支持：根据互动展示需求选择合适的设备和技术，提升展品的观赏效果。

（3）周边产品设计与制作

①周边产品的创意设计

内容：设计带有品牌或活动元素的周边产品，使其既有纪念意义又具备实用性或装饰性。

技能：

品牌元素提炼与设计能力：将品牌元素巧妙融入设计中，如Logo、品牌色彩等，增强品牌传播效果。

创意能力：为周边产品加入独特创意，提升产品的吸引力，例如限量版、个性化定制等。

②周边产品的多样性与品质

内容：根据不同参与者需求，设计多样化的周边产品，确保其品质符合品牌标准。

技能：

产品开发能力：设计多样化的周边产品系列，如钥匙扣、帆布袋、文具等，满足不同人群偏好。

品质管理：在周边产品制作环节把控质量，确保成品达到预期效果。

③周边产品的分发策略

内容：制定合理的分发策略，使周边产品在活动中获得最大曝光率，提高品牌的传播效果。

技能：

分发计划制定：制定合理的分发策略和时机，如签到环节、互动环节、结束礼环节等，增加周边产品的影响力。

数据分析与反馈收集：分发后对参与者的反馈进行数据分析，了解周边产品的受欢迎程度和改进方向。

（4）参与体验与设计互动感

①用户体验优化

内容：优化礼品、展品和周边产品的参与体验，使参与者对活动内容有更深入的理解和互动。

技能：

用户体验设计：确保所有产品的设计能够激发参与者的兴趣，提供互动体验。

反馈收集与分析：通过观察和问卷等方式收集体验反馈，持续改进设计。

②品牌传播与互动引导

内容：通过精心设计的礼品、展品和周边产品传递品牌信息，引导参与者与品牌互动。

技能：

品牌传播策略：设计能够传递品牌理念的产品，提升品牌的美誉度和影响力。

互动引导技能：通过细节设计引导参与者与品牌或产品互动，如扫码互动、社交媒体分享等。

这些工作和技能的整合将帮助策划团队设计出符合品牌定位、吸引参与者的礼品、展品和周边产品，从而有效地提升活动的影响力和参与度。

8. 辅助物品设计

在会展活动策划方案中，辅助物品的设计与提供能够有效提升活动体验、增加创意环节，并为特殊参与者（如VIP客户、特殊观众）提供专属关怀，同时强化活动主题的传播路径。

（1）辅助物品提升创意

目的：辅助物品可以作为创意环节的一部分，让活动更具新意和吸引力。例如，通过小型互动道具、创意礼品或定制配件，让参与者更深入地体验活动内容。

应用示例：

设置互动装置：在展厅提供定制的互动设备（如拍照打卡装置），让参与者拍照分享，增加趣味性和社交媒体曝光度。

提供品牌周边物品：设计具有活动主题元素的周边物品（如徽章、贴纸等），鼓励参与者收集或佩戴，增加活动气氛。

提供体验卡片：为活动环节设计卡片或任务指南，让参与者根据提示完成任务，获得奖励，增强互动体验。

执行要点：

确保辅助物品和创意环节与活动主题一致，增强视觉和体验的一致性。

提前规划道具和物品的数量、分发时间和管理方案，确保物品充足并得到合理分配。

（2）为特殊参与者提供贴心关怀

目的：为 VIP 客户或特殊观众提供贴心的辅助物品，使其感受到专属关怀，增强对活动的好感和参与体验。

应用示例：

VIP 专属礼包：为 VIP 客户准备精致的礼包，内含高档礼品、定制物品，可能还包括活动日程指南、贵宾休息区通行证等。

特殊纪念品：为对活动有特殊贡献的特殊观众或是重要嘉宾提供独一无二的纪念品（如签名纪念品、限量版周边等），彰显活动方对他们的重视。

特别服务辅助物品：例如 VIP 座位标识、独立休息区的定制用品（如定制水瓶、毛巾等），让 VIP 客户在活动中享受与众不同的关怀。

执行要点：

精心设计 VIP 礼包和专属物品，确保质量和设计感，展示活动方的重视和品位。

在活动前与特殊参与者确认他们的需求，确保提供的物品符合他们的期待。

（3）辅助物品具有主题传播功能

目的：辅助物品不仅提供实用性和观赏性，还能够增强活动主题的传播效果，让参与者成为活动主题的传播者。

应用示例：

提供品牌标识明显的物品：为每个参与者提供带有活动 Logo、主题标语的物品（如 T 恤、徽章、环保袋等），通过日常使用传播活动主题。

提供社交分享辅助：设计便于拍照和分享的辅助物品（如创意背景板、独特的品牌吉祥物模型等），鼓励参与者在社交媒体上分享活动内容。

提供功能性宣传物品：提供兼具实用性和主题传播功能的物品（如 USB、

充电宝等），参与者在日常使用中会潜移默化地传播品牌或活动信息。

执行要点：

确保辅助物品设计符合活动主题，具有良好的视觉和识别度。

利用社交媒体推广，鼓励参与者分享带有主题标识的物品照片，增加线上传播路径。

（4）辅助物品的个性化设计

目的：通过个性化定制的辅助物品提升活动记忆点，使参与者与活动产生深度连接，增加活动的趣味性和认可度。

应用示例：

提供姓名或角色定制物品：为特殊参与者定制带有个人名字或职位的物品（如徽章、腕带等），使其在活动中感到被尊重。

提供独特体验产品：设计现场定制的物品（如即拍即打印照片、定制徽章），让参与者带走属于他们的活动"专属记忆"。

提供纪念签名物：在重要展示区或环节提供签名墙或专属道具，参与者可签名留念或打卡，增加个人的参与感。

执行要点：

确保定制物品的设计美观，符合活动的总体风格和色调。

设立专门的领取区或环节，引导参与者领取并使用定制物品，增强参与者对活动的认同感。

（5）辅助物品的分发与管理

目的：确保辅助物品合理分发，充分利用其功能，不浪费资源，同时确保VIP嘉宾等特殊参与者能够优先获取。

应用示例：

分发策略：根据活动环节和参与者类型，分配不同的分发时间和方式，确保重要物品优先分发给VIP嘉宾和核心参与者。

管理流程：设计登记和发放流程，记录辅助物品的分发情况，防止重复领取或遗漏。

回收机制：对于活动中的限量或定制物品，建议设置回收机制，避免物品遗失或浪费，并确保物品能够循环使用。

执行要点：

在现场布置中预留物品分发区域，安排专人负责，确保发放有序。

通过电子登记系统、二维码或手写登记单等方式，记录每位参与者的领取情况。

这些措施不仅增强了活动体验感和参与度，还能够有效地将活动主题和品牌理念更深入地传达给参与者，从而提升活动的整体质量与影响力。

# 项目五　会展活动流程管理

## 任务14　制定串场视频文件

### 一、任务解析

1. 任务目的

为了活动衔接流畅，让不同的环节或者不同的元素能恰到好处地进行过渡，需要用对应的视频或者音频音效来进行衔接，以增强整个活动的连贯性并保持气氛的平衡，最终使参与者更好地融入活动当中。

2. 任务目标

串场环节需要结合活动环节的多样性，在交替衔接的一小段时间内插入对应的视频进行过渡，此视频效果不能喧宾夺主，也不能突兀地出现或结束，同时需要控制好活动时间进程。

3. 任务路径

（1）制定活动编排方案清单。

（2）对话术、视频、音频及画面进行收集整理。

（3）将视频文件与活动画面进行集合编排。

（4）确定串场操作人员的编排。

### 二、核心知识与技能

（一）总体路径关键步骤

1. 制定活动编排方案清单

活动编排是统筹方案中要细化的一个部分，一个项目可能会有1个或多个的活动，根据活动的拆分将活动编排整理成清单，记录活动的进行顺序、参与人员、需要的物料等信息。

2.对话术、视频、音频及画面进行收集整理

有关话术、视频、音频及画面等辅助和配合每个环节的资料的收集工作尤为重要，应提前收集资料并按照活动流程进行排序，这项前置的工作可令排练环节更高效地完成，同时也保证活动过程中不出错。所有资料收集的路径应该有清晰的标注，不要跟其他文件混淆。

3.将视频文件与活动画面进行集合编排

通过视频文件与活动画面集合编排的过程，可核对活动编排是否合理，同时，也能核对收集的资料文件是否正确、是否按顺序进行排列。

4.确定串场操作人员的编排

串场操作应该由指定的固定人员负责，根据活动环节顺序，与其他参与人员及团队相互配合，最终目标是使活动有序落地。

（二）扩展知识

1.活动流程编制整体内容

一场活动流程中每个环节对应需要细化的内容非常多，做编制工作时需要细心，同时需要复核文件的内容，避免现场出错。有了详细的编排之后，参与人员需要用彩排去预演，并实操一次。切勿将流程上的内容仅停留在文字上。

（1）活动拆分

活动拆分原理：活动拆分是将大型项目分解为多个可管理的小部分，使得每个部分更易于控制和实施。常见方法有以下几种。

目标导向拆分：根据项目的主要目标，将活动拆分为实现这些目标的具体步骤。

功能性拆分：按照活动的功能进行拆分，如宣传、注册、会议、反馈等。

时间维度拆分：按照时间线划分，如前期准备、进行中、后期总结等。

例如，在组织一个大型国际会议时，可以拆分为注册、开幕式、主题演讲、圆桌讨论、闭幕式等部分，明确每部分的负责人和目标。

（2）活动编排原则

注意逻辑顺序：确保活动顺序符合逻辑，避免时间上的重叠，提升参与体验。例如，先进行开幕式，再进行主题演讲。

合理配置资源：合理安排场地、人员和物资，确保每个活动部分都有足够的支持。

优化时间管理：制定详细的时间表，合理估算每个环节所需时间，并留有灵活空间，以应对突发情况。

（3）制作活动清单

根据拆分后的活动需要，单独编制清单，一般包括以下内容。

物料清单：详细列出所有活动所需的物品，如设备、装饰、宣传资料等。

参与人员清单：记录所有参会人员的信息，包括姓名、职位、联系方式等。

日程表：明确活动的具体时间安排，标明各环节的开始时间和结束时间。

使用项目管理软件或电子表格进行清单管理。定期检查清单的准确性，根据实际情况进行调整，确保信息始终更新。

参与人员角色：明确每位参与者的角色，例如组织者负责整体协调，志愿者负责现场支持，嘉宾负责发言等。

责任分配：制定详细的任务分配表，确保每个人清楚自己的职责和任务。

沟通渠道：建立有效的沟通机制，如微信群、邮件群发等，确保信息及时传递。

（4）特别注意内容

①物料需求分析

物料清单制作：列出所需物料，确保涵盖所有细节，例如音响设备、餐饮服务、宣传品等。建立物料库存管理系统，记录物料使用情况，避免不足或浪费。提前联系供应商，确认物料的可用性和交货时间，确保按时到位。

时间规划：根据活动的复杂性和参与人数进行合理的时间估算，确保活动的各个环节都有足够时间。制作详细的时间表，标明每个活动的时间段及负责人，方便监控执行情况。设定应急预案，例如在时间紧张时可以缩短某个环节的时间。

②沟通与协调机制

沟通策略：制定清晰的沟通策略，包括定期会议、进度报告和邮件更新，确保所有团队成员了解活动进展。

反馈机制：建立反馈渠道，鼓励参与人员提出建议和意见，及时调整方案。

冲突解决：制定冲突解决流程，确保在出现分歧时能够迅速有效地进行协调。

③风险管理

风险识别：系统地识别可能影响活动的风险，包括时间延误、预算超支、供应商问题等。

评估与优先级：评估每个风险的影响程度和发生概率，设定处理优先级。

应对策略：制定针对每个识别出的风险的应对措施，如备选供应商、备用预算等。

④活动评估标准

评估指标：确定成功的评估指标，如参与人数、嘉宾反馈、预算执行情况等。

数据收集：通过问卷调查、现场访谈、社交媒体反馈等方式收集评估数据。

总结与改进：在活动结束后进行总结，分析活动中的优缺点，并提出具体的改进建议，为未来活动提供参考。

2. 资料收集与活动编排

（1）定义

资料收集是指在活动准备过程中，获取和整理与活动相关的各种信息和材料，如话术、视频、音频和画面等。

现场流程环节中的话术，一般是指主持人串词，又叫串联词、串连词。串词用在会议、晚会、联欢会等活动上，是主持人或者参与者将前后节目、整个活动恰到好处地联系在一起的关键性词语。这类词语起到承上启下的作用，也有渲染气氛、过渡环节等作用。好的串词让项目整体进展更加顺畅。

（2）目的

确保活动的每个环节都有足够的支持材料，使活动更加顺畅且专业。

（3）收集资料的种类

话术：包括主持人、发言者的演讲稿和发言要点，确保每个人在活动中能够有效传达信息。

视频：提前准备好与活动主题相关的视频材料，用于展示、介绍或增强活动氛围。

音频：包括背景音乐、音效和配音，增强活动的氛围感和参与感。

画面：图像、幻灯片或视觉辅助材料，用于展示信息或支持演讲内容。

（4）资料收集、编排的流程

提前收集：在活动前期收集所有必要的资料，确保每个环节都能使用到相关材料。

排序与编排：根据活动流程对收集的资料进行排序，确保材料的使用顺序与活动进程一致。

（5）编排方法

视频文件的编排方法主要包括视频制作和视频文件的编号命名两种方法。

视频制作：是一个将图片、视频、文字及背景音乐进行重新剪辑、整合、编排，最终生成一个新的视频文件的过程。这个过程不仅是对原素材的合成，也是对原有素材的再加工，涉及视频内容的创意构思、拍摄、编辑等多个环节。

视频文件的编号命名：对于大量的视频文件，进行有效的编号命名是提升工作效率的重要办法。可以使用软件进行批量重命名，或者使用操作系统自带的文件管理器进行简单的批量编号。对于更高级的用户或者非常复杂的活动文件，编排的时候可以使用分等级的编号进行区分。

（6）排练环节的优化

高效排练：借助提前收集和整理的资料，通过排练，使参与者能够熟悉每个环节所需的材料。

减少错误：资料的整齐和排序可以减少活动过程中出现错误的概率，提高活动的专业性。

（7）资料管理

①资料标注与管理

清晰标注：对所有收集的资料进行清晰标注，包括文件名、版本、用途等，避免混淆。

分类管理：将不同类型的资料（如话术、视频、音频）进行分类存储，方便后续查找和使用。

②防止文件混淆

文件命名规范：制定统一的文件命名规则，确保资料在存储时不会混淆。

版本控制：对于修改过的资料，保持版本控制，确保使用最新的文件，避免因版本错误而导致的失误。

综上所述，视频文件的编排既包括通过视频制作软件进行内容的创意构思和制作，也包括通过有效的文件管理和编号命名来提高工作效率。在学习的阶段，就应该养成有效的文件编排习惯，令效率更高，减少出错率。

## 任务 15　制定流程工具表

### 一、任务解析

**1. 任务目的**

会展项目整个过程复杂且随时可能出现突发事件，为保证会展项目的顺利进行，需要有流程工具表去辅助。流程工具表有助于协调各单位或部门在整个项目中的工作需求，同时，可以明确人员工作的范畴。流程工具表在整个活动中起到提醒、监督、统计等作用。

**2. 任务目标**

制定完整的流程工具表，使管理人员借助流程工具表能监管活动流程的各个环节。流程工具表需要在活动开始前分发给各个工作人员，确保各个岗位的工作人员都能知悉自己负责的工作内容、工作地点及时间安排。

**3. 任务路径**

（1）对活动流程按种类进行拆分。

（2）编制时间安排流程工具表。

（3）编制人员安排流程工具表。

（4）编制物料工具表。

### 二、核心知识与技能

**（一）总体路径关键步骤**

1. 对活动流程按种类进行拆分

一个项目中可能会出现 1 个或者多个的活动，对这些活动进行分类后，还要进行细化，便于后面的执行操作。

2. 编制时间安排流程工具表

活动的时间安排尤为重要，时间安排表是管理及控制整个活动时长的一个重要工具表格，同时也是人员安排表，流程安排或者牵涉到时间的工作，都应该对应出现在时间安排流程工具表中。

3. 编制人员安排流程工具表

工作人员在执行中所分配的具体工作，在人员安排流程工具表上要体现，包括具体岗位对应的工作内容，进行操控指定的人员。一场大型的会议活动，需要的工作人员非常多，这个时候，人员安排流程工具表就非常重要，工作对接、落实都可以在此表格上找到对应的信息，从而便于项目高效进行。

4.编制物料工具表

物料在活动中必不可少，如何准确地进行设计、制作、现场搭建，以及展品的定位和礼品的发放等，以上的内容在物料工具表中都要有清晰的标注，结合人员安排流程工具表，可以避免很多执行上的疏漏。

（二）扩展知识

1.流程工具表

会议活动的项目执行文件中，关于流程相关的部分是由各种工具表组合而成，这些工具表是项目落地的辅助工具，同时也是监管、执行的工具手段，不可缺少。工具表有一定的行业规范，这些规范都是在长期实践中积累及优化出来的。

工具表格主要的操作软件是表单工具（如Excel），需要用到不同的工作表（如Sheet1、Sheet2等），需要根据需求对数据进行函数的计算（如加减法）。同时，很多情况下需要用到其他的辅助功能进行调用、代入等，本任务对这些内容不进行详细的介绍。

（1）流程工具表的定义与作用

定义：流程工具表是一个文档或表格，用于记录会展活动的各个环节、参与人员的职责、时间安排及物料需求等信息。

作用：

协调各单位工作：通过清晰的流程工具表，各部门能够更好地协作，确保信息共享和任务明确。

监督工作进展：管理层可以通过流程工具表实时监控各参与者的工作状态，及时发现问题并进行调整。

提醒与统计：帮助团队成员回顾自己的职责和任务，确保每个环节的工作都能顺利进行。例如，提供"活动倒计时"提醒，确保按时完成任务。

（2）活动流程拆分

重要性：将复杂的活动分解为简单的部分，便于管理和实施。

拆分方法：

按活动类型拆分。例如，会议可以拆分为"注册""开幕式""主题演讲""小组讨论"等环节。

按时间阶段拆分。例如，活动可以分为"前期准备""活动进行""后期总结"等，也可以依照会展活动知识体系进行拆分。

（3）时间安排流程工具表的编制

编制目的：确保每个环节的时间安排合理，避免时间冲突。

内容包括：

开始时间和结束时间：清楚地标明每个环节的时间段，如"09：00—09：30 注册""09：30—10：00 开幕式"。

时间缓冲：合理安排时间缓冲，避免环节之间的时间重叠。

（4）人员安排流程工具表的编制

编制目的：确保每个工作人员明确自己的职责与任务，避免责任模糊。

内容包括：

参与人员名单：列出所有工作人员及其角色，如"张三——注册处"。

岗位职责：明确每个人的具体任务，如"李四——会场布置"。

工作地点与时间：标明每个工作人员的工作地点和时间，确保每个人知道在哪里工作以及何时到达。

（5）物料工具表的编制

编制目的：确保活动所需的所有物料准备齐全，避免临时采购造成的混乱。

内容包括：

物料清单：详细列出所有必要物料，如"宣传册""音响设备""座位安排"等。

数量与规格：为每种物料标明所需数量和规格，确保准确采购。

供应商信息：记录物料的供应商及联系信息，方便后续协调。

（6）活动流程监控与反馈

监控流程：在活动进行时，根据流程工具表实时监控各环节的执行情况，确保按照既定流程推进。

反馈机制：设定反馈渠道，收集各岗位工作人员对流程工具表的意见和建议，及时调整和优化工作安排。

示例：可以使用在线表单或微信群收集反馈，确保工作人员能够随时报告问题和建议。

2. 详细制定步骤及方法

制定会展活动流程工具表的第一步是对项目中的活动进行分类和细化，

以便后续操作和执行更有条理、效率更高。以下是这一过程的详细步骤和方法。

（1）确定活动种类的分类标准

内容：在划分活动时，首先需要根据项目的性质和活动目标确定合适的分类标准。常见的分类标准包括活动的类型、时间、受众、地点等。

示例：

按活动类型：如开幕式、主题演讲、展览展示、圆桌讨论、互动体验、闭幕式等。

按时间顺序：将项目分为前期准备、正式活动和后续总结三个阶段。

按参与者类型：如 VIP 嘉宾活动、普通观众活动、媒体专属活动等。

（2）对各活动种类进行细化

内容：在明确分类标准后，需要对每个大类中的活动进行细化，将其拆分成具体的步骤或环节。这有助于更好地理解每项活动的组成部分，便于细致安排。

示例：

开幕式细化：将开幕式分为签到入场、嘉宾引导、主持人开场、领导致辞、剪彩仪式等环节。

主题演讲细化：包括演讲嘉宾准备、现场技术支持（如投影、音响）、观众提问环节安排。

展览展示细化：包括展台布置、产品展示、互动环节安排、志愿者引导和解说等。

（3）明确每项活动的细节需求

内容：在细化各项活动的基础上，需要进一步明确每个活动的细节需求，确保活动顺利开展。具体需求包括场地需求、设备需求、人员安排等。

示例：

场地需求：确定每个活动所需的具体场地及其配置，如开幕式的主会场布置、展览区的展示台安排。

设备需求：根据每个活动的性质，确定所需设备，如音响、麦克风、投影仪等。

人员安排：明确每个活动的责任人、现场支持人员和志愿者，确保活动中每个细节都有人负责。

（4）制定各类活动的时间安排

内容：为每个活动制定详细的时间安排，确保所有环节的时间节点清晰、衔接顺畅。不同活动的开始时间和结束时间应明确，以避免发生冲突。

示例：

开幕式时间安排：09：00—09：30为嘉宾签到和入场时间，09：30正式开场，10：00完成剪彩仪式。

展览展示安排：展览区从10：30—18：00开放，分时段安排不同的互动活动和展示。

注意事项：在时间安排中留出一定的缓冲时间，以便应对突发情况。

（5）设计各类活动的动线和人员流向

内容：为每项活动设计动线规划，确保参与者的流动性和安全性。不同活动的参与者动线应合理区分，避免交叉和拥堵。

示例：

开幕式动线：安排VIP嘉宾通道和普通观众通道，确保重要嘉宾快速进入会场，同时安排志愿者在入口引导。

展览动线：根据展区分布设计观众流向，避免重要展位拥堵，并确保每个展台都有流量。

注意事项：动线规划应标识清晰，特别是注意重要节点处的指示牌和引导人员，确保参与者不会迷路。

（6）编制活动流程工具表

内容：在完成以上分类和细化步骤后，将所有信息整理入活动流程工具表中，确保表格涵盖活动类型、具体环节、需求、时间和人员安排等信息。

示例：

表格中包含活动名称、时间安排、场地、所需设备、人员分配等信息，便于所有参与者快速查阅。

表格格式：使用表格或电子表格工具（如Excel或项目管理软件）将活动流程分类呈现出来，并设定责任人和执行时间，方便实时跟进和更新。

（7）流程工具表的复核与分发

内容：在工具表初步完成后，应进行复核，确保所有信息准确无误。复核后将工具表分发至各相关人员，确保所有人都了解自己的工作安排。

示例：

由项目经理复核所有时间安排和物料需求，确定无误后分发给各小组负责人。

注意事项：确保活动流程工具表清晰易懂，各类信息完整，便于后期更新或调整。

通过这一流程分类和细化，活动流程工具表可以成为一个清晰、实用的执行指南，确保每个活动环节都得到充分准备和落实。

## 任务16　彩排预演

### 一、任务解析

1. 任务目的

彩排预演，是让参加表演的人员和工作人员提前了解现场情况，对场地，以及音响、设备进行试用，以确保正式表演时各个环节可以顺畅进行。不同的岗位，有不同的彩排预演需求，对应的电子文件或者设备、物料也需要在彩排期间准备到位。

2. 任务目标

保证正式表演顺畅进行，各表演人员或者各岗位人员都必须提前到达现场进行模拟预演。如果在彩排过程中发现问题需要调整，需要跟统筹部门进行协调，以确保在正式演出的时候协助配合人员或者设备是满足表演需求的。

3. 任务路径

（1）编制活动编排序列表。

（2）对活动表演进行定位预设。

（3）准备配合活动表演的视频、音频及物料清单。

（4）制定工作人员的工作分配表。

（5）检查场地现场设备及配置情况。

### 二、核心知识与技能

（一）总体路径关键步骤

1. 编制活动编排序列表

将活动编排按顺序进行列表，对应的信息应该落实到相应工作人员的跟进与落实。表格的编制是为了让使用者可以更了解排列顺序，并且保证活动可以顺利进行。

2. 对活动表演进行定位预设

活动表演的定位可以在预演前进行，并将排练过程中的调整记录下来。这个预设可以使正式演出时整个过程更加顺畅。记录的方式可以是图片，也可以是文字，或者数据。

### 3. 准备配合活动表演的视频、音频及物料清单

活动表演需要的电子文件非常多，除了视频、音频还有其他的文件。复杂的活动，需要的文件会非常多，格式后缀也五花八门，对应不同的设备播放不同的电子文件。这类文件可以对应活动编排进行收集，形成清单。排练过程中的修改需要及时体现在清单上，最终在活动开始前固定下来。活动进行中，如没有突发事件，应该按照已确定的文件进行，不能随意更改或调整。

### 4. 制定工作人员的工作分配表

工作分配表应该在项目前期开始制定，安排每个时间阶段需要的人员，或者根据工作需求进行人员分配，有些人员可能需要兼顾不同的工作。工作分配表是检验人员工作分配是否合理的依据，一张合理的人员分配表应该是合理地分配每个人的工作，如出现在同一时间段一个人兼顾多项工作的情况，应该及时进行调整。检查是否有人员在部分时间段有空闲的状况，是否可以兼任其他的职位。

### 5. 检查场地现场设备及配置情况

现场设备根据项目的需求进行设置，合理配置设备，是节省成本的一种办法。配置的情况，经常受到场地条件的限制，所以前期对现场情况需要有详细的记录。合适的设备配置能增加活动的整体效果呈现。注意：设备也需要进行彩排。

（二）扩展知识

### 1. 活动彩排的重要性及作用

彩排预演，即活动彩排是活动策划中不可或缺的一环。

重要性：彩排在活动策划中扮演着至关重要的角色，通过彩排可以发现流程或者人员组织上的问题，并及时进行修正。通过这种模拟实际演出的方式，及时纠正以确保正式演出时没有明显的差错。彩排可以提高人员的自信心，参与者通过彩排熟悉舞台、设备或者表演的动作，在正式表演时能提高整体的质量。同时，通过彩排，可以根据彩排的效果对节目环节或者效果进行调整优化，从而令最终的呈现效果更加出色。

排练准备：首先要明确彩排的目标和内容。策划人员需要准确了解每个节目环节的要求和期望。其次要安排好演员和工作人员的时间表，确保参与者都能按时参加。同时，准备好所需的道具、音频、视频、服装等。场地是否达到

彩排的标准，也需要提前协调确定。

确保活动的顺畅性和完整性：通过彩排，熟悉场地和人员站位，确保所有活动流程相关人员的参与，从而保证活动顺利进行。彩排可以让工作人员提前熟悉流程，明确各自的工作职责，避免在正式活动中出现混乱或遗漏。

提高表演效果：彩排有助于发现并解决表演中的问题，完善节目的细节，确保表演的质量和效果达到预期。通过多次彩排，可以对表演进行精细调整，提高整体的表演效果。

增强参与者的熟悉度：对于参与者来说，彩排是一个熟悉流程、明确工作职责的过程。无论是婚礼还是大型晚会，参与者通过彩排可以提前了解自己的任务和责任，减少紧张感，提高活动的执行效率。

预防意外情况：通过彩排可以检查所有设备是否能正常运作，确保在正式活动中不会因为设备问题而影响活动的进行。同时彩排也是对活动流程的一次全面检验，有助于发现正式活动中可能出现的意外情况。

综上所述，活动彩排不仅是对活动的预演和检验，更是确保活动成功的关键环节。通过彩排可以大大提高活动的质量和观众的满意度，确保活动的顺利进行和圆满结束。

2.彩排预演的关键步骤

在会展活动彩排预演工作中，以下五个步骤至关重要，涉及多方面的知识和技能。

（1）编制活动编排序列表

知识内容：

流程设计：编排序列表时要掌握活动整体流程，将各环节按顺序编排，使流程连贯顺畅。

时间管理：为每个环节设定准确的开始时间与结束时间，特别是高峰时段的活动要有缓冲时间。

技能要求：

逻辑梳理：将活动细化为可操作的步骤，按逻辑顺序进行排序。

紧急应对安排：在编排中留有时间应对突发事件，如嘉宾迟到或环节时间延长等。

注意事项：

确保所有参与人员了解编排顺序，避免因缺乏沟通而导致场面混乱。

设置预留时间，避免因环节超时打乱整体进程。

常见事故：

时间延误：如开幕式延迟影响后续环节，导致活动后期时间不得不压缩。

信息不对称：部分人员未获知最新活动编排，导致出场次序错误。

（2）对活动表演进行定位预设

知识内容：

舞台区与观众区的划分：明确表演区域、后台区域和观众席的空间布局，确保表演顺利进行。

动线设计：为表演者和观众设计合理的动线，确保不拥挤、无交叉。

技能要求：

空间感知：能够准确预估舞台、座位和通道的空间使用，保证人员进出顺畅。

安全意识：为演员和设备布置安全通道，预设紧急出口。

注意事项：

确保表演区和观众区区分清晰，避免观众误入后台区域。

在预设中考虑视线遮挡问题，确保观众能清晰地观看表演。

常见事故：

通道拥堵：因动线设计不合理导致演员与观众通道混淆，引发拥堵。

安全隐患：表演位置过于靠近边缘，增加演员坠落的风险。

（3）准备配合活动表演的视频、音频及物料清单

知识内容：

多媒体控制：了解视频和音频设备的控制流程，确保播放顺序和时间点准确。

物料管理：列出所有必需物料，如背景布、道具、标识牌，并核对数量和状态。

技能要求：

设备操作：掌握音视频设备的基本操作，包括播放、暂停、音量控制等。

物料整理：能够按环节准备、摆放物料，确保顺序和用途明确。

注意事项：

确保所有视频、音频的质量合格，避免播放时卡顿或音质问题。

多次检查道具和背景布是否准备齐全，确保不会临时短缺。

常见事故：

设备故障：视频文件格式不匹配，导致无法正常播放。

物料丢失：重要道具遗失或未摆放到位，影响表演效果。

（4）制定工作人员的工作分配表

知识内容：

岗位职责划分：明确每个工作人员的职责范围，确保每个环节均有负责人员。

沟通流程：建立内部沟通机制，确保指令清晰传达到每个人。

技能要求：

任务分配能力：按人员特点和能力合理分配任务，确保任务完成度。

团队协作：熟练使用沟通工具，如对讲机、微信等，确保团队信息同步。

注意事项：

确保分配表信息完整，分工清晰，相应人员工作内容和时间明确。

做出替补安排，若出现人员空缺可及时补位。

常见事故：

沟通不畅：现场人员因未得到指令而无法执行任务，导致环节出现延误。

职责模糊：多个工作人员在同一环节出现职责重叠，或某一环节出现人员空缺。

（5）检查场地现场设备及配置情况

知识内容：

设备安装与调试：了解现场所需设备的安装与调试，如音响、灯光、LED屏幕等。

设备检查清单：制作设备清单，确保每台设备状态良好并经过测试。

技能要求：

调试能力：能够根据场地需求调试设备，保证设备正常工作。

设备维护：具备基本的故障排除技能，能迅速处理常见设备问题。

注意事项：

确保设备布置符合活动需求，调试合格后在活动前反复测试。

提前准备备用设备，以应对突发设备故障。

常见事故：

设备未调试：音响系统未检查，导致开场时出现音量失调的状况。

设备损坏：投影仪在演讲中途出现故障，未准备替换设备导致演讲中断。

3. 常见的彩排预演形式

一般常见的彩排形式有以下几种，每种彩排形式在会展活动中具有不同的作用。

（1）桌面彩排（Table Read/Rehearsal）

形式：

所有主要参与者（如主持人、演讲嘉宾、执行团队）围坐在一起，逐步阅读和讨论活动的各个环节和流程。

作用：

帮助所有人员熟悉整体流程和细节，确保各个环节的衔接清晰。

发现活动流程中的潜在问题，提前调整时间安排或细节设计。

通过讨论明确每个人的职责，并了解彼此的配合需求。

适用场景：适用于活动初期的流程确认，让所有核心人员达成共识。

（2）单项彩排（Segmented Rehearsal）

形式：

对特定的活动环节进行单独彩排，比如开幕式、闭幕式、表演节目或关键演讲。

作用：

重点测试复杂或关键环节的执行效果，确保这些环节的细节和效果达到预期。

针对性解决特定环节的技术问题，如灯光、音效、视频播放等。

让参与该环节的人员更加熟悉内容和流程，提升表演质量或演讲效果。

适用场景：

适用于活动中存在高复杂度性或较高重要性的单一环节。

（3）走位彩排（Blocking Rehearsal）

形式：

在现场进行实地走位，主要测试每个演讲者、表演者以及服务人员的行进路线和站位。

作用：

明确人员的出场位置和走位路线，确保人员流动顺畅、安全。

帮助参与人员熟悉现场环境，包括舞台、观众区、出入口位置等。

测试不同人员动线之间的协调，确保不会发生路线交叉或冲突。

适用场景：

适用于需要多人走位的场合，如舞台活动、颁奖典礼或大型演出。

（4）技术彩排（Technical Rehearsal）

形式：

对所有技术环节（包括灯光、音响、视频、舞台设备等）进行全面的调试与测试,确保设备运行正常。

作用:

检查并确保所有技术设备处于最佳状态,减少活动中技术故障的风险。

调整灯光、音效和视频效果,以达到最佳的视听体验。

测试设备操作顺序和衔接,确保所有技术支持人员熟悉设备操作流程。

适用场景:

适用于所有依赖灯光、音响和多媒体设备的活动。

(5)全流程彩排(Full Rehearsal)

形式:

按活动的实际流程从头到尾进行完整彩排,模拟正式活动的进行,所有参与人员按正式要求参与。

作用:

综合检查整个活动的流程和环节,确保无遗漏,验证活动整体的连贯性。

提前发现并处理任何潜在问题,优化整体活动节奏。

确保所有人员、物料和设备能够在规定时间内协调工作,为正式活动奠定基础。

适用场景:

适用于大型、复杂的活动,是活动前的最终预演。

(6)压力测试彩排(Stress Rehearsal)

形式:

在全流程彩排基础上增加压力测试,模拟突发情况和高负荷状态,观察活动的应急能力。

作用:

检验团队和设备的应急反应能力,确保在突发情况下的处理措施得当。

通过模拟问题发现活动中的薄弱环节,如人流高峰、设备超负荷运转等,及时调整。

锻炼工作人员的压力应对能力,提升团队协调应变的熟练度。

适用场景:

适用于大型会展、演出或重要的公开活动,确保活动应对突发情况的能力。

每种彩排形式根据需求和重要性逐步进行,有助于确保会展活动的流畅运行,提高参与者的体验满意度,同时降低活动中的风险。

# 项目六　内容管理

会展活动的核心在于内容，而内容管理则是贯穿项目始终的系统性工作，是确保活动主题、环节、信息、体验高度一致并有效传达的关键保障。项目六"内容管理"聚焦会展活动从策划到落地的全过程，围绕活动主题、环节内容、故事线、延展信息等多个维度，建立一套完整、清晰、可执行的内容管理体系。

本项目强调"内容即体验"的理念，认为内容不仅是信息的传递，更是品牌价值的呈现、用户情绪的引擎、活动节奏的节拍器。通过对活动主题的提炼与延展，项目六帮助团队明确活动的核心诉求与情感基调；通过故事线的编制与环节设计，确保每个内容节点都能推动用户认知、情绪与行为的递进；通过延展内容与信息确认机制的建立，实现内容与物料、流程、人员的高效协同。

项目六不仅关注内容的创意与表达，更注重内容的系统性与可控性。它要求策划者具备从宏观主题到微观细节的整体把控能力，能够在复杂多变的执行环境中，持续优化内容结构、节奏与形式，最终实现"内容驱动体验、体验反哺品牌"的目标。

## 任务17　活动主题策划与故事线编制

### 一、任务解析

**1. 任务目的**

归纳及确定整个活动的主题，可以更好地将活动展现给参与者。同时，丰富主题内容，结合现场情况延伸出故事线。主题及故事线的确定，对流程起到指引的作用。

**2. 任务目标**

根据主题及故事线，将整个活动的流程串联起来，应尽量遵循简单明了、高效表达的原则，保证后续的活动能有效地执行落地。

**3. 任务路径**

（1）编制主题方案。

（2）受邀嘉宾分类和人数确认
（3）收集和整理与主题相关的资料。
（4）编制故事线。

## 二、核心知识与技能

### （一）总体路径关键步骤

**1. 编制主题方案**

依据项目的定位，编制主题方案是确定整个项目的方向，这个主题同时也能突出项目特点，创意构思也将围绕着主题相互呼应。主题如果跟项目目标有所偏差，会直接导致整个项目效果不佳。

**2. 受邀嘉宾分类和人数确认**

项目的需求及定位不同，嘉宾的分类也有所不同，嘉宾类型包括但不限于：媒体，玩家，经销商，VIP客户，普通客户，等等。人数多少会根据活动的规模、项目的费用等因素决定。

**3. 收集和整理与主题相关的资料**

在主题方案明确的条件下，进行资料的收集和整理。这些资料的收集，便于方案的设置及细化，需要提前进行，根据方案的推进也要及时进行更新。

**4. 编制故事线**

主题确定后，根据内容进行延展，串联各个活动环节，故事线不能像流水账一样平平无奇，应该是层层递进，不断拔高，让整个活动有起伏、高潮的设置，让主题更明确地展示给参与者。

### （二）扩展知识

策划主题是整个活动的灵魂，能突出项目特点，直接关系到品牌的形象和营销效果。好的主题不仅可以吸引客户和媒体的关注，还可以提升品牌的知名度和美誉度，进而提高品牌的销售额和市场份额。因此，活动策划中一定要注意主题的设计，合适的主题和策略相结合，才能在竞争激烈的市场中脱颖而出。

**1. 活动策划的主要种类**

（1）创意主题

创意主题是活动策划中最常见的一种。它通过巧妙的设计和创意，抓住客户的眼球，使其记忆深刻。可结合将项目目标当下流行的热点话题转变成主题元素。

（2）互动主题

互动主题是非常流行的一种。它通过参与度高的活动游戏来吸引客户的注意力，拉近品牌和客户的距离，让客户在参与的过程中了解项目，同时也感受到活动的乐趣。

（3）艺术主题

艺术主题是一种充满文艺气息的主题。通过文艺元素的运用，可以让活动充满浪漫和情调，深受年轻人的喜爱。主题可以延伸到对应的艺术装置，或者利用艺术表演来传递品牌的风格和气质。

（4）环保主题

环保主题是一种很有意义的主题。它关注环保和可持续发展，用实际行动来践行企业社会责任。结合主题，活动过程中使用环保材料，或者加入环保公益性的号召，可以更好地提升品牌形象。

（5）社会主题

社会主题是关注社会问题、侧重服务社会的一种类型定位。它通过品牌和社会问题的结合，让活动更有社会责任感和社会意义。可联合慈善组织，面向弱势团体开展捐赠、募捐等活动。

（6）活力主题

活力主题是一种充满活力和年轻气息的主题。它可通过鲜艳的颜色和活泼的气氛，将活动传递给参与者。跟互动主题相似的点是，更多的互动体验，让客户可以更直接地了解品牌和企业理念。

（7）主题联动

主题联动是一种将2个或以上的多个相关主题结合在一起的主题。将不同的主题元素有机地结合在一起，用巧妙的设计和富有创意的方式来吸引顾客。

2.活动主题的策划与故事线的编制

在会展活动的策划方案中，活动主题的策划与故事线的编制至关重要。活动主题不仅是会展活动的核心表达，还承担着传递项目定位、品牌理念和活动亮点的功能，而故事线则是围绕主题展开的细致设计，是活动环节的情感纽带。主题和故事线的紧密结合，有助于增强活动的沉浸感和参与者的体验。

（1）编制主题方案

①项目定位和主题方向的关联

主题方案的编制直接关系到整个会展项目的成败。一个清晰明确的主题可以为项目指引方向，是活动的核心表达。在主题编制过程中，必须紧扣项目的市场定位和受众特点。主题的定位是否准确，将直接影响活动的创意表现和目标达成。

②突出项目特点和目标

在主题编制中，主题的选定不仅要与活动的内容相契合，还需要突出项目的独特性。例如，如果项目的定位是面向年轻受众的科技产品发布会，主题可以围绕"未来科技"或"智能生活"等关键词展开，主题名称和创意构思应体现科技感和年轻化的元素。这种关联性会让参与者在活动中感受到活动的独特气质，从而增强品牌的识别度和记忆点。

③确保主题与项目目标的一致性

主题方案的偏差会导致整个项目的表现效果不佳。主题如果偏离了项目的实际目标，即使活动环节有创意和亮点，也无法获得良好的市场反馈。例如，如果项目的目标是展示品牌的历史和传承，主题选择应体现文化和历史价值，而不是盲目追求新潮和酷炫，这样才能避免主题与项目目标之间的脱节。

④确立创意构思

主题方案的编制为整个项目的创意构思提供了方向。在主题明确后，所有的创意构思应围绕主题展开，确保活动中的各项设计与主题相呼应。例如，在企业周年庆活动中，主题可以是"辉煌历程，共享未来"，通过讲述企业发展的故事，展示未来的前景，活动中的每个环节应围绕这一核心主题进行设计，包括视频回顾、互动展区和嘉宾致辞等。

（2）受邀嘉宾分类和人数确认

①嘉宾类型的细化

根据会展活动的规模、类型和目标受众，嘉宾可以细分为不同类型，每类嘉宾的参与目的一般有所不同。常见的嘉宾类型包括媒体（新闻报道）、玩家或粉丝（活动支持）、经销商（商务合作）、VIP客户（品牌推广）、普通客户（用户体验）等。每一类嘉宾的邀请标准、接待方式和参与环节均有区别，因此在策划方案中应做详细的嘉宾分类。

②确定嘉宾人数

嘉宾人数应根据活动规模、场地条件、预算、接待能力等因素进行合理控制。例如，品牌发布会可以优先考虑目标消费群体，人数可以适当增加，而商务洽谈活动则更适合小规模和高端定制的嘉宾邀请。确定嘉宾人数可以帮助团队更好地配置资源，提高活动的组织效率。

③针对不同嘉宾设计差异化体验

针对不同类别的嘉宾，活动策划时需设计专属的体验环节。例如，对媒体嘉宾可以设立专属的采访区域或背景墙；为 VIP 客户安排贵宾座位和专属礼品，或安排定制化的展示讲解；可以为普通客户设置体验区，提供互动活动，增加他们对品牌的好感度。针对不同嘉宾的差异化安排能够提升嘉宾的满意度，并增加活动的整体效果。

（3）收集和整理与主题相关的资料

①资料的全面性和准确性

主题方案确定后，第一步是进行主题相关资料的全面收集，包括品牌背景、市场数据、行业动态等，确保内容准确、全面。资料的收集越充分，策划方案的内容就越有支撑力，更能满足活动的创意需求和细节展示。

②资料的分类整理

在收集资料后，应对资料进行分类整理，方便后期应用。例如，在一个科技展的策划中，可以将资料分为品牌历史、技术创新、市场前景等板块，以便于在具体活动环节中提取使用。此外，资料的分类有助于筛选出重点内容，将最核心的资料用于活动设计之中。

③根据方案进度及时更新资料

策划过程是动态的，随着活动筹备的推进，资料也需及时更新。例如，嘉宾名单、主题素材、市场调研数据可能随着活动的推进不断变化，因此需要一名专人定期更新这些资料，确保活动信息的准确性。更新后的资料应随时提供给相关人员使用，确保内容的一致性。

（4）编制故事线

主故事线可以将主线跟若干个阶段分支点组合，一起围绕着主故事线，这样可以丰富故事线的内容，最终整个活动给参与者意想不到的结局，引起人们的注意。

①故事线的结构与逻辑

故事线编制的主要目的是串联各个活动环节，使整个活动连贯一致。好的故事线能通过结构化的表达，将活动主题逐步展现给参与者，增加活动的层次感。故事线的设计要注意节奏安排，避免单调的平铺直叙，力求在活动过程中有高潮、有过渡。

②将故事线贯串各个环节

故事线应通过活动中的每一个细节展示主题。例如，在企业新品发布活动中，故事线可以从企业的过去、现在到未来发展进行叙述，以产品为核心讲述企业的创新之路。开场视频讲述品牌历程，现场演示最新产品，再到客户体验，这种一气呵成的叙述能增加活动的感染力。

③突出故事的起伏与高潮

一个完整的故事线要设置起承转合，增加活动的情感起伏。例如，在大型颁奖活动中，开场展示成就，接着介绍各个奖项的背景，再到颁奖环节，最后高潮是嘉宾合影、掌声雷动。通过将每一个重要环节设计成故事线的一部分，活动的感染力和记忆度会更强。

④故事线的多样化呈现

故事线不应仅限于传统的演讲和展示，还可以通过视频、互动体验区、VR设备等多种形式展现，使参与者更具沉浸感。例如，在一个环保主题的会展中，故事线可以结合多媒体，展示环境被破坏的过程，再展示环保技术的改善效果，提升观众的认同感。

（5）注意事项和常见问题

①避免主题偏离或不明确

主题如果不明确，参与者会对活动内容和目的产生疑惑，甚至失去兴趣。因此，主题策划和故事线编制要反复确认方向，确保每个环节都能与主题呼应，避免出现无关的内容干扰。

②嘉宾分类要清晰

嘉宾分类必须清晰并且有针对性，避免不同类型的嘉宾因活动安排相同而产生不满。例如，VIP客户与普通客户的体验环节相同，可能会影响VIP客户的体验评价。因此，应针对不同类别嘉宾提供个性化的服务和体验。

③资料更新要同步

在活动策划过程中，资料需保持同步更新，避免内容缺失或不准确。尤其是嘉宾名单、流程环节等核心信息必须确保最新，以免影响执行效果。

④故事线避免像流水账

故事线的编排应避免像单调的流水账，需在节奏上有所设计。例如，可以通过开场的悬念设置或互动装置引出主题，让参与者更有参与感，有更多期待。

主题和故事线的联动不仅让活动更具吸引力，也能有效地传递项目价值，让参与者在活动中获得更深的共鸣与认同。

## 任务18　活动环节内容设计与校对

### 一、任务解析

**1. 任务目的**

设计活动环节内容是为丰富项目中的故事线。在故事线上环节内容应该是合理出现，而不是突兀的。环节内容应细化后，对整体内容进行校对，为后续的工作进行规范的排查，减少错误。

**2. 任务目标**

活动环节内容是指导日后执行的主要依据和指导方针，所以需要细化各方面的内容，包括设计方案、物料清单等。

**3. 任务路径**

（1）制定项目环节的编排方案。

（2）编制设计方案。

（3）进行平面规划及场地的设计。

（4）视频文件与活动画面结合编排。

（5）进行现场人员的编排。

（6）制作物料清单。

（7）编制校对后的变更方案。

（8）做好最终文件的收纳及整理。

### 二、核心知识与技能

**（一）总体路径关键步骤**

**1. 制定项目环节的编排方案**

首先，根据项目的主题、目标和故事线，设计环节的编排方案，使每个环节自然衔接，确保环节内容在活动流程中有序展开。编排方案要详细界定活动各部分的起止时间、关联性和衔接方式，确保活动内容层次清晰、逻辑合理，为后续的执行奠定基础。同时，需要考虑活动流程的完整性和连贯性，避免环节跳跃或内容突兀，以保持活动整体的体验流畅性和故事线的连贯性。

2. 编制设计方案

在环节编排方案确定后,围绕项目的主题和每个活动环节的目标,制定详细的设计方案。设计方案应包括活动所需的视觉效果、互动方式、装饰物和舞美设置等,确保每个环节的设计风格与活动的整体创意一致。编制设计方案时,需要兼顾创新性和实用性,尽可能采用符合预算的设计元素,同时确保每个创意都能顺利落地,达到理想的效果。此步骤是活动的核心环节之一,直接决定了活动的呈现效果。

3. 进行平面规划及场地的设计

根据活动的规模和场地条件,对现场平面布局进行详细规划,包括分配活动区域、安排观众动线、布置展台位置等。设计需合理利用场地空间,确保各个区域的衔接顺畅、功能清晰,同时兼顾现场的安全性和观众的流动性。平面规划时需综合考虑不同活动区的空间需求,并为每个区域配备必要的设施和通道,保证参与者的良好体验。此外,现场设计应与活动主题、氛围一致,呈现出符合项目定位的视觉效果。

4. 视频文件与活动画面结合编排

根据活动流程,将视频文件与活动环节画面进行有机编排,确保影像内容与故事线同步,进一步丰富参与者的视觉体验。视频编排需根据各环节的需求来安排播放时长和播放顺序,避免视频和活动流程脱节或内容冲突。编排时可以加入视觉特效、字幕和音效,增强现场的沉浸感和观众的代入感,提升活动的感染力。整个环节需在正式活动前进行测试,确保音视频设备顺利播放,不影响现场效果。

5. 进行现场人员的编排

为了确保现场活动有序进行,要根据活动规模和各环节需求进行人员编排。明确工作人员的职责分工、出勤时间及工作区域,安排专人负责现场引导、技术支持、安保服务等,确保各岗位协调运作,减少执行误差。人员分配时应考虑任务的复杂性和紧急程度,并设置备选人员,以便应对突发情况。同时,制定清晰的沟通渠道,让每位工作人员明确其任务和上级负责人,确保信息传达顺畅,提高执行效率。

6. 制作物料清单

物料清单是活动顺利开展的重要保障,需根据活动环节和设计方案列出详细的物料需求清单,包括数量、规格、采购渠道等信息。确保所有所需物料及时到位,并分发至指定区域,降低因物料不足或分配不当而影响活动进程的风险。物料清单应包含从装饰物到技术设备的全方位需求,并预留一定的备用物品，以备不时之需。在物料清单制作完成后，应复核确保无遗漏，提升活动物资管理的高效性。

**7. 编制校对后的变更方案**

在所有内容编排和清单准备完成后，需对方案内容进行逐项校对，识别潜在的问题或冲突，确保所有细节准确无误。根据校对结果，整合变更信息形成新的方案，以便全体成员参照执行。变更方案要清晰标注各项修改内容，确保团队成员了解最新的安排，避免误解或执行错误。变更方案的编制需要严格控制，以确保更新的信息及时同步到相关部门。

**8. 做好最终文件的收纳及整理**

在活动流程及环节内容最终确定后，将所有方案文件、设计图纸、物料清单、变更记录等整理归档。确保文件归档有序、便于查阅，形成完整的执行文档体系，以便活动全程有据可循。文件整理包括分类存放、标注版本、确认最终版本等，为活动开展提供全面的文档支持。

### （二）扩展知识

在项目策划阶段，首先要深入理解项目的核心主题，这涉及对项目目的、预期成果和受众需求的准确把握。故事线是连接各个活动环节的灵魂，它帮助参与者理解活动的意义和目的。一条好的故事线能够激发参与者的兴趣，增强他们的参与感和沉浸感。

活动环节编排设计要求策划者具备创新思维和战略规划能力。设计时要考虑如何将不同的活动环节有序地串联起来，形成一个统一的整体。这不仅是时间上的安排，更是内容和体验上的融合。

时间管理是确保活动顺利进行的关键。策划者需要预估每个环节所需的时间，并合理安排，以确保整个活动不会超时也不会提前结束。这要求策划者对活动流程有精确的控制和灵活的调整能力。

环节之间的关联性和衔接方式对于保持活动的流畅性至关重要。策划者需要精心设计每个环节的过渡，使其既自然又引人入胜。这可能涉及使用特定的活动、演讲、互动环节或者其他创意元素来实现平滑过渡。

内容的逻辑性是活动策划中的另一个重要方面。策划者需要确保每个环节的内容都是逻辑上连贯的，避免出现逻辑跳跃或内容上的突兀。这需要策划者具备良好的逻辑思维和批判性思维能力。

活动的完整性和连贯性保证了参与者能够从头到尾完整地体验整个活动。策划者需要确保所有重要的环节都被包含在内，并且故事线不被打断。这通常涉及对活动流程的多次审查和调整。

在活动开始前，策划者需要进行充分的准备，包括预演和测试，以确保所有环节都已准备就绪。这有助于发现并解决潜在的问题，确保活动能够顺利进行。

最后，策划者需要确保活动整体的体验流畅性和故事线的连贯性。这意味着参与者能够顺畅地从一个环节过渡到另一个环节，并且始终保持对故事的兴趣和投入。这需要策划者在设计时考虑参与者的感受和体验。

在环节编排方案确定后，首先要深入理解项目的核心主题和每个活动环节的目标。这要求策划者具备敏锐的洞察力和对项目细节的深刻理解。只有充分理解主题和目标，才能设计出符合预期的活动环节。

视觉效果是活动设计中最重要的部分之一，它包括色彩、图形、布局等元素。策划者需要运用专业的设计软件来创建这些视觉元素，并确保它们与活动的主题和风格保持一致。

互动环节能够提升参与者的体验，使活动更加生动有趣。策划者需要设计互动方式，确保它们与活动主题和环节目标相匹配，并且能够激发参与者的兴趣和参与度。

装饰物和舞美设置对于营造活动氛围至关重要。策划者需要选择符合活动主题的装饰物和舞美元素，并考虑它们的成本效益和实际可行性。

保持每个环节的设计风格一致性是提升活动专业感的关键。策划者需要运用设计原则和风格指南来确保所有设计元素在风格上保持一致。

在设计方案中融入创新元素，同时考虑其实用性和可行性。策划者需要在创意和预算之间找到平衡点，确保设计方案在经济上可行，并且能够顺利实施。

预算管理是确保设计方案可行的关键。策划者需要制定预算计划，监控设计成本，避免超支，并选择符合预算的设计元素。

确保每个创意能够顺利落地，达到理想的效果。策划者需要与供应商和制作团队合作，确保设计方案的实施，并对执行过程进行监督和质量控制。

编制详细的设计方案文档，包括所有设计元素和规格。这要求策划者具备良好的组织能力和沟通能力，确保设计方案文档清晰、详尽，便于执行团队理解和实施。

认识到设计方案编制是活动成功的核心环节之一。策划者需要对设计方案的执行进行监督和质量控制，确保活动能够按照预期的设计方案呈现。

理解活动流程是编排视频内容的基础。策划者需要详细掌握每个环节的时间点、顺序和内容，以便将视频内容与活动流程无缝衔接。这要求策划者对活动有全面的认识，能够预见各个环节的衔接和转换。

视频编排不仅仅是将视频文件插入活动中，而是要确保视频内容与活动的主题和故事线保持一致。这需要策划者对视频内容有深入的理解，并能够创造性地将其与活动环节相融合。

合理安排视频的播放时长和顺序对于保持活动的流畅性至关重要。策划者需要根据每个环节的特点和需求来设计视频的播放计划，确保视频能够有效地补充和强化活动内容，而不是成为活动的干扰。

视觉特效能够显著提升活动的视觉冲击力。策划者需要了解不同的视觉特效，并能够根据活动的主题和氛围选择合适的特效。特效的使用应该恰到好处，既不过度也不过少，以达到最佳的视觉效果。

字幕和音效是增强视频感染力的重要元素。策划者需要设计清晰、准确的字幕，以及恰当、有力的音效，以增强现场的沉浸感和观众的代入感。

音视频设备的操作对于确保视频播放的顺利进行至关重要。策划者需要熟悉设备的操作，并能够进行必要的调试，以确保在活动中视频能够顺利播放，不影响现场效果。

在活动开始前进行全面的现场测试是非常必要的。这可以帮助策划者发现潜在的问题，并根据测试结果进行必要的调整。测试应该包括音视频播放、设备操作、视觉效果等方面，以确保活动的顺利进行。

在活动策划阶段，首先要对活动的规模进行评估，这包括预计的参与者人数、活动的复杂程度以及所需的资源。这一步骤对于确定所需的工作人员数量和类型至关重要，以确保活动现场的有序进行。

明确每个工作人员的职责和工作范围是确保活动顺利进行的关键。这包括现场引导、技术支持、安保服务等多个方面。每个工作人员都应该清楚自己的角色和任务，以便在活动中发挥最大的效能。

合理安排工作人员的出勤时间，确保活动全程有人负责。这涉及对活动流程的深入了解，以及对每个环节所需时间的准确预估。

根据活动需求划分工作人员的工作区域，这有助于提高工作效率，并减少不同岗位之间的干扰。

确保各岗位工作人员协调运作，减少执行误差。这需要策划者具备良好的组织能力和协调能力，以及对活动流程的精确掌控。

在分配人员时，应考虑任务的复杂性和紧急程度。复杂或紧急的任务需要更有经验和技能的工作人员来执行。

准备备选人员以应对突发情况，如工作人员生病、设备故障等。这有助于确保活动顺利进行，即使在遇到意外情况时也能迅速调整。

制定清晰的沟通渠道，确保每位工作人员都明确知道自己的任务和上级负责人。这有助于提高信息传达的效率，减少误解和混乱。

通过有效的沟通和协调提高执行效率。这包括确保信息的快速传递、问题的及时解决以及资源的合理分配。

在校对过程中，策划者需要仔细检查每一项内容，确保没有遗漏或错误，这包括时间、地点、人员、物资等所有细节。校对的目的是识别潜在的问题或冲突，如时间冲突、资源不足等。

确保所有细节准确无误是活动成功的关键。这要求策划者具备高度的专注力和准确性，以及对活动细节的深刻理解。要求策划者具备细致的规划能力、准确性、信息整合能力、沟通技巧和团队管理能力。通过这些技能，策划者能够确保活动的顺利进行，并及时应对可能出现的任何问题。在校对过程中，可能会发现需要变更的地方。策划者需要整合这些变更信息，形成新的方案。这要求策划者具备良好的信息整合能力和决策能力。

编制变更方案时，需要清晰标注各项修改内容，确保团队成员了解最新的安排。这要求策划者具备良好的沟通和表达能力。确保团队成员了解最新的安排是避免误解或执行错误的关键。这要求策划者具备良好的沟通技巧和团队管理能力。控制变更方案的编制，确保更新的信息及时同步到相关部门。这要求策划者具备良好的协调能力和时间管理能力。

分类存放是指根据文件的内容和用途将它们分成不同的类别，如设计文件、合同文件、会议记录等。这有助于提高文件管理的效率，并确保在需要时能够快速找到相关文件。要求策划者具备组织能力、系统化管理能力、细致的注意力以及良好的沟通技巧。通过这些技能，策划者能够确保活动的所有文件都得到妥善管理，为活动的顺利进行提供坚实的文档支持。

版本标注是对文件的不同版本进行标识，如"初稿""修订版""最终版"等。这有助于追踪文件的修改历史，确保团队成员使用的是最新的文件。确认每个文件的最终版本是避免混淆和错误的关键。这要求策划者仔细检查每个文件，并确定它们是最新的、经过批准的版本。构建完整的执行文档体系，确保活动全程有据可循。这意味着策划者需要创建一个系统，其中包含了所有必要的文件和记录，以便在活动执行过程中提供全面的文档支持。确保文件归档有序、便于查阅是提高工作效率的关键。策划者需要设计一个高效的文件检索系统，使得团队成员能够快速找到所需的文件。

## 任务 19 延展内容与信息确认

### 一、任务解析

**1. 任务目的**

延展内容是项目确定主题后的另外一个重要的组成部分，当有明确的主题后，延展内容才能更准确地辅助主题以及丰富、美化整个项目。

信息确认则是保证项目能顺利进行必不可少的一环，然而，信息的确认也需要分阶段、分不同的部分去进行对应的制定。及时准确地反馈相关的信息变动，给执行人员提供时间去调整方案，确保对应环节能按要求落地。

**2. 任务目标**

延展内容必须与项目主题一致，包括内容、定位、设计风格等，以确保活动的整体性以及体现主题亮点。

信息确认是保证项目顺利进行的一个环节，需要做到及时和准确。

**3. 任务路径**

（1）制定延展内容的编排方案清单。

（2）进行相关视频、音频及画面的收集整理。

（3）信息确认：人员清单。

（4）信息确认：酒店或餐饮清单。

（5）信息确认：物料清单。

（6）信息确认：车辆清单。

### 二、核心知识与技能

#### （一）总体路径关键步骤

会展项目的延展内容编排方案清单应包括多个方面内容，以确保项目的全面性及顺利进行。

**1. 展览设计项目概述**

展览名称、目的、时间、地点、面积以及预计的参展人数，这些基本信息为整个展览提供了框架，有助于后续的策划和执行。

（1）展览设计方案

设计主题：确定展览的核心思想，以吸引观众的注意力。

展览布局：规划展区的分布，确保信息的有效传达和观众的流动。

展品摆放：合理安排展品的位置，以便观众能够轻松地参观和互动。

视觉效果设计：包括色彩、图形和标志的设计，以增强视觉冲击力。

照明设计：合理的照明可以营造不同的氛围，增强展览的视觉效果。

视听设备：确保有适当的音响和视频设备，以便进行产品演示或信息传达。

（2）物料准备

宣传海报、手册、展品标签、观众指南、展位标识和图文展板等，这些都是吸引观众和引导他们参观的重要工具。

（3）配套设施

接待台、休息区、媒体中心、会议室、厕所和保安措施等，这些都是为了提升参观者的体验和参观的便利性。

（4）活动安排

开幕式、主题讲座、互动体验活动、行业交流会等，这些活动可以增加展览的趣味性和互动性，提高观众的参与度。

活动时间表：详细的活动时间安排，确保所有活动都能按时进行。

参展商活动：为参展商提供展示自己产品和服务的平台，促进业务交流和合作。

（5）预算

详细列出设计费用、物料费用、活动费用和员工费用等，确保项目的财务可行性。

（6）项目评估与总结

在项目结束后，进行评估和总结，通过会议形式分享经验教训，为未来的会展项目提供参考。

通过上述清单的编制，可以系统地规划和执行会展项目的延展内容，确保项目的成功举办和目标的实现。

2. 人员清单确认

在会展项目中，人员清单的确认是一个重要的环节，需要注意以下几个方面。

报备和审批：对于在特定城市举办的会展活动，需要按照当地的规定进行项目报备和审批。例如，在厦门市举办的各类展会活动，无论是涉外展、内贸展还是涉台类展会，都需要主（承）办单位在展会举办前3个月按照《厦门市展览项目协调规范办法》的要求实行项目报备。

安全管理和知识产权保护：对于面向社会公众的大型会展活动，承办单位需要承担安全责任，包括但不限于食品安全管理和知识产权保护。例如，涉及食品展销的举办单位应依据《食品安全法》等法律法规的规定，依法审查参展食品经营者的许可证，并明确其食品安全管理责任。

人员职责明确：主（承）办方需要明确各参与人员的职责，包括安全检查、秩序维护等。例如，主（承）办方应组织并培训相应工作人员实施体温检测、安全检查、秩序维护、巡视、安全演练等工作。

应急预案：制定应急预案，包括对疑似病例的及时报告和处理，确保在出现突发情况时能够迅速应对。

### （二）扩展知识

在会展项目中，酒店或餐饮清单、物料清单、车辆清单的确认是确保活动顺利进行的关键环节。以下是需要注意的几个方面。

#### 1. 酒店或餐饮清单确认

确保酒店或餐饮服务能够满足活动的需求，包括但不限于餐厅的容量、服务项目、特殊饮食要求等。

检查酒店或餐饮服务的可用性和预订细节，如菜单选择、服务时间、特殊要求等。

确认价格和支付方式，以及可能的取消或更改政策。

#### 2. 物料清单确认

详细列出所有需要的物料，包括但不限于展示架、海报、宣传资料、音响设备等。

确保所有物料的质量和数量满足活动需求，避免活动当天出现短缺。

检查物料的兼容性和安全性，确保它们能够正常运作且不会对参与者造成安全隐患。

#### 3. 车辆清单确认

列出所有需要的交通工具，包括巴士、轿车、货车等，以及它们的数量和规格。

确认车辆的可用性和预订细节，包括接送时间、地点、车型等。

检查车辆的维护状况和安全性能，确保它们能够安全地运送参与者和货物。

此外，还需要注意以下几点：

成本控制：在确认清单时，要考虑到成本效益，避免过度预订或浪费资源。

灵活性：考虑到不可抗力等因素，建议在合同中包含一定的灵活性，以便在必要时进行调整。

安全考虑：确保所有服务提供商都符合安全标准，特别是在食品服务和交通方面。

细节检查：在活动前进行一次全面的检查，确保所有细节都按照计划进行。

通过上述步骤，可以确保会展项目的酒店或餐饮服务、物料和车辆的需求得到满足，从而确保活动的顺利进行。

## 进阶讲堂

>>> 活动策划中的主题设计与故事线

# 第三章

# 物料与环境

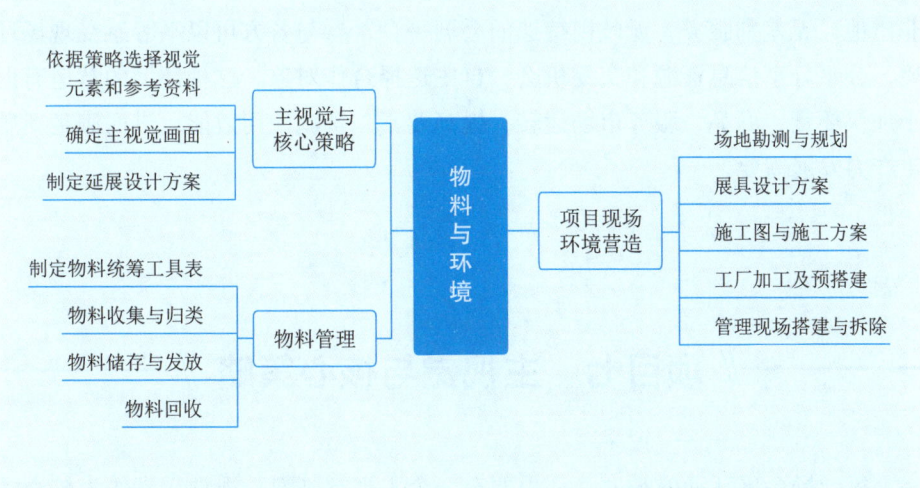

每一场会展活动，都是一次线下的聚会，"现场"是会展活动的核心特征，如何使用和布置现场环境，如何在纷杂的执行细节中定制和选择代表形象的物料，是所有会展项目必不可少的工作内容。

首先，物料设计在会展活动中扮演着至关重要的角色。一个成功的会展设计包括空间布局、装饰、展示道具和展品的设计，以及色彩与图形的运用。精心设计的空间布局，可以确保参展者的流线顺畅且易于导航，主要展示区的设计能够突出展品或信息，同时设立交流区域为参展者提供交流与咨询的舒适环境。装饰设计方面，通过植物、灯光和艺术装饰的使用，可以营造出独特的展示氛围，增强空间的生气和舒适感。展示道具和展品的设计则注重使用简洁和精美的道具来突出展品的特点，采用创新的展示方式增加吸引力。色彩与图形的运用则通过选择符合品牌形象的色彩方案和运用简单而有力的图形和标志，使展区内的信息传达更加清晰和容易理解。这些设计元素的综合运用，旨在创造出具有吸引力、舒适且易于导航的展示环境，同时突出展品的特点和传达信息的效果。

其次，会展活动的环境对于提升参展者的体验也至关重要。良好的环境能够增强参展者的参与感和沉浸感，从而提高他们对展品的兴趣和关注度。通过非排他、无差别服务、无歧视待遇的会展平台，参与各方可以平等感受现场环境，公平分享信息资源和交易机会，自主选择合作对象。这种环境的营造有助于加快要素、商品、服务市场运转，提高要素、资源使用效能，进而满足新质生产力发展需要。

# 项目七　主视觉与核心策略

每一场会展活动的举办，都需要有一个主视觉画面，视觉元素作为核心活动策略的直观表达，应该贯穿项目始终，同时主视觉画面还应兼顾主办方、品牌方的 VI 调性和风格，覆盖现场环境和物料的全部设计，包括定制的物料、邀请与宣传、渠道或营销内容，本质上主视觉与核心策略是一个会展活动项目的灵魂。

## 任务20 依据策略选择视觉元素和参考资料

### 一、任务解析

**1. 任务目的**

会展活动的所有视觉设计，应遵循统一原则，根据选定的主题策略，选定合适的视觉元素，便于后续主视觉画面的设计工作顺利开展。

**2. 任务目标**

依照确定的项目主题策略，分工查找合适的视觉呈现元素和视觉参考，通过创意会的召开，确定视觉方向并选定必要的视觉元素。

**3. 任务路径**

（1）明确视觉需求和主题策略。

（2）分工查找视觉元素和视觉参考资料。

（3）召开创意会选定视觉元素。

（4）下达主视觉设计任务书。

### 二、核心知识与技能

**1. 明确视觉需求和主题策略**

会展项目中明确视觉需求和主题策略的关键在于通过市场细分明确展会定位，选择适合的目标参展商和观众，并通过积极宣传展会形象来传递展会的鲜明形象。

会展项目的成功实施需要遵循一系列策略和步骤，以确保视觉需求和主题的一致性和吸引力。首先，通过市场细分，明确展会要向参展商和观众提供哪些富有特色而又与众不同的价值，这有助于界定展会与相同题材的其他展会的不同之处。选择目标参展商和观众的范围也是至关重要的，通过市场细分，选择适合本展会的潜在参展商和观众，确保服务对象的范围明确。

成功确定展会定位后，需要通过各种方式和手段，将展会的鲜明形象传递到目标参展商及观众那里。这包括确定会展主题，确保主题与会展目标相一致，并能充分地表现会展目标。主题应该反映会展的题材，尽量突出会展的特色，以引起目标客户和公众的兴趣。

此外，会展的品牌定位也是关键，包括国内会展和国际会展的选择，以及综合性会展和专业性会展的定位。目标客户定位是品牌定位策略的一项重要策略，需要对参展商、参展观众或参会者进行客观分析，充分了解和掌握他们的消费取向，以他们满意为根本，使之成为本会展品牌的忠诚客户。

在视觉需求方面，展台设计应具有创意和个性化，从企业的品牌形象和产品的特点出发，结合创意元素和个性化设计，打造出一个独特且富有吸引力的展台。合理利用空间，合理安排展示空间，让展台内部的布局紧凑而有序，同时利用高展台和立体展示架等元素来增加空间的利用效率。前瞻性设计和环保意识也是不可或缺的考虑因素，不仅要符合企业当前的需求，还要考虑到未来的发展趋势和变化，同时在展台搭建和拆除时要注意资源的节约和再利用。

**2. 分工查找视觉元素和视觉参考资料**

查找视觉元素和视觉参考资料的方法包括使用专业的绘画参考网站、利用品牌设计师的搜索技巧以及使用视觉搜索技术。

（1）使用专业的绘画参考网站

这些网站提供了大量的视觉元素参考，包括人物、动植物、场景等图片，可以极大地丰富创作者的灵感库，非常适合艺术家和设计师寻找灵感和参考。

（2）利用品牌设计师的搜索技巧

有效的搜索需要明确的目标和关键词。设计师应该首先明确自己的需求，然后通过关键词进行搜索。同时，打开思路，不仅仅局限于项目的直接需求，而是从更抽象的设计风格层面去看待，这样可以找到更多相关的刺激点。

（3）使用视觉搜索技术

随着技术的发展，视觉搜索成为一种新的查找视觉元素的方式。通过上传图片或从图片库中选择，视觉搜索能帮助用户找到相似的或相关的图片，这种技术特别适用于需要快速找到特定视觉元素的情况。

综上所述，查找视觉元素和视觉参考资料的方法多样，可以根据具体需求选择合适的方法。

**3. 召开创意会选定视觉元素**

（1）重点

召开创意会选定视觉元素的重点在于：确保设计的可读性和可识别性，与会议场地和氛围相融合，注意设计的环保性和可持续性，以及与参会者进行互动和交流。

确保设计的可读性和可识别性是关键，因为会议主视觉需要能够快速传达会议的主题和目标。设计应简洁明了、易于理解，避免过于复杂或难以理解的图案和色彩搭配，以确保信息能够被参会者快速捕捉和理解。

与会议场地和氛围相融合也是重要的考虑因素。设计应考虑会议的实际场地和设施，以及会议氛围和参会者的感受，确保设计与实际情况相匹配，营造出协调一致的会议环境。

设计的环保性和可持续性是当前社会关注的热点问题。在设计会议主视觉形象时，应尽量选择环保的材料和印刷方式，减少浪费和对环境的影响。

与参会者进行互动和交流同样重要。了解参会者的需求和反馈，能够使设计更加符合实际需求，提高参会者的满意度和参与度。

综上所述，召开创意会选定视觉元素时，应注重色彩、字体、图案、细节处理等多个方面，以确保设计的有效性、与环境的协调性以及与参会者的互动性。

（2）流程和要素

召开创意会选定视觉元素的流程和关键要素主要包括确定活动目标、选择目标受众、确定活动时间和场地、主题和内容策划、视觉元素的选择与应用。

确定活动目标：首先，需要明确活动的目的，是为了宣传品牌、推广产品还是增加用户参与度。这些目标将指导后续视觉元素的选择和应用。

选择目标受众：了解目标受众对于创意视觉活动至关重要。例如，如果活动主要面向年轻人群体，那么视觉元素应符合这一群体的审美和兴趣。

确定活动时间和场地：选择合适的时间和地点对于活动的成功至关重要。例如，选择城市中心或流行购物区作为活动场地，可以吸引更多潜在参与者。

主题和内容策划：主题的选择应与品牌相关，如"时光拼图""未来幻境"等，通过视觉展览、互动体验、线下活动和社交媒体互动等方式展示品牌核心价值。

视觉元素的选择与应用：视觉元素包括图形、文字、形状、色彩等，这些元素应简洁、一致，并能引导观众的注意力。通过色彩、形状、质感等表达品牌的情感和氛围，同时保持设计的可读性和情感表达。

通过上述流程，可以确保创意视觉活动的成功举办，同时通过视觉元素的有效应用提升品牌形象和市场影响力。

4. 下达主视觉设计任务书

下达会展项目主视觉设计任务书的要求和步骤主要包括以下几个方面。

（1）确定目标和主题

明确展览的目标和主题，这将帮助确定展览的整体风格、内容和想要传达的信息。

(2）进行研究

在设计展览之前，进行充分的研究是至关重要的。了解目标观众、相关行业和竞争对手的展览，可以帮助更好地理解展览的背景和要求。

(3）制定设计方案

根据研究结果，制定展览的设计方案，包括展览的整体布局、展示元素、图形和色彩等方面的决策。

(4）创建展品和展示物

展览的核心是展示内容。根据设计方案创建各种展品和展示物，例如海报、模型、互动装置等。

(5）空间规划和布局

展览空间的规划和布局至关重要。考虑观众流动性、空间分配、交互元素的位置等因素，确保观众可以获得最佳的展览体验。

(6）创造互动体验

利用技术和互动元素增强观众体验，如使用多媒体设备、虚拟现实、互动屏幕等，让观众可以参与到展览中。

(7）平面设计和文案创作

考虑展览的品牌形象和整体风格，进行平面设计和文案创作，确保视觉和文字内容的一致性和吸引力。

(8）实施和安装

在开始展览之前，确保展览物品的实施和安装工作。合理安排时间和资源，确保展览按计划顺利进行。

(9）宣传和营销

展览之前、期间和之后的宣传和营销都非常重要。利用社交媒体、传统媒体、线下推广等方式，吸引观众参观展览。

(10）评估和改进

展览结束后，进行评估和反思工作。收集观众反馈和数据，识别展览的优点和不足，并改进下一次的展览设计。

## 任务21　确定主视觉画面

### 一、任务解析

**1. 任务目的**

指导和选定主视觉画面，是会展活动项目现场所有视觉设计工作的起点，同样也是活动主题策略的重要视觉传达方式。

**2. 任务目标**

根据明确的视觉设计需求和设计参考资料，整理开展设计所需的文案要素和注意事项，指导主视觉画面设计工作，并对照需求选定设计方案。

**3. 任务路径**

（1）整理主视觉画面所需文案及重点表达词句。

（2）在设计任务书中补充设计视觉要素。

（3）检查主视觉画面设计进程和版式。

（4）选择和确定活动主视觉画面。

### 二、核心知识与技能

**1. 整理主视觉画面所需文案及重点表达词句**

在会展活动中，主视觉画面（KV）是吸引观众注意力的关键元素之一。为了有效地传达活动的主题和信息，文案的撰写和重点表达词句的选择至关重要。以下是一些关于会展文案的基本要素和撰写技巧，以及如何在主视觉画面中体现这些要素的要点。

标题：标题应简明扼要地概括展览的主题和亮点，吸引读者的注意力。可以采用一些精巧的修辞手法，如排比、对偶等，以增加文案的吸引力和记忆性。

引言：引言需要引入展览的背景和意义，激发读者的兴趣和好奇心。可以通过生动的描绘、引用权威人士的观点或者提出引人思考的问题等方式，吸引读者的关注。

展览内容介绍：详细介绍展览的内容和亮点，包括展览的主题、参展企业、展品介绍、专业活动等。在介绍展品时，可以突出展品的独特之处、创新性和实用性，更好地吸引读者的兴趣。

参展企业介绍：介绍参展企业时，需要突出企业的特色、实力和优势。可以列举企业的荣誉资质、产品特点、行业地位等信息，并结合企业的参展亮点，使读者对企业产生兴趣和好感。

专业活动安排：详细介绍专业活动的时间、地点、主题和参与人员等信息，并突出活动的独特之处和参与的价值。

联系方式：提供清晰的联系方式，方便读者了解更多信息或与组织方进行沟通。联系方式包括电话号码、电子邮箱、微信公众号等。

在主视觉画面的设计中，可以利用以上文案要素来突出活动的主题和亮点。例如，通过使用醒目的标题字体和颜色来吸引观众的注意，通过引人入胜的引言和展览内容介绍来激发观众的兴趣，以及通过展示参展企业和专业活动的精彩瞬间来展示活动的丰富内容和独特性。此外，还可以利用数字来突出活动的规模和人气，如参与人数、受众群体等，以加强人们对活动的信心和期待。通过这些策略，主视觉画面不仅能有效地传达活动的信息，还能吸引更多的参与者。

### 2. 在设计任务书中补充设计视觉要素

在设计任务书中补充设计视觉要素时，可以从以下几个方面进行考虑和描述。

视觉元素的选择：明确设计中将使用的视觉元素，如图形、文字、颜色、布局等。这些元素是构成视觉传达的基本单位，对于传达信息、引导视线以及营造视觉效果至关重要。

色彩的运用：描述设计中将使用的主要颜色及其搭配。颜色不仅可以传达情感和氛围，还能引导观众的注意力，因此在设计任务书中应详细说明颜色的选择和搭配原则。

布局和排版：说明元素的布局方式，如对称、不对称、网格布局等，以及元素之间的空间关系。这有助于控制视觉层次，使设计看起来既专业又具有吸引力。

视觉效果的预期：在设计任务书中，可以描述预期的视觉效果，如简洁、现代、复古等，这有助于设计师更好地理解设计方向和目标。

特殊效果的考虑：如果设计中将使用特殊的视觉效果，如光影效果、动态效果等，也应在设计任务书中进行说明，以便设计师能够准确地实现这些效果。

参考图像或草图：提供参考图像或草图，可以帮助设计师更直观地理解设计要求，确保最终的设计作品能够符合预期的视觉效果。

通过上述步骤，可以确保设计任务书中的视觉要素描述足够详细，从而帮助设计师更好地理解和实现设计意图。

### 3. 检查主视觉画面设计进程和版式

版面设计的视觉流程涉及多个步骤，包括需求分析、构思草图、排版设计、配色与色彩搭配、图形与图片搭配、文字风格与字体选择，以及设计优化与细节调整。这一过程确保设计的各个方面符合要求，包括版面的整体和局部结构、色彩和对比度、图形和图片的质量，以及文字的可读性和风格。设计师可以根据实际情况和需要，对素材的大小、颜色、透明度、层次等进行调整和优化，通过多次尝试和修改达到最佳效果。版式设计视觉流程同样包括明确目标和要求、素材的收集和筛选、版式的构思和设计、草图的绘制和规划、版式的实施和调整等环节。

在具体的设计进程中，设计师会进行走查以确保设计质量。这包括检查整体业务流程、交互内容以及视觉内容，确保色彩、字体、布局、排版等细节与设计稿一致。设计走查文档记录问题描述、优先级，并通过邮件形式发送给项目干系人，以便跟进处理。

此外，版面设计的优化和细节调整是非常重要的环节。这包括对设计的各个方面进行审查和优化，如版面的整体和局部结构、色彩和对比度等。根据需要，设计师可以进行微调和修改，以确保设计的最终效果符合预期。

综上所述，主视觉画面的设计是一个系统性的过程，涉及从初步设计到细节调整的多个步骤，旨在创造出符合客户需求和品牌形象的优秀作品。

### 4. 选择和确定活动主视觉画面

选择和确定活动主视觉画面的关键在于明确活动的主题和风格，以及利用专业的设计工具和技术。

首先，确定活动的主题和风格是至关重要的。根据活动的性质和目的，选择适合的风格，如插画风、3D风、扁平风或科技风等。每种风格都有其独特的视觉特色，能够有效地传达活动的氛围和调性。例如，插画风适合展现丰富的细节和活泼的氛围；3D风则能提供强烈的视觉冲击力和生动感；扁平风以简约高级的风格呈现，适合明确且没有特定元素的主题；科技风则通过光效和暗色背景展现未来感和数字化特点。

其次，核心元素的选取也是关键。根据活动的主题，选择合适的元素，如生肖元素、品牌IP、主题字、元素墙等，以最佳的方式呈现出来。这些元素的选择直接影响到视觉效果的传达和活动的整体印象。

再次，利用专业的设计工具和技术也是不可或缺的。例如，Sketch 和 Adobe XD 等工具可以帮助设计师快速创建出高质量的视觉设计作品。这些工具提供了丰富的设计资源和用户友好的界面，使得设计师能够高效地完成设计任务，同时支持第三方插件的使用，进一步扩展了设计的可能性。

最后，策划和实现阶段，需要从多个维度考虑，如主题展现、形式展现、布置展现等，确保活动的每一个细节都能充分体现主题和企业文化，提升参与者的归属感和参与感。

综上所述，选择和确定活动主视觉画面的过程需要综合考虑活动的主题、风格，进行核心元素的选取以及利用专业的设计工具和技术，确保最终呈现的视觉效果能够有效地传达活动的意图和目的。

## 任务22  制定延展设计方案

### 一、任务解析

1. 任务目的

通过对延展设计需求的梳理，更好地衔接物料制作与设计。

2. 任务目标

为活动整体所需物料、搭建物、多媒体画面等设计工作提供需求清单，并根据确定的主视觉画面完成延展设计任务书（方案）。

3. 任务路径

（1）罗列活动项目所需延展设计清单。

（2）确定主视觉画面相关的物料视觉内容。

（3）查找延展设计所需物料的制作信息。

（4）依照延展设计确定相关物料的材质与工艺。

（5）制定延展设计方案。

### 二、核心知识与技能

（一）总体路径关键步骤

1. 罗列活动项目所需延展设计清单

罗列活动项目所需延展设计清单的过程涉及多个步骤，包括确定项目目标和范围、列出所有活动、填写详细信息、优化活动顺序和关系、完善活动信息、审核和调整、分配任务和制订工作计划以及监控和更新。

首先，需要明确项目的目标和范围，这有助于确定需要实施的具体活动。接下来，根据项目目标和范围，列出所有需要实施的活动，并为每一个活动填写详细信息，包括活动名称、负责人、起止日期、预算、相关资源等。这一步骤是确保活动清单的完整性和准确性。

在活动清单的基础上，进一步优化活动的顺序和关系，这涉及活动之间的依赖关系和关键路径。对每一个活动进行风险评估，并确定沟通和协调方式等详细信息，以确保活动顺利进行。

完成活动清单的初步编制后，进行审核和调整，确保清单的准确性和可行性。根据活动清单，分配任务给项目团队成员，并制订详细的工作计划。最后，定期监控项目活动的发展情况，并及时更新项目活动清单，以确保项目按计划进行。

通过上述步骤，可以系统地罗列和管理活动项目的延展设计清单，确保项目的顺利进行和完成。

活动项目所需延展设计清单包含的内容非常广泛，涵盖了从视觉元素到物理设施的多个方面。

视觉元素：包括但不限于Logo、主画面、吉祥物、底版及封面设计等，这些都是塑造活动品牌形象和视觉识别的关键元素。

舞台和会场设计：涉及主席台或舞台的效果图、舞美方案、启动仪式分解图、启动仪式道具图等，确保活动的视觉呈现符合预期。

城市氛围营造：通过城市氛围营造效果图、现场平面图、行车路线、休息室安排平面图等，营造活动的整体氛围。

广告和宣传物料：包括指示系统、气拱门、升空气球、广告及宣传物料等，用于活动的宣传和推广。

证件和票务：工作证、嘉宾证、贵宾证、记者证等，以及门票（单张和套票）的设计和制作。

衍生产品和纪念品：如纪念邮票、首日封、明信片、纪念章、T恤衫等，增加活动的纪念价值和吸引力。

其他设施和用品：包括会务用品（如问候卡、手提袋、请柬、胸牌等）、钢笔、签到笔、徽章、旗帜等，这些都是活动中不可或缺的物品。

这份清单不仅包括视觉和物理设施的设计，还涉及活动的组织和管理方面，可确保活动顺利进行以及保障参与者获得良好体验。

## 2.确定主视觉画面相关的物料视觉内容

主视觉画面相关的物料视觉内容主要包括标志设计、VI 设计、广告设计、画册设计、海报设计、包装设计、界面设计等。

标志设计：通过标志的造型和特定的色彩等表现手法，传达企业的经营理念、行为观念、管理特色等，形成整体的视觉设计。

VI 设计：通过视觉设计手段，利用 Logo 的造型和特定的色彩等表现手法，使企业的经营理念、行为观念、管理特色、产品包装风格、营销准则和策略形成一个整体的视觉设计。

广告设计：利用各种手工或电脑的绘画手段或图像技术，以及复合方式的创意图像设计，构思巧妙，表现独特。

画册设计：又称宣传册、宣传手册、图册、折页设计，以生活的形式和风格展示企业的风格和形象的形成，达到宣传的目的。

海报设计：利用图像、文字、颜色、布局、图形等元素进行创意平面设计，能够迅速吸引人们的注意力，恰当地展示商家的宣传信息。

包装设计：通过艺术设计产品包装和排版，提高消费者对产品的关注度，加深对其思想、文化和知识的理解。

界面设计：又称 UI 设计，包括网页视觉设计和各种手持（手机、平板电脑等）系统的界面视觉设计，是近年来兴起的新设计学科。

这些物料视觉内容共同构成了主视觉画面的多个方面，通过不同的设计手段和技术，强化品牌的战略定位，传达品牌的价值和理念，同时吸引消费者的注意力并提高品牌认知度。

制作主视觉画面相关的物料视觉内容时，需要注意以下几点。

明确目标受众：了解你的目标受众是谁，因为不同的受众有不同的需求和喜好。例如，如果目标受众是年轻人，可以选择更加鲜艳、时尚的颜色和图像；如果是专业人士，则应选择更加简洁、专业的设计风格。

选择合适的视觉元素：包括图像、颜色、字体等。图像应具有清晰度和适应性，颜色能够传达不同的情感和信息，字体的选择应考虑到易读性和美观性，同时要与整体设计风格相协调。

布局和排版：良好的布局和排版可以提高视觉资料的可读性和吸引力。可以采用对称、层次分明的方式来组织内容，注意字号、行间距和段落间距的合理搭配，以及标题、副标题和正文的分层次安排。

版权和知识产权：在使用他人的图像、文字等素材时，应尊重原作者的权益，遵守相关法律法规。可以选择使用免费或经过授权的素材，或者自己创作原创内容。

品牌核心价值的视觉化：品牌主视觉本质上是把品牌核心价值视觉化，通过创意手法将品牌核心价值用视觉化呈现出来。优秀的主视觉能够有效地转化为品牌形象资产，使品牌核心价值与品牌形象在消费者心目中形成关联。

动画和视频的设计：对于动画和视频等媒体广告中的视觉要素，设计师需要注意将时间控制在受众可接受的范围内，内容要紧凑且重点突出，能够快速吸引受众的注意力。配乐和声效也是影响效果的重要因素，要根据广告内容和情感选择合适的配乐和声效。

通过上述注意事项，可以确保主视觉画面及相关物料视觉内容的制作达到最佳效果，有效地传达信息并吸引目标受众的注意。

3. 查找延展设计所需物料的制作信息

设计所需物料的制作信息包括物料编号、物料描述、数量、单位、参考信息，以及可能包括的供应商信息、生产能力信息、采购和生产信息、生产和采购成本信息。

物料编号：每种物料都有一个独特的标识符或编号，便于在制造和装配过程中进行追踪和标识。

物料描述：包括名称、规格、材料和尺寸等信息，对每种物料进行简要描述。

数量：制造一个产品所需的每种物料的数量，可以是整数、分数或百分比，具体取决于产品的设计和制造需求。

单位：每种物料数量的计量单位，如个数、米、千克等。

参考信息：指向相关文件或图纸，以便更详细地了解物料的规格和特性。

此外，还包括：

供应商信息：包括供应商的交货时间、交货准确率、供应能力等，有助于确定供应商是否能够满足物料需求，并对供应计划进行调整。

生产能力信息：包括生产设备的生产能力、生产周期、生产效率等，有助于确定生产计划，并确保生产能够按时完成。

采购和生产信息：包括采购和生产的交货周期，即从下订单到收到货物或完成生产所需的时间，有助于确定订单何时应该下达以及生产何时应该开始。

生产和采购成本信息：生产和采购每种物料所需的成本信息，包括材料成本、加工成本、运输成本等，有助于优化物料需求计划，降低成本并提高利润。

这些信息共同构成了物料需求计划的基础，帮助企业合理安排生产和采购活动，以满足产品需求，同时最大限度地减少库存和成本。

### 4. 依照延展设计确定相关物料的材质与工艺

延展设计中确定相关物料的材质与工艺的要求主要包括选择适合的材质、考虑工艺的可行性和创新性，以及确保设计与生产的一致性。

在进行延展设计时，选择合适的材质是关键。材质的选择应考虑到产品的使用环境、耐用性、安全性以及成本等因素。例如，如果产品需要经常接触水或需要在潮湿环境中使用，那么选择防水、防潮的材料是必要的。此外，材质的选择还应考虑到产品的外观和触感，以确保产品的整体质感和用户体验。

工艺方面，延展设计应考虑到生产工艺的可行性和创新性。设计师需要与技术团队紧密合作，确保设计能够在实际生产中实现。这包括对生产流程的了解、对材料特性的掌握以及对新技术的研究和应用。通过创新工艺，可以提高产品的生产效率和产品质量，同时降低成本，提高市场竞争力。

确保设计与生产的一致性是延展设计过程中的重要环节。设计师需要与技术团队密切合作，确保设计方案在实际生产中能够准确落实。这包括对设计细节的精确把握、对材料特性的深入了解以及对生产流程的熟悉。通过这种方式，可以避免因设计与生产不一致而导致的成本增加和时间延误。

综上所述，这些要求不仅关系到产品的质量和市场竞争力，还直接影响到生产成本和用户体验。因此，设计师和技术团队需要紧密合作，确保设计的每一个细节都能在实际生产中得到准确实现。

### 5. 制定延展设计方案

制定活动项目延展设计方案的关键在于背景分析、目标设定、策划步骤的实施以及效果评估。

（1）背景分析

首先，需要对活动背景进行深入分析，了解活动延续的重要性。随着生活水平的提高和生活方式的多样化，一次性活动已不能满足人们的需求，持续性的活动更能引起兴趣、培养爱好、加强社交联系和提升社区凝聚力。因此，活动延续方案的设计显得尤为重要。

（2）目标设定

明确延续活动的目标，包括提高参与率、加强社交联系、营造活跃氛围等。这些目标的设定有助于指导后续策划的具体实施。

（3）策划步骤的实施

组建策划团队：成立专业的策划团队，具备专业的策划能力和丰富的经验，有效协调资源和解决问题。

建立沟通渠道：与社区居民建立良好的沟通渠道，了解他们的需求和意见，通过问卷调查、座谈会等方式收集反馈。

设定活动主题：根据社区居民的兴趣爱好和需求，确定适合的活动主题，结合社区特色和资源增加活动吸引力。

制订活动计划：明确活动的时间、地点、内容以及预算等，合理安排活动的频率和持续时间，确保活动的连续性和可持续性。

联合合作伙伴：寻找合适的合作伙伴共同组织和推广活动延续方案，如社区组织、学校、企业等，实现资源共享和互利共赢。

宣传推广：通过多种渠道进行宣传推广，提高活动的知名度和影响力。

（4）效果评估

在延续活动结束后，进行效果评估，根据评估结果调整和改进延续策略和计划，确保活动的持续成功。

（二）拓展知识

1. 会展行业展示工程常用材料

大芯板（夹板/细芯板/细木工板）、三聚氰胺板（免漆板）、低密度板（密度纤维板）、中密度板（密度纤维板）、高密度板（密度纤维板）、多层板（胶合板）、地台板（40mm多层板）、刨花板（颗粒板）、实木板、瓦楞板、实木地板、复合地板、防腐木、淋油板、纤维板、烤漆板、贴皮板、装饰面板、石膏板、不锈钢板、铝塑板、铝扣板、油漆钢板（彩色涂层钢板）、镀锌板、花纹钢板、方形钢管、圆钢管、角钢（角铁）、工字钢、不锈钢角钢、轻钢龙骨、普通展毯、抓绒展毯、圈绒展毯、开绒展毯、地胶、环氧树脂、PVC板、苯板（AM板）、KT板、阳光板、有机板、亚克力、奶白片、瓷白片、硝基漆、聚苯漆、真石漆、玻璃面漆、车漆、涂料/乳胶漆/内墙漆、防水涂料、钢化玻璃、普通玻璃、镜子、单透镜、压花玻璃、玻璃砖、彩色玻璃、中空玻璃、夹胶玻璃、磨砂玻璃、烤漆玻璃（在透明玻璃下做烤漆处理）、透光软膜天花、UV软膜天花。

2. 常用展示工程实施工艺实物

（1）地面拼装工艺3种：灵通舞台版基本拼装、双层版铺地毯收口条收边、结构盒拼装直接铺地毯木结构。

（2）木结构墙体工艺2种：带卡口、不带卡口。

（3）结构固定工艺3种：自攻钉工艺、穿孔螺栓工艺、榫卯工艺。

（4）收口工艺6种：地面收口、墙面收口、转角收口、高地台收边条、地台面板插片、塑料护角。

（5）桁架绷布工艺2种：尼龙扎带直接绷布、桁架拼接挤压绷布。

（6）裱糊工艺2种：喷水装裱、普通装裱。

（7）玻璃安装工艺2种：插槽工艺、玻璃广告钉工艺。

（8）标志标识文字6种：KT板裱即时贴文字、即时贴文字、亚克力文字、苯板文字、PVC文字、亚克力灯箱。

（9）粘贴工艺2种：立体字直接粘贴、文字放样粘贴。

（10）发光工艺4种：内发光灯箱、发光字、渗光工艺、灯片校色箱。

（11）常见耗材13种：万能胶、大力胶、乳白胶、玻璃胶、瞬间胶、地板胶、专用插钩、调节脚、调节脚工具、挂钩螺栓、连接锁、螺栓和螺母、木螺钉。

3. 常用展示工程材料样板套装

（1）片材8种：防火板、铝塑板、不锈钢面板、贴皮板、波音软片、人造皮革、动物皮革、面饰漆料色本。

（2）地毯4种：普通展毯、抓绒展毯、圈绒展毯、开绒展毯。

（3）地面材料3种：地板本、地胶本、环氧树脂。

（4）画面21种：背胶PP纸、相纸、车贴、灯箱片、写真布、条幅布、油画布、银雕布、多孔写真布（单透）、旗帜布、贡缎、春亚纺、双面喷绘布、普通宝丽布、灯箱布、黑背宝丽布、刀刮布、网眼布、遮光布、斜纹布、莱卡布。

（5）其他布料13种：平绒、丝绒、合成遮阳布、透光不透人纱、弹力布、绸布、雪纺纱、麻纱、麻布、窗帘布、氨纶布、布纹纸样册、胶版纸样册。

（6）纸质2种：铜版纸样册、特种纸样册。

4. 常用展示工程工具包

（1）测量工具3种：激光测距仪（室内外通用150m）、卷尺（3m）、水平仪（激光4束水平110°垂直130°）。

（2）美工工具2种：美工套装、潘通色卡。

（3）木工工具6种：充电式手枪钻配批头、手套、护目镜、安全带、安全帽、胶枪。

5. 常用绿色展装便携展架

（1）便携展架7种：易拉宝、X型展架、门型展架、德式展架、拉网展架、道旗、吊旗。

（2）常规制作物 6 种：T 形引导牌 / 指引牌、引导指示牌、木 A 板、铁 A 板、麦克风套、油画架。

（3）铝型材 7 种：40 扁铝、50 扁铝、40 方柱、80 方柱、60 方柱、八棱柱，连接件等。

## 项目八　物料管理

物料管理工作是整个会展项目的管理中不可缺少的一部分，是项目顺利进行的强力保障。各类型的会展项目都需要有定制的物料管理方案、邀请方案、渠道或营销方法，本质上物料管理是贯穿组织工作全过程的任务。

### 任务 23　制定物料统筹工具表

#### 一、任务解析

1. 任务目的

明确物料需求，根据整体项目目标的设定，对不同环节需要使用的物料进行系统性的规划和分类，从而形成后续工作的原则依据。

2. 任务目标

依照项目需求，确定会展活动所有环节所需的物料，并依据不同环节的物料情况制定相对应的物料统筹工具表，并形成配合项目流程的物料管理流程。

3. 任务路径

（1）进行物料续期整理。

（2）确定会展流程所需物料的分类。

（3）确定物料制作、来源等信息。

（4）编制会展流程的物料统筹工具表单。

## 二、核心知识与技能

### 1. 进行物料续期整理

物料续期整理主要包括以下内容。

预测物料用量，编制物料供应计划：这是物料管理的基础，通过预测未来的需求，编制相应的供应计划，确保物料的供应能够满足生产需求。

组织货源，采购或调剂物料：根据供应计划，寻找合适的供应商，进行物料的采购或内部调剂，以保证物料的供应。

物料的验收、储备、领用和配送：对采购来的物料进行验收，确保质量符合标准，然后进行储备管理，按照需求进行领用和配送。

物料的统计、核算和盘点：对物料的数量、使用情况进行统计和核算，定期进行盘点，确保物料的数量准确无误。

规范物料储存期限管理：根据物料的特性和储存环境需求，规定物料的有效储存时间，确保物料在保质期内使用，保证产品质量。

物料到期复验管理：对于达到储存期限的物料，进行全面的质量检查，合格的可以继续使用，不合格的按照不合格品处理程序进行处理。

限定性合格品处理：复验合格的物料，可能会被限定使用条件或期限，以确保其安全性和有效性。

这些措施共同构成了物料续期整理的主要内容，旨在确保物料的供应、储存和使用都能得到有效管理，从而支持企业的正常运营和生产活动。

### 2. 确定会展流程所需物料的分类

对活动流程所需的物料进行分类，主要依据物料的性质、用途和形态进行分类。

物料的性质：根据物料的属性和特点，可以将物料分为装备类、道具类、纪念品类等。例如，装备类包括运动器材、道具等，如篮球、足球、排球、网球等球类运动的球、球拍、球网等；道具类主要指活动中用于辅助表达和展示的物料，如旗帜、标牌、标志等；纪念品类则主要是与活动相关的纪念品和奖品，如奖杯、奖牌、文化衫等。

物料的用途：根据物料在活动中的具体作用，可以将物料分为比赛物料、训练物料、宣传物料、安全物料、管理物料等。比赛物料主要是用于比赛的器材和道具，如比赛用球、比赛用网、计时器等；训练物料则是用于运动员训练和准备的物料；宣传物料用于宣传活动，如海报、宣传单、广告牌等；安全物料用于保障参与者安全，如护具、标识牌、急救箱等；管理物料则用于管理活动,如考勤表、通知单、记录表等。

物料的形态:根据物料的具体形式和结构,可以将物料分为固定物料和非固定物料。固定物料主要是无法移动和搬运的物料,如场地设施、体育场馆设备等;非固定物料则是可以移动和搬运的物料。

这种分类方法有助于更好地组织和管理活动所需的物料,确保活动流程的顺利进行。

3.确定物料制作、来源等信息

(1)确定物料制作信息

确定活动物料制作的信息需要考虑多个方面,包括活动主题和目标受众、设计稿的确定、材料来源的选择、制作方式的确定以及配送方式的安排。

①活动主题和目标受众

根据活动的主题和目标受众选择合适的物料种类,如海报、宣传册、T恤等。例如,针对青少年的活动可能适合制作卡通形象的T恤或者照片墙,而针对商务人士的活动可能需要制作高档品质的名片和礼品。

②设计稿的确定

在设计稿的确定过程中,需要注意以下几点。

确定主题色调,符合品牌风格并考虑目标受众的喜好。

确定字体风格,以确保文本的可读性。

添加必要的文案,确保信息的准确传达。

③材料来源的选择

在选择材料时,除了考虑价格外,还需要考虑质量和环保因素。不同的物料种类需要使用不同的材料。

④制作方式的确定

考虑制作的效率、成本和美观程度,选择合适的制作方式,如印刷或手工制作。

⑤配送方式的安排

需要考虑物流成本和时间,合理安排物料的储存和保管,确保物料在配送过程中不会受到损坏。

综上所述,确定活动物料制作信息是一个涉及多个环节的过程,需要综合考虑活动主题、目标受众、设计、材料、制作方式和配送等多个因素,以确保最终制作的物料能够有效地传达活动信息并达到预期的效果。

(2)确定活动物料来源的信息

主要涉及以下几个步骤和策略。

明确需求和定位：首先，需要明确自己的需求和定位。这包括了解产品类型、市场状况以及自己的定位，以便找到符合需求的供货源。

寻找供应商：通过多种渠道寻找供应商，如网络平台（如阿里巴巴、京东等）、黄页、互联网搜索、行业展会、供应商数据库、同行推荐等。

评估供应商能力：评估供应商的能力至关重要，包括其资质和认证、经验和信誉、生产能力和设备、质量管理体系等。

竞争性询价：向多个供应商发送询价请求，以获取报价。在询价时，提供清晰的规格和要求，确保所有供应商都在同一起跑线上进行报价。

考虑总体成本：除了采购价格外，还应考虑其他成本因素，如运输、关税、库存管理等，综合评估供应商的总体成本。

建立良好的合作关系：选定供应商后，建立并维护良好的合作关系，包括及时沟通、共享信息、签订明确的合同和协议，以确保采购过程的顺利进行。

持续监控和评估：采购寻源是一个持续的过程，通过持续监控和评估供应商的绩效，寻找改进的机会，并灵活调整采购策略。

通过上述步骤，可以有效地确定活动物料的来源信息，确保采购过程的顺利进行以及采购物品的质量与成本的有效控制。

#### 4. 编制会展流程的物料统筹工具表单

编写一份会展活动的物料统筹工具表单，可以参考以下步骤和内容来确保表单的完整性和实用性。

（1）基本信息

在表单的开头部分，需要填写会议或活动的基本信息，包括活动名称、活动时间、活动地点等。这些信息有助于后续的物料准备和场地布置。

（2）物料清单

列出活动所需的所有物料，包括但不限于以下类型。

接待区：接站牌、签到表等。

签到区：签到表、名牌等。

用餐区：餐桌牌、菜单等。

住宿区：入住温馨提示等。

展示区：包括茶歇区、演出区、主会场、分会场、颁奖区等所需的物料。

公共区域：洗手间指示牌、工作人员所需物品等。

规格和数量：对于每种物料，需要明确其规格（如尺寸、颜色等）和所需数量，这有助于准确预算和采购。

负责人：为每种物料或区域指定一个负责人，确保责任的明确和沟通的顺畅。

备注：在表单中留出空间供负责人添加备注，以便于记录特殊要求或注意事项。

（3）合计数量和总负责人

在表单的末尾，统计所有物料的总数量，并指定一个总负责人，负责协调和监督所有物料的准备情况。

（4）上传日期和文档星级

记录表单的上传日期，给文档设置一个星级，有助于管理和追踪表单的更新情况。

通过上述步骤，可以确保会展活动物料收集表单的全面性和实用性，从而为活动的顺利进行提供保障。

常规的做法是，我们对物料的产品属性（产品名称和尺寸规格等）进行一下归纳，让它们的属性在表格中看起来是统一的，这样看着就舒服多了，而且没有造成空间浪费，大家要知道当物料种类很多的时候，它们的属性也会有更多的不同，不可能把所有都列出来，因为很不直观，打印出来使用的时候会很麻烦。但就目前而言，我们的物料清单信息还不完整，还要把物料的项目属性加进来，形成如下表格。

×××活动物料统筹工具表单

| 序号 | 物料名称 | 尺寸规格 | 描述备注 | 数量 | 使用时间 | 使用人 | 领/送 | 岗位/区域 |
|---|---|---|---|---|---|---|---|---|
| 1 | | | | | | | | 签到处 |
| 2 | | | | | | | | |
| 3 | | | | | | | | |
| 4 | | | | | | | | 主会场 |
| 5 | | | | | | | | |

这是物料清单的基本形式。为什么要说基本？因为物料清单的属性没有一个统一标准，这里教给大家的是行业中的通用做法，未统一的格式也不是不可以用，只是行业中没人这么做而已，所以，每个项目基本都会有这种属性，但不限于这些属性，比如，也可以加上"提供人"这一列，说明客户提供还是制作部提供等，变通很重要，所以请大家记住这个基本的物料清单的制作方法，

未来在不同的项目中加以变通性的应用。

 课堂延伸

××活动物料清单示例

## 任务 24　物料收集与归类

### 一、任务解析

1. 任务目的

为了更好地进行物料管理，避免现场错漏事故发生，在筹备期陆续接收物料的过程中就需要对实物进行整理和分类，并完成相关信息统计工作，便于后续物料的使用。

2. 任务目标

根据物料统筹工具表和不同物料的来源信息，接收、整理、归类相关物料。

3. 任务路径

（1）根据物料统筹表单，补充物料归类管理信息。

（2）完成物料的收集与归类。

### 二、核心知识与技能

1. 根据物料统筹表单，补充物料归类管理信息

物料分类是根据实际活动需要，对物料进行系统化的分类，以便于管理和使用。这种分类有助于提高工作效率，优化资源配置，确保生产活动的顺利进行。物料分类的方法多种多样，可以根据物资在生产中的作用、物资本身的物

质属性、使用方面以及管理权限等进行分类。

下面以具体案例进行说明。在一场普通的会展活动里面，每样物品需要什么样的详细信息？首先看易拉宝，易拉宝的尺寸规格需要知道，要怎么设计以及文字内容也要知道，大家应该能看出来了，这是制作类的物料，单是获得这些信息够不够？足够你去制作了。再来看下面，数量、使用时间、使用人、哪个岗位使用、是送过去还是到库房领取，这些都需要详细信息。再来看其他几种物料，签字笔，要推荐一些样式给使用人选择，这是推荐需求，U盘、产品资料、资料袋，这些都有各自的详细信息，注意列出来的这几种物料的信息属性，部分不一样，另一部分基本相同。从这里能看出来，一部分是物料的产品属性，另一部分是物料的项目属性，大家记住这个特点，或者我们在填写表单的时候，可以多加一列"图片"，这种情况一般发生在清单中有很多制作物的时候，我们要参考这些制作物的样子。除了加图片外，还可以根据物料的使用区域或者是相对应使用的流程去多加一列表格，以区分归类不同的物料信息。这个案例是比较有代表性的，一般情况下我们之前学习的常规做法就能满足大部分的项目了，举这个案例也是为了告诉大家变通的重要性，你觉得有必要就把它加上去。

2. 完成物料的收集与归类

完成活动物料的收集与归类可以通过以下步骤进行。

收集所有物料：需要收集活动所需的所有物料，确保不遗漏任何关键物品。

详细记录信息：对收集到的物料进行详细记录，包括物料名称、型号、规格、数量等信息，确保信息的准确性。

分类整理：根据物料的性质、用途、型号等特征进行分类，形成清晰的类别清单，便于识别与查找。例如，可以将物料分为原材料、零部件、包装材料、废弃物等类别。

整顿物料：对已分类的物料进行重新排列和定位，确保物料放置整齐，方便取用。优化物料空间利用，提高仓库的空间利用率。

包装整理：在物料取用过程中，进行相应的包装处理，以降低物料破损率。确保包装的完整性，避免在搬运或储存过程中造成物料破损。

定期清点：对仓库内的物料进行定期清点，以确保物料的数量与清单一致。这有助于及时发现和解决物料短缺、过多等问题，提高仓库储备的准确性和可靠性。

通过上述步骤，可以有效地完成活动物料的收集与归类，提高活动准备工作的效率和效果。

## 任务 25　物料储存与发放

### 一、任务解析

**1. 任务目的**

合理存储和摆放现场物料，便于快速查找和使用，科学合理地进行物料发放工作，确保每一个岗位所需物料领用规范，必要时可以及时供应。

**2. 任务目标**

针对现场物料存储区域进行合理规划，核对物料清单，针对现场工作岗位所需物料，开展领用和发放工作，及时盘点和补充。

**3. 任务路径**

（1）规划现场存储区域的物料分类摆放。

（2）制作现场物料领取工作表单。

（3）制定重要物料交接流程。

（4）安排现场物料管理人力。

### 二、核心知识与技能

**1. 规划现场存储区域的物料分类摆放**

规划活动现场存储区域的物料分类摆放需要考虑多个方面，包括物料的性质、种类、使用频率、尺寸大小等，以确保物料存储有序、易于查找和取用，同时提高工作效率并减少错误。以下是一些关键的规划步骤和方法：

根据物料的性质、种类和使用频率进行划分，以便合理安排物料的存放位置。可以将物料区域划分为常用物料区、季节性物料区、易受损物料区和备件区等，根据不同的需求进行分类存放。

使用标示和分类方法，如标签和编号、ABC 分类法、尺寸分类法等，为每个储位或货架贴上标签并给予唯一的编号，使用彩色标签标示不同种类的物料，或者使用条形码或二维码进行快速识别。

考虑安全因素，易燃、易爆和有毒物料要远离操作区域，并采取相应的安全措施，以避免事故发生。

确定合适的存放方式，对于易碎或易腐的物料需要采取保护措施，对于重量较大的物料需要安排合适的搬运设备，以降低人力成本和安全风险。

建立库存管理系统，对物料的入库、出库和库存进行实时监控和记录，了解物料的数量和状态，以便做出合理的补货和调度决策。

定期检查和整理，定期清理仓库，处理过期或已损坏的物料，保持仓库的整洁和有序。

通过上述步骤，可以有效地规划活动现场存储区域的物料分类摆放，提高仓储管理的效率和质量，降低成本和风险。

2.制作现场物料领取工作表单

制作现场物料领取工作表单需要遵循一定的步骤和基本结构，以确保表单的实用性和效率。以下是详细的制作指南。

（1）确定基本结构

表单应包含以下基本栏目。

①单据编号：用于唯一标识每一张出库单。

②出库日期：记录物料出库的日期。

③领料部门：记录领取物料的部门名称。

④领料人：记录领取物料的员工姓名。

⑤物料编号：用于标识不同种类的物料。

⑥物料名称：物料的名称或描述。

⑦规格型号：写明物料的规格和型号。

⑧单位：写明物料的计量单位。

⑨数量：记录出库物料的数量。

⑩备注：用于记录其他需要说明的事项。

（2）设计表格样式

选择合适的字体、字号和颜色，使表格易于阅读。合理安排各栏目的宽度，确保信息能够清晰显示。可以使用合并单元格、设置边框和填充颜色等功能，使表格更加美观。

（3）输入数据

根据实际情况，在表格中输入相应的数据，确保数据的准确性和完整性。为某些栏目设置数据验证规则，如数量栏目可以设置只能输入正整数，以提高数据输入的准确性。

（4）打印和使用

完成表格制作后，可以将其打印出来供仓库管理人员使用。同时，也可以将电子表格保存在计算机中，方便随时查看和修改。

注意事项：在制作过程中，要确保各栏目的逻辑关系和数据准确性，避免出现错误或遗漏的情况。根据实际业务需求，可以适当调整表格的结构和样式，使其更加符合实际使用需求。定期备份电子表格数据，以防意外丢失。同时，也要对纸质表格进行妥善保管，以备查阅。

3.制定重要物料交接流程

重要物料交接流程的制定应遵循一系列步骤以确保交接的准确性、安全性和效率。

（1）确定交接物品

首先需要明确要交接的物品是什么，包括物品的名称、数量、规格、型号等信息。这有助于确保交接双方对物品有清晰的认识，避免在交接过程中出现误解或纠纷。

制订交接计划：交接双方应当协商制订一个详细的交接计划，包括交接的时间、地点、方式等。这有助于确保交接过程的顺利进行，提高交接效率。

（2）检查物品状况

在交接前，交接双方应当对物品的状况进行检查，包括物品的外观、功能、性能等。如发现物品存在损坏、缺失等问题，应当及时记录并协商处理。

（3）签署交接文件

交接双方应当在交接过程中签署相应的交接文件，如交接清单、交接证明等。这些文件应当详细记录交接物品的名称、数量、状况等信息，并由交接双方签字确认。签署交接文件有助于保障交接双方的权益，避免在交接后出现纠纷。

（4）采用电子交接单

为了提高货物交接的效率和准确性，可以采用电子交接单的方式。电子交接单可以通过手机App或者电子设备生成，可以随时随地进行交接，并且具有较高的安全性和可追溯性。

（5）提供培训和建立标准

为了提高货物交接的效率和准确性，可以对相关人员进行培训，包括货物信息确认方法、状况检查方法、交接单的填写等。同时，为了确保货物交接的一致性和规范性，可以制定交接标准，包括交接流程、交接细节、记录要求等内容。

（6）加强监控和管理

为了防止货物交接中的违规操作或错误交接，可以加强监控和管理。例如，可以安装摄像监控设备，对交接现场进行实时监控。同时，建立交接记录和考核制度，对交接人员进行监督和管理。

通过实施这些步骤和措施,可以提高重要物料交接的准确性、安全性和效率,确保物料的有效管理,合理控制耗损。

4. 安排现场物料管理人力

活动现场物料管理的人力安排主要涉及以下几个方面。

(1)人员配置

根据活动的规模和物料管理的需求,合理配置物料管理人员。管理人员包括负责物料领取、分发、存储和回收的人员。确保每个环节都有专人负责,避免出现管理混乱或责任不明确的情况。

(2)培训与教育

对参与物料管理的人员进行必要的培训,使他们熟悉物料的种类、数量、存储要求以及紧急情况下的处理措施。这有助于提高管理效率,减少错误和损耗。

(3)沟通与协调

建立有效的沟通机制,确保物料管理人员与活动其他部门人员之间能够及时、准确地传递信息。这有助于协调物料的使用和分发,避免浪费和短缺。

(4)监督与评估

设立物料管理的考核指标和评估体系,定期对物料管理工作进行评估和总结,提出改进意见和措施。这有助于发现问题并及时调整管理策略,提高物料管理的效率和效果。

(5)应急准备

针对可能出现的紧急情况,如物料损坏或丢失,制定应急预案,并指定专人负责处理。这有助于在出现问题时迅速应对,减少损失。

通过上述措施,可以确保活动现场的物料得到有效、高效的管理,从而保障活动的顺利进行,使参与者获得良好体验。

物料管理清单示例

## 任务 26　物料回收

### 一、任务解析

**1. 任务目的**

会展项目完结后对所有流程物料进行系统性回收，遵循绿色环保和避免浪费的原则，以便于后续复用，针对重要物料和客户回收需求进行有效的回收保管。

**2. 任务目标**

明确回收需求，并对可回收物料进行分类处置，与客户完成必要的回收和交接工作。

**3. 任务路径**

（1）制定会展流程物料回收的原则。

（2）做好现场物料交接记录。

（3）整理物料、打包。

（4）制定后续处理方案。

### 二、核心知识与技能

**1. 制定会展流程物料回收的原则**

会展流程物料回收的原则主要包括讲究实效、严谨规范、严格控制、保密原则。

讲究实效：确保会展活动物料需求，意味着在物料回收过程中，要高效、快速地处理物料，以满足会展活动的实际需求，避免物料浪费或不足。

严谨规范：提高工作效率，要求在物料回收过程中，所有的操作都必须按照规定的流程和标准进行，以确保工作的质量和效率。

严格控制：通过有效的管理和控制，减少物料的损耗和浪费，节约成本。

保密原则：确保公司商业秘密在物料回收和处理过程中，要注意保护公司的商业秘密，避免信息泄露。

**2. 做好现场物料交接记录**

活动现场物料交接记录应详细记录交接双方的信息、交接时间、交接内容，并由交接双方签字确认。

在编写活动现场物料交接记录时，可以参考以下要点。

交接双方信息：记录交接人的姓名、职务或角色，以及联系方式，确保在出现问题时能够及时沟通解决。

交接时间：明确记录交接发生的具体日期和时间，以便追踪和管理。

交接内容：详细列出交接的物料清单，包括物品的名称、数量、规格以及任何相关的备注信息。对于大型或复杂的活动，可能需要附上详细的物料布置图或计划，以确保接收人能够准确理解和执行。

签字确认：在交接记录完成后，由交接双方分别签字确认，表示对交接内容的认可和接受。

备注：如果有任何特殊情况或需要说明的事项，可以在备注栏中详细记录，如物料的特殊使用说明、存储要求等。

通过这样的记录，可以确保活动顺利进行，同时为后续的物料管理和责任追究提供依据。

### 3. 整理物料、打包及制定后续处理方案

活动结束后，整理物料及打包主要包括物资整理和回收。

物资整理和回收：活动结束后，需要将使用过的物资进行整理，包括桌椅、投影设备、音响设备、茶具等，这些物资需要归还给供应商或存放在公司的仓库里，确保物资得到妥善处理，避免浪费或丢失。

活动结束后物料的处理方案应包括回收利用、焚烧处理、无害化填埋和排放处理等多种方法。

回收利用：对于能够回收利用的物料，如纸张、塑料等，应通过精细分离和再加工，使其变成可以使用的新材料，以减少资源浪费和环境污染。

焚烧处理：对于无法回收利用的物料，如有机污染物、医疗垃圾等，可以通过高温燃烧的方式彻底分解并释放能量，但需注意控制排放的有害气体，做好废渣处理工作。

无害化填埋：对于不能进行焚烧处理的物料，可以选择无害化填埋，即将垃圾埋在固定场所，通过隔离、压实、覆盖等措施减少其对环境的影响。

排放处理：生产过程中产生的废气、废水等需要通过吸附、氧化等物理、化学、生物方法进行处理，以达到环保要求。

此外，制定物料处理方案时，还需考虑物料的性质、数量、环保要求等因素，选择合适的处理方法。同时，通过技术创新和科学研究，提高物料的高效利用和降解，为保护环境和推动可持续发展贡献力量。

# 项目九 项目现场环境营造

项目现场环境营造是整个会展项目流程中至关重要的一部分，是项目给来宾留下深刻印象的首要条件。各类型的会展项目都会进行现场环境营造，需要有定制的物料、邀请方案、渠道或营销方法，本质上项目现场环境营造是一个会展活动项目中设计策划环节这个部分的整体体现。

## 任务27 场地勘测与规划

### 一、任务解析

#### 1. 任务目的

清晰完整地反馈会展活动场地现场环境情况，最大化满足活动需求，结合初步的场地使用规划，为后续空间设计、场地布局、进场搭建等工作提供事实依据。

#### 2. 任务目标

依照项目需求，结合场地现场环境，根据会展项目的整体目标完成场地勘测，并依据实际情况确定合理的功能区域规划。

#### 3. 任务路径

（1）场地资料汇总及工具准备。
（2）拍摄场地照片。
（3）测量并绘制场地平面草图。
（4）初步规划与重点功能区域位置尺寸说明。
（5）编制场地勘测报告。

### 二、核心知识与技能

#### 1. 场地资料汇总及工具准备

活动场地的资料汇总及工具准备涉及多个方面，包括场地布置、场地勘测工具准备等。

（1）场地布置

确定活动主题和风格，以此为基础进行场地布置。例如，对于年会或晚会，可能需要气球拱门、电子屏幕或条幅来突出主题。

准备引导牌和指示牌，特别是在场地外入口处，以引导嘉宾入场。

使用彩球、鲜花、氦气球等装饰物来增加场地的视觉吸引力。

布置展架、易拉宝、广告板等，以展示活动信息。

（2）场地勘测工具准备

激光测距仪：通过激光束测量距离，具有高精度和远距离测量的特点。适用于各种测量任务，进行点到点的测量，并获得精确的距离数据。

钢卷尺：一种常见的测量工具，用于测量长度和距离，适用于短距离的测量任务，如建筑物的尺寸和管道的长度。

米格图纸：也称为标纸，是一种特殊的纸张，它在记录遗址、缩放器物和做图表时非常方便，它在需要精确测量和记录的场合中非常有用，能够确保记录的准确性和持久性。

手机、相机：通常我们的手机能够满足拍摄需求，但是复杂会场，或客户有更高的需求时，我们会使用720摄像机完成全景拍摄，同时导出的素材可以成为虚拟现实素材使用。装配广角镜头的照相机，能够完成单一墙面全景的拍摄，部分手机也有大广角功能，也可以弥补设备不齐全的情况。

其他准备：安全隐患提示牌，确保活动安全。安排安全链条或绳索作为二次保护装置，降低意外风险。

综上所述，活动场地的资料汇总及工具准备是一项综合性的工作，需要考虑多个方面的内容，以确保活动顺利进行和参与者获得良好体验。

2. 拍摄场地照片

拍摄勘测活动场地照片时，需要注意以下几点。

比例尺的使用：在拍摄时，应贴放比例尺，并根据被拍摄主体的颜色、大小选择适合的黑白比例尺、彩色比例尺或卷尺。比例尺的选择和贴放应符合GB/T 23865的相关要求，以确保照片中的痕迹、损伤、附着物的尺寸和比例能够准确反映实际情况。

照片的清晰度：应清晰反映痕迹、损伤、附着物的形态、颜色和比例尺刻度，确保照片的质量足够高，以便于后续的分析和判断。

拍摄主体的位置：被拍摄主体应不小于画面的2/3，这样可以确保主体在照片中的重要性得到突出，同时也便于后续的观察和分析。

光线条件：如果在弱光条件下拍摄，可使用辅助光源来改善光线条件，以确保照片的清晰度和细节的捕捉。

安全与保密：拍摄的照片应妥善保存，严格保密，不得外传或泄露，确保施工现场的安全与保密。

摄影摄像工具主要是对现场空间拍摄记录、对特殊点位拍摄记录、对微距端口拍摄记录、对整体环境拍摄记录。

大家记住拍摄口诀：水平拍，居中拍，广角全景画面全。

遵循上述注意事项，可以确保勘测活动场地的照片能够准确、全面地记录现场情况，为后续的分析和研究提供有力的视觉证据。

### 3. 测量并绘制场地平面草图

采集数据：我们需要对场地尺寸等数据进行测量，这时就会需要使用到我们前面所说的激光测距仪和钢卷尺，需要通过这两个工具得出活动场地各部分的实际尺寸，在进行详细测量的同时，需要使用相应的仪器和软件来采集测量数据。采集的参数和信息包括坐标、高程、角度等。同时，要确保数据的准确性和完整性，防止因数据错误或遗漏导致的测量偏差。

数据处理与分析：采集完测量数据之后，需要对数据进行处理与分析。这包括数据的计算、验证、修正和转换等过程。通过合理的数据处理方法和软件工具，可以得到更加准确和可靠的测量结果，并进行进一步的分析和应用。

绘制成果图：根据测量结果和要求，可以在米格图纸上进行场地平面草图的绘制，一般需绘制场地的正视立面图、侧视立面图、俯视图，其中还需要注意标出各立面图中的特殊点位位置和尺寸，如墙体插座、不可移动的闭路电视、不可移动的计时器、电闸、内嵌式柜体、场地舞台、场地内嵌式LED屏幕、音响、灯光、窗户、消防栓等一系列会对活动现场布置造成影响的点位，以便于用于工程设计、延展设计规划和管理等方面。

通过上述步骤，可以有效地进行勘测活动现场的测量工作，并绘制出准确的场地平面草图。

### 4. 初步规划与重点功能区域位置尺寸说明

我们通过包含了特殊点位数据信息的正视图、侧视图和俯视图，构建出一个全新的空间。我们通过这个空间，就可以开始进行后续的空间设计工作。我们可以初步规划整场活动的区域设置，还有一些重点功能区域的配套服务位置，比如我们能够初步规划出我们各功能区的界限及面积大小，让后续设计团队根据场地的初步规划去进行主视觉画面和周边延展物料的设计和制作。

### 5. 编制场地勘测报告

编制活动场地的勘测报告是一个系统性的工作，需要遵循一定的规范和步骤以确保报告的准确性和完整性。以下是一些关键步骤和要点。

明确编写目的：在开始编写之前，要明确编写勘测报告的目的。这有助于编写人员更好地把握编写方向，避免偏离主题。

制订编写计划：制订一个详细的编写计划，包括编写的时间安排、人员分工、编写流程等。这有助于提高编写效率，确保编写质量。

确定报告结构：确定勘测报告的结构，包括标题、目的、范围、依据、报告格式等。

编写报告内容：根据确定的报告结构，开始编写报告内容。注意语言简练、逻辑清晰、图文并茂、表述准确，避免出现歧义或不完整的情况。同时，对编写的内容进行反复审核，确保报告的准确性和完整性。

附图和附表：勘测报告中应包含相关的附图和附表，如场地平面图、现场环境图等，这些图表有助于更直观地展示勘测结果。

## 任务 28　展具设计方案

### 一、任务解析

1. 任务目的

清晰、完整的设计方案可以让管理者做出合理的决策，并指导后续的生产加工工作，确保效果和实际制作的统一。

2. 任务目标

根据场地实际情况和项目需求，协同设计师、生产工厂确定可实施性，完成展具设计方案的编制，提报并获得最终效果的确认。

3. 任务路径

（1）编制展具设计需求清单。

（2）制定设计方案框架。

（3）汇总设计沟通与效果图编制。

（4）验证可实施性。

（5）整合方案，完成提报与确认。

## 二、核心知识与技能

### （一）编制展具设计需求清单

#### 1. 前期论证

了解展览的要求和目标，收集相关资料，确保对展览整体情况有清晰的认识。

#### 2. 制订计划

根据论证结果，制订详细的展览展示搭建计划，包括设计、材料、设备、人员等方面。

#### 3. 编制明细表

按照核心要素逐项编制明细表，包括各个区域、各个环节、各个人员需要的延展设计物料，还应清楚地标明文案内容、规格尺寸、材料材质、制定工艺以及效果样式等。

### （二）制定设计方案框架

制定展具设计方案的框架主要涉及以下几个方面。

#### 1. 结构设计

确保展具具有稳定性和承重能力，考虑使用金属、木材或塑料等材料，并注重展具的可运输性和可携带性。

#### 2. 展示空间

最大化利用展示空间，设计不同尺寸的展架格子以适应不同大小和形状的产品。

#### 3. 展示方式

通过合理的陈列方式和产品摆放，突出重点产品，使用标签、价格牌等辅助展示工具。

#### 4. 色彩和图案

展具的色彩和图案应与企业或组织的形象相符，避免过于花哨和杂乱，采用简约明快的色彩组合以增加吸引力。

#### 5. 灯光设计

适当的灯光设计可以增强展具的视觉效果，突出展示的产品，采用不同色温和角度的灯光增添层次感。

此外，还需要考虑实施步骤，如了解需求、规划设计、制作和测试等阶段，以确保展具设计方案的有效实施。在制定框架时，还需关注细节，如选择合适的视觉风格应用于屏幕原型,创建服务蓝图和体验原型,以及进行用户反馈和可用性测试,以确保设计的有效性和实用性。

### (三)汇总设计沟通与效果图编制

这方面要求较多,涉及明确目标和需求、准备清晰的项目简介、鼓励创意、明确预算、确定项目时间表等。

(1)在与展台设计公司进行沟通时,确保明确传达项目目标、需求和预期是非常重要的。这包括展位的大小、形状、主题、布局、装饰要求和预算。

(2)准备一份详细的项目简介或需求文档,包括项目背景、目标、要展示的产品或服务、目标受众和其他关键信息,有助于确保双方在项目的基本要求上达成一致。

(3)鼓励设计公司提供创意建议,同时提供关于品牌、标志、颜色、字体和视觉元素的信息,以确保设计与品牌一致。

(4)明确预算限制,确保设计和搭建在财务范围内。

(5)确定项目时间表,包括设计、搭建和展会期间的活动,有助于双方了解项目的时间要求。

(6)保持开放的双向沟通,提供反馈和问题,并确保与设计公司的联系是及时和频繁的。

(7)讨论项目管理细节,包括项目负责人、沟通流程、项目进度报告和协作工具的使用,确保双方了解项目的执行细节。

(8)了解项目所涉及的法规、展览场馆的规定和安全要求,并确保设计和搭建符合这些规定。

(9)详细审查合同条款,包括费用结构、付款方式和取消政策,确保合同明确列出双方的权利和责任。

(10)在项目结束前与公司一起进行项目验收,以确保项目符合设计要求和预期。

(11)了解公司提供的售后支持服务,包括展会期间的支持、展位拆除和处理以及可能的售后服务。

(12)鼓励与设计公司开放对话,让双方可以提出问题和改进建议,开放的沟通有助于解决问题并提高项目质量。

此外,与展台设计师沟通时,除了提出想法和要求,听取设计师的意见,审阅设计手稿也是非常重要的步骤。在这个过程中,展商与设计师之间的相互信任和尊重是关键。设计师需要理解参展商的目的,避免设计过程中的修改,而参展商应给予设计师充分的信任，尊重他们的专业意见和建议。

### （四）验证可实施性

验证展具设计方案的可实施性主要涉及以下几个方面。

#### 1. 验证功能和性能

确保设计方案能够实现预期的功能，并满足性能指标。通过实验测试、仿真分析或其他验证方法，可以确认设计方案是否能够实现所需的功能，并满足性能指标。

#### 2. 发现设计存在的问题和缺陷

设计验证有助于发现设计中存在的问题和缺陷。通过测试和验证，可能会暴露出设计中的错误、不足或潜在的风险，从而及时采取纠正措施，改进设计方案。

#### 3. 降低风险和成本

设计验证有助于降低产品开发过程中的风险和成本。通过验证设计方案的可行性和有效性，可以减少在后续开发阶段出现问题的可能性，避免不必要的重复工作和修正。

#### 4. 提高产品质量和可靠性

设计验证是确保产品质量和可靠性的关键步骤。通过验证设计方案的功能、性能和可靠性，可以确保产品在投入市场前具备所需的质量和可靠性，提高用户满意度和信任度。

#### 5. 符合标准和规范要求

设计验证可以验证设计方案是否符合相关的标准和规范要求，包括行业标准、法规要求、安全标准等。通过验证设计的合规性，确保产品在法律、安全和质量方面符合要求。

#### 6. 优化设计方案

设计验证可以提供有关设计方案的详细信息和数据，用于评估和优化设计。通过验证过程中的反馈和结果，可以发现改进和优化设计的机会，提高设计方案的效率和性能。

总之，设计验证是确保设计方案的有效性、可行性和合规性的关键步骤，对于展具设计方案的可实施性验证同样重要。

### （五）整合方案，完成提报与确认

完成展具设计方案的提报与确认涉及多个步骤，包括需求沟通、概念确立、初稿提交、深化设计、方案确定等关键阶段。

### 1. 需求沟通

需要与客户进行深入的沟通，了解展示的具体需求，包括功能、风格以及任何额外的特殊要求。这一步骤的目的是确保设计方案能够符合客户的特定需求，具有实用性、唯一性和独特性。

### 2. 概念确立

基于初步的沟通，进行文化的提炼和艺术的升华，构建出设计创意的轮廓。将概念草图与设计思路与客户进行讨论，当双方达成一致意见时，概念确立，可以进入下一步骤。

### 3. 初稿提交

设计师根据概念草图进行三维建模，将无形的概念和想法转化为具体的、可见的作品，并提供多角度的效果图，与客户进一步沟通。根据客户的反馈意见，对设计方案进行针对性的优化调整。

### 4. 深化设计

根据初稿得到的反馈意见，对方案进行优化调整。这个过程可能涉及多次的提交、反馈和优化，直到客户满意为止。

### 5. 方案确定

经过反复的优化调整后，方案最终确定，客户签字盖章。设计师完成施工图的绘制，然后提交给施工部门。

这一系列步骤确保了设计方案能够满足客户的需求，同时通过不断的反馈和调整，提高方案的可行性和实用性。此外，与客户的密切沟通和合作是整个设计过程中不可或缺的一部分，它有助于确保设计方案的成功实施。

## 任务 29　施工图与施工方案

### 一、任务解析

#### 1. 任务目的

施工图和施工方案是保障效果与制作的重要衔接环节，更是体现专业性、避免质量问题和安全事故的重要保障性工作内容。

#### 2. 任务目标

依据确定的设计方案，指导施工图的编制，汇总整理必要信息形成施工方案。

    3. 任务路径

（1）编制施工图目录。

（2）确定施工要素。

（3）编制施工方案。

## 二、核心知识与技能

### （一）编制施工图目录

编制会展活动现场的施工图目录需要遵循一定的步骤和规范，以确保图纸清晰、准确和易于理解。以下是一些关键步骤和要点。

**1. 图纸目录的基本信息**

图纸目录应包括序号、图纸名称、图号等基本信息，这些信息对于快速查找和识别特定的图纸非常重要。

**2. 图纸的分类**

根据会展活动的具体需求，图纸可以分为不同的类别，如平面图、区域索引图、地面材料图、外立面图、内立面图、天花图、灯位布置图等。每类图纸都有其特定的要求和标准，需要按照规范进行绘制。

**3. 图纸的具体要求**

（1）平面图需要标注墙体的定位尺寸、结构柱、门及邻展位，以及各区域名称。

（2）区域索引图需要提供外立面指引和内部各区域立面指引。

（3）地面材料图需要注明地面高度及结构要求、材料说明及详细分布尺寸。

（4）外立面图和内立面图需要提供详细的立面尺寸和材料说明，复杂立面需要附大样图。

（5）天花图需要提供各部位的天花尺寸、高度及材料说明，对部分天花需要出立面大样图以示结构。

（6）灯位布置图需要注明各部位的灯光布置及尺寸要求，以及各种灯光的数量和款式说明。

**4. 图纸的检查与核对**

在编制施工图的过程中，需要反复核对图纸之间的信息是否一致，确保图纸之间的协调性和准确性。同时，需要熟悉土层地质、水文情况，明确施工场地范围与周围地下设施管线的关系，研究好开挖或回填程序，明确各专业工序间的配合关系及施工工期要求。

通过上述步骤，可以有效地编制出符合会展活动需求的施工图目录，为会展活动的顺利实施提供坚实的基础。

### （二）确定施工要素

会展活动现场施工过程中的要素主要包括策划阶段、设计阶段、材料采购、施工过程、现场管理、完工验收。

#### 1. 策划阶段

这是会展施工的第一步，涉及展馆选址、展位规划、展品布置等，同时需要进行市场调研，了解目标观众的需求和喜好，以便确定展览内容和主题。

#### 2. 设计阶段

在设计阶段，需要根据策划阶段确定的目标和要求，制定出合理的展馆布局和展位设计方案，考虑空间利用率、交通流线、展品展示效果等因素，以达到最佳的展览效果。

#### 3. 材料采购

在施工前，需要准备各种施工所需的材料，包括搭建材料、装饰材料、灯光器材等。选择优质的材料，不仅可以提高会展项目的品质，还可以加强项目的安全性和耐久性。

#### 4. 施工过程

这是会展项目的核心环节，它决定了最终展览效果的好坏。施工过程中需要严格按照设计方案进行搭建、装饰和布置工作，施工人员需要具备一定的专业知识和技术能力，熟悉各种施工工艺和操作规范，以确保施工质量和进度。

#### 5. 现场管理

现场管理是会展施工中至关重要的一环，现场管理人员需要协调各个施工单位的工作，监督施工进度和质量，确保项目顺利进行。通过现场管理可合理安排时间和资源，优化施工流程，从而提高效率、节约成本。

#### 6. 完工验收

完工验收是会展施工的最后一步，也是最关键的一步。在完工验收阶段，需要对整个项目进行细致的检查和评估，确保各项工作符合设计要求和安全标准。同时，还需要与客户进行沟通和协商，解决可能存在的问题和不足之处。

### （三）编制施工方案

施工方案的制定：根据会展活动的具体需求和现场条件，制定合理的施工组织设计方案，包括施工人员组织、施工材料和设备配置、施工进度计划以及施工质量控制措施等。

## 任务 30　工厂加工及预搭建

### 一、任务解析

**1. 任务目的**

与工厂进行必要的技术交底和预搭建检查，最大化地避免现场实施的问题，节省搭建时间，保障搭建质量，规避安全事故风险。

**2. 任务目标**

召开技术交底会议，记录关键问题，并依照展具复杂程度制定预搭建方案，并在预搭建过程中进行检查。

**3. 任务路径**

（1）技术交底与问题记录。

（2）编制制作检查记录表单并完成记录。

（3）制定预搭建方案和检查清单。

### 二、核心知识与技能

**（一）技术交底与问题记录**

**1. 技术交底**

技术交底的内容包括以下这些方面：

工程概况、工期要求、施工现场调查情况。

实施性施工组织设计，包括施工顺序、关键线路、主要节点进度、阶段性控制目标。

施工方案及施工方法，技术标准及质量安全要求，特别是针对重要工程及采用新技术新材料等的分部分项工程。

工序交叉配合要求、各部门的配合要求。

主要材料、设备、劳动力安排及资金需求。

项目质量计划、成本目标。

设计变更内容。

产品或项目介绍：简要介绍会展活动的工厂加工产品或项目，包括其功能特点、市场定位、竞争优势等基本信息。

技术细节说明：详细说明产品的硬件和软件技术细节，如结构设计、电路布局、材料选用、程序设计、算法优化、用户界面设计等。这部分内容需要非常详细，以确保所有参与人员对产品的技术细节有清晰的理解。

问题与讨论：记录与会人员在讨论过程中提出的问题和建议，以及对这些问题的解答和讨论结果。这部分内容有助于发现和解决潜在的技术问题，确保生产的顺利进行。

2. 问题记录

问题描述：详细记录在技术交底过程中提出的问题，包括问题的具体描述、可能的影响以及需要的解决方案。

解决方案：针对记录的问题，提供解决方案或建议，确保每个问题都有明确的处理方案。

总结与下一步行动计划：总结会议的主要内容和达成的共识，以及下一步的行动计划，包括责任人的分配、时间节点等，确保会议的决议得到有效执行。

审核与批准：记录审核人和审核日期，以及审核意见和批准情况，确保文档的准确性和有效性。

（二）编制制作检查记录表单并完成记录

1. 进度监督

安排专人实时监督搭建进度，确保按计划进行。记录每个任务的完成情况，并及时汇报。这包括对每个阶段的工作进行跟踪，确保所有任务都按照预定的时间表完成。

2. 设计检查记录表单

设计一个详细的检查记录表单，包括但不限于展览名称、展览日期、展览地点、展览主题、展览目标等基本信息。此外，还应包括展览设计、材料清单、搭建步骤、任务分配、设备安装、宣传和展示用品、人员安排等详细信息。

3. 完成记录

在会展活动的各个阶段，根据预定的计划和实际执行情况，填写检查记录表单。记录每个阶段的完成情况、遇到的问题及解决方案,以及任何需要改进的地方。

### 4.最终检查

在展会开始前进行全面检查,确保所有工作都已完成,设备和展品正常展示。这一步骤是为了确保会展活动的质量和效果,避免在活动当天出现任何意外或疏漏。

### (三)制定预搭建方案和检查清单

制定会展活动现场的预搭建方案和检查清单是确保活动顺利进行的关键。以下是一些关键步骤和注意事项,帮助企业制定有效的预搭建方案和检查清单。

需求分析:对展览或活动的需求进行全面的分析,包括展位大小、展品陈列要求、参展产品或服务的特点等。这有助于确定展台的基本框架和功能布局。

空间规划:根据展位大小和布局,进行详细的空间规划,确定展台的主体结构、区域划分和功能布置。这有助于合理利用空间,确保展台的实用性和美观性。

设计概念:制定整体的设计概念,包括展台的整体风格、色彩搭配、主题元素等,以确保展台在视觉上有吸引力。

展位结构设计:设计展位的具体结构,包括搭建材料、展板、吊顶、隔断等,确保展位的稳固性和安全性。

陈列设计:安排产品或服务的陈列方式,考虑陈列的布局、高度、灯光等,以凸显展品特色。

装饰和道具:设计并选择适当的装饰和道具,增加展台的艺术感和吸引力,同时与展位主题相协调。

灯光设计:制定灯光方案,确保展位在不同环境光线下都能展现出最佳效果,同时突出重点区域。

电气布置:安排电源需求、设备连接和线缆布置,确保设备正常运作。

展示器材和技术设备:考虑并选择适当的展示器材和技术设备,如屏幕、音响系统、交互式设备等。

图文制作:制作展板、宣传册、标识牌等宣传资料,确保信息传达清晰。

预算估算:根据设计方案的各项要求,进行费用的估算,包括设计费、施工费、材料费、设备租赁费用等。

安全考虑：确保展台搭建符合安全标准，考虑人流、紧急疏散通道、紧急处理方案等。

项目进度安排：制定详细的项目进度计划，确保各项任务按时完成。

此外，制定检查清单时，应涵盖以下几方面：

场馆设施和场地环境的安全检查；

会展策划方案、安全预案、应急预案的审核；

展品展台的审查和审核；

现场安全管理，包括消防安全、电气安全、交通安全等；

展品展台的管理，包括展品陈列、展品安全等；

观众服务管理，包括安全管理、便民服务等；

会展后期整理工作，包括场馆环境清理与整理、资料整理与存档管理等。

通过上述步骤和注意事项，可以有效地制定会展活动现场的预搭建方案和检查清单，确保活动的顺利进行和成功举办。

## 任务 31　管理现场搭建与拆除

### 一、任务解析

1. 任务目的

现场搭建与拆除工作的协调和管理，是实施质量、安全保障的重要工作内容，在有限的条件和时间前提下，更加科学合理地安排搭建和拆除工作本身也具备相当大的挑战性，更是专业性的体现。

2. 任务目标

制定搭建和拆除计划，办理相关手续，合理安排进场和拆除工序，协调不同工种、作业相关方的交叉工作，保障现场实施工作保质保量按时完成。

3. 任务路径

（1）制定现场搭建管理方案。

（2）召开进场协调会。

（3）检查现场搭建物料。

（4）监管记录搭建过程。

（5）制订拆除计划。

## 二、核心知识与技能

### （一）制定现场搭建管理方案

制定现场搭建管理方案需要综合考虑多个方面，包括会场布置、人员分工、进度控制、质量控制、安全管理、预算管理、活动效果评估以及团队建设和风险管理等。以下是一些关键步骤和考虑因素。

**1. 会场布置**

包括外场和内场的布置，如横幅、气球、花篮、地毯的布置，会标、鲜花、音响灯光的调试，以及座位、桌牌的安排等。

**2. 人员分工**

明确各职位的职责，如项目经理负责统筹和协调，施工队长负责现场管理，技术工人负责具体施工，辅助人员协助完成施工任务。应充分考虑各职位的职责和能力，确保人员配置合理、高效。

**3. 进度控制**

制定详细的进度计划，并确保各环节的施工进度得到有效控制。采取措施如制定详细的施工计划、建立进度报告制度、及时调整进度计划等，以提高施工效率。

**4. 质量控制**

制定详细的质量标准和要求，并进行定期的质量检查和评估。对特殊工艺和关键环节进行重点监控和验收，确保符合要求和标准。

**5. 安全管理**

加强活动现场的安全控制和监测，确保参与者的人身和财产安全。同时，考虑环境保护与可持续发展，制定环保政策和措施。

**6. 预算管理**

根据活动的规模和要求，进行详细的预算编制。预算包括会场搭建费用、舞台和音响设备租赁费等。

**7. 活动效果评估**

活动结束后，进行全面的效果评估。主要评估指标包括参与者满意度、活动顺利程度、宣传效果和经济效益等。

**8. 团队建设与风险管理**

建立团队的核心价值观和共同目标，加强团队的凝聚力和向心力。同时，进行全面的风险评估，识别潜在的风险和隐患，并制定相应的应对措施。

通过上述步骤，可以有效地制定一个全面、系统的活动现场搭建管理方案，确保活动的顺利进行和成功完成。

（二）召开进场协调会

召开会展活动现场进场协调会的关键步骤包括以下几个。

1. 明确会议目的和内容

需要明确会议的目的和内容，确保所有参与者对会议的主题和议程有清晰的认识。这有助于确保会议的效率和效果。

2. 物流安排

会议期间的物流安排至关重要，包括参与者的交通和住宿安排、会场的交通和停车、展品的运输和摆放等。提前规划和安排好这些物流事宜，可以为参与者提供良好的体验。

3. 食品和饮料安排

会议期间的食品和饮料安排也是非常重要的一环。根据会议的时间安排和参与人数，确定所需的食品和饮料种类，并安排好供应商和服务人员。同时，对有特殊饮食需求的参与者，如素食者或过敏者等，也要提前了解并做好相关安排。

4. 活动推广

会议策划活动成功与否，很大程度上取决于活动的推广效果。通过多种推广渠道，如社交媒体、电子邮件、微信公众号等，广泛宣传活动，并提供便捷的报名和参与方式。

5. 嘉宾接待和安排

根据事先安排好的邀请函和嘉宾计划表，认真安排各位嘉宾的住宿、交通和会议日程。为嘉宾提供充足的信息和支持，确保他们在活动期间的舒适和愉快。

6. 活动主持和讲演

确保主持人具有良好的沟通和组织能力，并提前与讲演嘉宾进行沟通和协调。

7. 展览和展品管理

如果有展览和展品展示环节，需要对展品进行安排和管理。确保展品的摆放和展示符合活动要求，并有专人进行管理和维护。

8. 参与者互动和留念

为参与者提供机会进行互动和留念是增加活动体验和参与度的重要手段。可以安排游戏、抽奖等活动，同时提供拍照区域和纪念品，让参与者留下美好回忆。

### 9.活动评估和总结

活动执行完毕后,对活动进行评估和总结,获取参与者的反馈和建议,以不断改进和提升下一次活动的质量。

上述步骤的规划和执行,可以确保会展活动现场进场协调会的顺利进行和高效率。

### (三)检查现场搭建物料

在布置搭建活动现场前,要确保物料的数量准确无误。这包括根据客户以及活动的要求筹备物料,物料一定要提前清点好数量,防止遗漏。特别是在制作部分,画面是最容易出错的地方,因此画面一定要反复确认,成品也需要反复检查是否有损坏、喷墨、裂痕等现象,以防止在现场出现返工的情况。这种前期细致的准备能够确保后续工作的顺利进行。

此外,与场地工作人员的有效对接也是物料检查的重要环节。活动的地点通常在酒店或场馆内,这些地方的进出搭建要求比较严格,因此需要提前办理好进场搭建人员手续。重要的是现场提前拍照留底,并在搭建时要求工作人员在搬运货物、拆装物料时小心谨慎,特别是保护好地面,至少要铺上一层地毯,以防划坏地面,并且在过门口、拐角、货梯时也一定要小心,避免造成损失。

现场搭建前的分工和时间是另一个关键因素。工作人员需要提前做好分工,每个工作人员做好自己分内的事,现场执行的负责人员一定要把控好时间。活动搭建的时间是有限的,尽量在最短的时间内完美地完成搭建,为处理细节和调整设备预留充足的时间,以便进行最后的准备工作。

### (四)监管记录搭建过程

会展活动现场搭建过程的监管记录应详细记录搭建过程中的关键信息,包括时间、地点、参与人员、搭建进度、质量控制、安全管理等方面,以确保搭建工作的顺利进行和最终展台的质量。

监管记录的具体内容可以包含以下几个方面。

#### 1.时间与地点

记录搭建工作的开始时间和结束时间,以及具体的地点或场馆信息。

#### 2.参与人员

记录参与搭建的工作人员名单,包括负责人、技术人员、安全监管人员等。

### 3. 搭建进度

详细记录每天的搭建进度，包括已完成工作和待完成工作，以及可能遇到的延误或问题。

### 4. 质量控制

记录对搭建质量的检查情况，包括结构稳定性、外观美观性等方面的评估。

### 5. 安全管理

记录安全管理的措施，包括搭建人员的安全培训、现场安全警示标识的设置、应急处理措施等。

### 6. 存在的问题及整改意见

如果在搭建过程中发现问题，应详细记录问题的性质、影响范围以及采取的整改措施。

### 7. 监督结论

对整个搭建过程的总结，评估是否按计划完成，是否存在需要改进的地方，以及对未来类似活动的建议。

会展活动现场搭建过程的监管记录非常重要。因为有效的监管记录能够确保搭建工作的顺利进行，提高工作效率，同时为后续的活动提供参考和依据。具体来说，监管记录的重要性体现在以下几个方面。

### 1. 确保工作顺利进行

通过详细的监管记录，可以及时发现并解决搭建过程中出现的问题，避免因沟通不畅或信息不对称导致的延误或错误，从而保证搭建工作的质量和进度。

### 2. 提高工作效率

监管记录有助于优化工作流程，通过记录实际工作中的优点和不足，可以对未来的工作进行改进，提高工作效率。

### 3. 为后续活动提供参考

监管记录可以作为未来举办类似活动时的参考依据，通过分析之前的成功经验和教训，可以避免重复犯错，提高活动的整体质量和效果。

### 4. 保障安全

在搭建过程中，监管记录还可以确保所有安全措施得到落实，通过记录安全检查和隐患排查的情况，可以确保活动的安全性。

## （五）制订拆除计划

制订会展活动现场搭建的拆除计划需要遵循一系列步骤和考虑因素，以确保拆除工作顺利进行和高效完成。以下是关键步骤和注意事项。

### 1. 前期准备工作

制定详细的撤展时间表和人员分工，明确每个人的职责和任务。

准备必需的工具和设备，如手推车、包装材料等，确保有足够的资源进行拆除工作。

与相关部门协调，确保撤展期间的通道畅通无阻。

### 2. 展品拆卸和包装

按照既定的时间表有序拆卸各展品，特别是对易碎物品进行专门包装，确保安全无损。

对展品进行详细编号和标识，方便装卸和存放，便于后续的管理和记录。

### 3. 展台拆除

拆除展台构件、电源线路、地毯等，将可重复使用的物品进行分类整理，对不可重复使用的废弃物进行分类回收。

### 4. 物品装运

将展品和展具分批有序装车，确保装卸和运输过程中的安全。

制定合理的运输路线，避免交通拥堵，确保物品能够安全、高效地运输到指定地点。

### 5. 现场清理

彻底清理展位和公共区域的垃圾，检查展馆各处是否存在遗留物品。

确保展馆恢复到原有的洁净状态，为下一次活动做好准备。

### 6. 后勤保障

安排食宿和交通等后勤保障，做好人员的劳动保护。

及时支付相关费用，确保撤展过程中的财务问题得到妥善处理。

### 7. 总结评估

召开总结会议，分析存在的问题和不足，及时做好财务结算和物品入库。

提出改进建议，为下次撤展工作做好准备。

第三章　物料与环境　181

 **课堂延伸**

芯片展区制作清单

芯片展区制作清单

**进阶讲堂**

>>> 会展物料与环境

# 第四章

# 营销与传播

## 思维导图

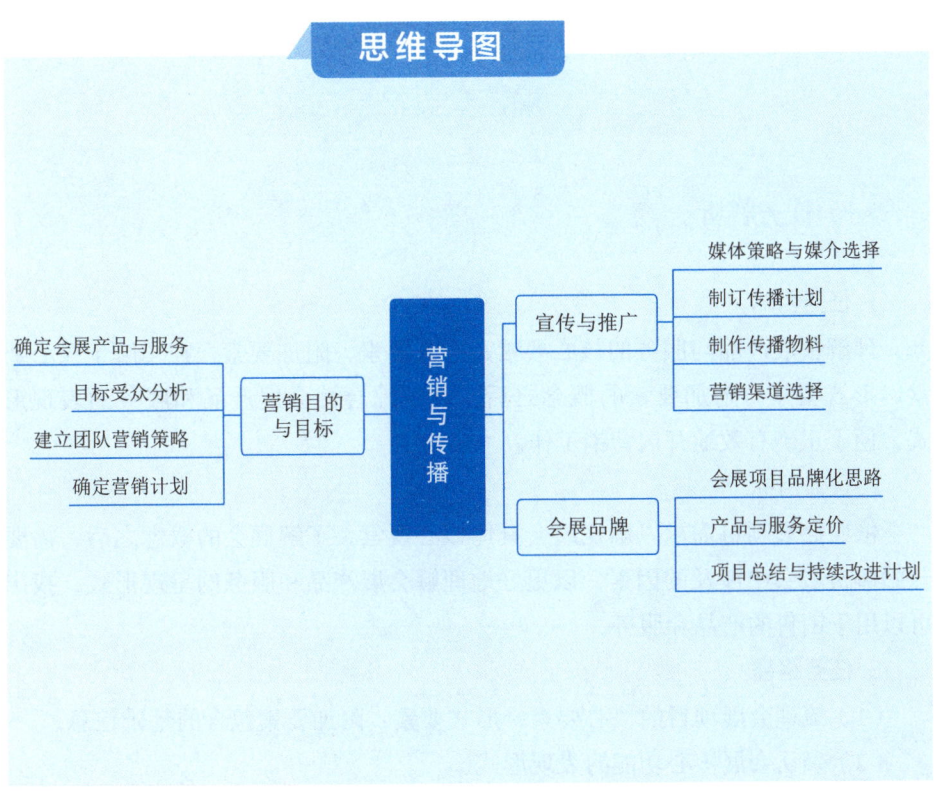

# 项目十　营销目的与目标

会展项目中的营销目的与目标主要是增加品牌知名度、美誉度，提高消费者对品牌的信赖度，促进产品销售，增加销售额，寻找潜在合作伙伴，拓展市场渠道。

此外，会展营销还注重活动的策划与执行，包括选择合适的举办时间和地点，精心布置展台，组织各种活动，增加互动性和趣味性，以及寻找有共同目标的企业合作，共同举办活动，增加品牌曝光度。

会展项目营销策略和活动的实施，旨在提高品牌的市场竞争力，扩大市场份额，实现企业的营销目标。

## 任务 32　确定会展产品与服务

### 一、任务解析

1. 任务目的

理解会展产品与服务的核心要素、形式要素、附加要素，在了解了核心要素、形式要素、附加要素的概念之后，理解综合性会展产品和服务的表现形式，便于正确有效地开展营销工作。

2. 任务目标

依照会展项目需求，确定展会具体核心要素。了解展会的概念之后，需要开始解析展会中涉及的因素，以更好地理解会展产品和服务的呈现形式，找出可以用于销售的产品和服务。

3. 任务路径

（1）梳理会展项目的核心要素、形式要素、附加要素包含的基础信息。

（2）确认会展核心功能的表现形式。

（3）制定会展产品与服务清单。

（4）提炼创新点。

## 二、核心知识与技能

### （一）总体路径关键步骤

理解会展产品与服务的核心要素、形式要素、附加要素，在了解了核心要素、形式要素、附加要素的概念之后，结合对应的案例理解展会。

世界上各种展会每天都在进行，在我们了解了展会的概念之后，需要开始解析展会中涉及的因素，这些因素构成了展会的整体。换个角度说，如果我们能够理解并管理好这些因素，那么对于我们掌握会展及会展营销将具有非常大的作用。各种各样的展会基本都会与这些因素有所关联。

1. 展会的核心功能的表现形式

会展产品与服务和展会核心功能之间存在紧密的关联，二者相互依存、相互促进，共同构成了展会运营的核心体系。展会作为一种集中展示、交流与交易的平台，其核心功能可归纳为以下几点：

展示与推广功能：为参展商提供展示产品、技术、品牌形象的空间，帮助其触达目标客户群体。

商贸交易功能：搭建供需双方直接对接的桥梁，促进订单签订、合作洽谈等商业活动。

信息交流功能：汇聚行业前沿资讯、技术动态和市场趋势，成为知识共享的枢纽。

资源整合功能：整合产业链上下游资源，推动企业间的合作与联动。

行业引领功能：通过展示创新成果与趋势分析，引导行业发展方向。

2. 会展产品与服务

会展产品与服务是围绕展会核心功能设计的具体落地形态，主要包括：

（1）硬件产品

展馆场地、展位设计与搭建、展示设备（如多媒体装置、智能交互设备）、物流设施等。

（2）软件服务

基础服务：参展报名、证件办理、票务服务、现场导览等。

增值服务：营销推广（如线上宣传、买家邀约）、商务配对、论坛与研讨会策划、行业报告发布等。

配套服务：酒店预订、交通接驳、餐饮安排、翻译服务等。

（3）衍生产品

展会衍生品，如周边文创、行业白皮书等；线上展会平台，如数字展厅、虚拟对接系统等。

3.企业参展目的

贸易成交：现场签订销售合同或订单。

客户关系管理：维护老客户、结识新的潜在客户、拓展销售渠道、销售培训等。

产品展示：展示新的产品或服务，对市场进行价格测试，确定新产品的市场定位等。

信息收集：收集市场和产品信息，参加展览同期论坛和会议活动，观察竞争对手、新发展趋势等。

宣传推广：进行企业宣传，提高知名度，开展媒体公关等。

品牌维护：展示企业形象，增强品牌认知等。

（二）扩展知识

1.狭义的展览服务概念

狭义的展览服务是指展览过程中，主办单位和承办单位向参加者、参展商、商家、观众提供的各种服务。

2.广义的展览服务概念

广义的展览服务是指会展企业及与会展活动相关的企业向会展活动的主办者、承办商、参加者、参展者、商家和观众提供的与展览活动有关的综合服务。

3.会展产品服务的类型

秘书礼仪类服务：包括会议记录、资料整理、签到引导、现场咨询、会展调研等内容。

安全保卫类服务：旨在保证会展活动正常开展，防止出现人员或物质安全事故。

设计安装类服务：涉及对会展活动现场展位展台、开幕式现场等进行设计和施工安装。

物品租赁类服务：为参展商或与会者提供展柜、衣架、桌椅、电脑、电视、花木等各种设备或物品租赁。

运输仓储类服务：为参展商提供展品场内运输以及展品包装物品储存的仓储服务。

广告宣传类服务：为会展活动的参展商提供企业或产品宣传，扩大活动期间企业或产品知名度。

后勤保障类服务：涵盖会展活动的各项后勤支持，确保活动的顺利进行。

广告服务：包括会刊广告版面和展会现场广告宣传点位，以宣传推广企业及产品。

货物租赁服务：包括展馆的租赁服务，展位布局设计、装饰、设备配置等。

咨询服务：提供最新行业动态、随时运输通关、方便快捷报关和及时准确送达等服务。

餐饮安排：根据需求，提供自助餐或者围桌餐等餐饮服务。

签到与入住安排：包括简单的名录登记以及复杂的签到流程，适合不同规模的活动需求。

证件服务：包括网上办理和现场办理，方便参会人员快速完成注册。

活动策划：包括活动主题和内容策划、活动策划方案编写等。

新闻发布会议：包括记者招待会、新闻发布会、酒会等形式，促进信息传播和品牌推广。

会议礼品：包括会议礼品、会议场地装饰品、会议文具等，满足与会者的需求，展示专业和礼遇。

商务服务：包括提供酒店信息、协助预订酒店，以及提供主场服务等。

安全服务：包括参展商的人身财产安全、商业秘密和隐私安全服务，以及展馆的财产和公共安全服务。

邀请服务：包括信函发布、确认通知、回执处理等，确保目标客户能够参加活动。

4. 展会的核心功能

展会的核心功能的表现形式主要包括整合功能、纽带功能、展示功能、连带功能、促销功能、行业人力资源的汇集功能、品牌个性形象的汇集功能、营销推广人员的"实战练兵"与现场培训的功能以及线上展会的核心功能。

整合功能：会展活动能有效整合举办地的各类相关资源，如会展场馆、旅游景点、旅游配套设施、城市基础设施甚至城市形象等，提高城市的综合竞争力。

纽带功能：大规模的会展活动为众多参展商提供理想的交易平台，加强经济、技术交流与合作，促进人员互访和文化交流，增进人与人、民族与民族、国家与国家之间的理解。

展示功能：通过举办大型会议或展览会，充分展示城市的现代风貌，提高城市的美誉度。

连带功能：会展业的发展能推动旅游业、展览业、体育产业、会议业的发展，创造大量的就业机会，提升举办地的综合竞争力。

促销功能：展与会、旅游与节事活动有机结合起来，提高整个城市的国际影响力。

行业人力资源的汇集功能：展会是企业寻求高素质人才与优秀行业管理者的最佳场合。

品牌个性形象的汇集功能：参展企业通过产品功能展示与品牌个性展示相结合的方式，塑造与产品形象及定位更为贴切的展场形象。

营销推广人员的"实战练兵"与现场培训的功能：展期内增加对执行层员工的培养，提高团队的工作水平。

线上展会的核心功能包括云展示、云引流、云互动、云洽谈，通过充分运用3D、AR、MR、VR等技术提供沉浸式产品和服务呈现形式，通过实时在线直播、视频、音频和自动化客服等互动技术，让观众、卖家及展品之间形成高效实时互动。

这些功能共同作用，使得展会成为促进经济发展、文化交流和品牌建设的重要平台。

## 任务 33　目标受众分析

### 一、任务解析

**1. 任务目的**

根据项目内容，理解目标受众的选择方法，掌握目标受众的问卷调研方法，分析目标受众人群画像，以便找到精准的营销目标群体。

**2. 任务目标**

通过对会展项目产品以及服务进行多维度分析，对会展项目进行目标受众定位梳理，明确目标受众的主要特征和分类。

**3. 任务路径**

（1）确定目标受众分析的内容。

（2）制定目标受众的调研和分析方法。

（3）制定目标受众的确定标准。

（4）制定目标受众分析报告。

## 二、核心知识与技能

### （一）总体路径关键步骤

#### 1. 选择展会目标受众的基本方法

基本方法包括市场细分、目标市场选择和市场定位。

首先，通过对展会的市场进行细分，明确展会要向参展商和观众提供哪些富有特色而又与众不同的价值，由此界定展会与相同题材的其他展会的不同之处。这一步骤涉及对潜在参展商和观众的范围进行选择，当办展机构已经选择了某个细分市场作为自己的目标市场时，它所要提供服务对象的范围就应该随之明确。例如，食品博览会面向的参展商包括食品生产加工企业、食品经营企业（批发商、零售商）及食品生产设备的制造商；目标顾客则是对食品感兴趣的大众群体，包括生产者和消费者。在进行市场细分时，需要注意细分市场的可衡量性、可实现性和可营利性。

其次，目标市场选择是在市场细分的基础上，确定适合本展会的潜在参展商和观众的范围。这一步骤涉及对细分市场的评估和选择，以确保所选择的目标市场具有足够的需求量和发展潜力，能够为企业赢得稳定的利润。

最后，市场定位是在成功地确定展会定位后，通过各种方式和手段，将展会的鲜明形象传递到目标参展商及观众那里。这一步骤涉及展会的宣传和推广，以确保展会能够有效地吸引和留住目标参展商和观众。

通过上述步骤，会展营销人员可以选择和确定展会的目标受众，从而更好地进行宣传和推广活动，提高展会的吸引力和影响力。

#### 2. 目标受众分析的核心逻辑

通过多维度分析，将受众从"模糊群体"转化为"具体画像"，确保展会从策划（展品选择）到执行（营销推广、现场体验）的全流程精准匹配受众需求。例如，一场面向"Z世代"的潮玩展，需重点分析其社交分享习惯、IP偏好及线上消费行为，以此设计沉浸式展区与线上线下联动活动，提升参与感与传播力。

#### 3. 分析方法与数据来源

（1）数据收集方式

一手数据：问卷调查（如通过官网、社交媒体发放问卷，询问参展动机）、访谈（深度访问行业KOL或老客户）、现场观察（记录受众行为轨迹）。

二手数据：行业报告（如艾瑞咨询、Statista的展会市场分析）、社交媒体舆情（分析用户对同类展会的评价）、历史展会数据（如往届观众数据库，分析复购率、满意度）。

（2）工具与技术

用 Excel/SPSS 进行数据统计，用 Tableau 可视化受众画像；借助 CRM 系统分析历史观众数据，预测潜在受众需求。

### 4. 制定目标受众确定标准

在会展项目中，目标受众分析是制定精准营销策略、优化展会体验及确保项目成功的关键环节。

制定目标受众确定标准，需从多维度考量。首先是人口统计学维度，涵盖年龄、性别、收入、职业、受教育程度等，这些基本信息能快速勾勒出受众轮廓，比如美妆产品常聚焦 18~35 岁女性群体。其次是心理特征维度，包括生活方式、价值观、兴趣爱好，像户外运动品牌目标受众多是热爱冒险、追求健康生活的人群。再次是行为特征维度，涉及消费习惯、购买频率、使用场景等，例如快餐品牌关注高频次、追求便捷的消费者。最后是地理因素维度，不同地域受众需求存在差异，如南方对除湿产品需求高，北方则更关注保暖用品。将这些维度综合分析，就能精准界定目标受众，为后续营销、产品研发等提供方向。

### 5. 制定目标受众分析报告

目标受众分析报告可按以下步骤展开。

首先明确分析目的，是为产品推广、品牌宣传，还是制定营销策略。清晰的目标有助于聚焦分析方向。

接着进行数据收集，从人口统计学、心理学、行为学三个维度入手。人口统计学数据包括年龄、性别、收入、职业等；心理学数据涵盖价值观、兴趣爱好、生活态度；行为学数据则涉及消费习惯、使用频率、购买渠道等。数据来源既可以是问卷调查、访谈等一手资料，也可以是参考行业报告、社交媒体数据等二手资料。

然后是数据分析与呈现，运用聚类分析、交叉分析等方法挖掘数据背后的规律与特征，以图表结合文字的形式撰写报告，清晰展现目标受众画像、需求痛点及行为偏好，最后根据分析结果提出针对性的营销策略建议，为后续决策提供有力支撑。

## （二）扩展知识

### 1. 目标受众的调研和分析方法

目标受众的调研和分析方法主要包括明确目标受众、收集数据、进行数据分析、呈现结果以及总结与优化等步骤。

（1）明确目标受众

需要明确展会或产品的目标受众，包括年龄、性别、地域、兴趣等方面的特征。这有助于在后续的数据收集和分析中更好地聚焦目标受众，提高数据的准确性和可靠性。

（2）收集数据

媒体平台数据：收集广告所投放的媒体平台的相关数据，包括曝光量、点击量、转化率等指标，以了解目标受众在各个媒体平台上的行为特点。

用户行为数据：通过跟踪和分析用户在广告投放页面或应用中的行为路径、停留时间、跳出率等数据，了解目标受众对广告内容的兴趣和需求。

社交媒体数据：收集社交媒体上与广告相关的讨论、分享、评论等数据，以了解目标受众对广告的反馈和态度。

市场调研数据：通过专业的市场调研公司或平台收集目标受众的相关数据，包括消费习惯、收入水平、受教育程度等，以更全面地了解目标受众的需求和兴趣。

（3）进行数据分析

数据分析工具：采用专业的数据分析工具对收集到的数据进行处理和分析，包括数据清洗、整合、可视化等操作，以方便后续的数据解读和应用。

数据分析方法：运用多种数据分析方法，如描述性统计、因素分析、关联规则等，深入挖掘数据背后的规律和特点，为目标受众的行为特征和需求提供有力的数据支持。

（4）呈现结果

数据报告：将分析结果以数据报告的形式呈现，包括图表、表格等形式，以清晰地展示目标受众的行为特征和需求。

结论和建议：根据分析结果得出结论，并根据结论提出针对性的建议，如调整广告策略、改进广告创意等，为广告主的决策提供有力的依据。

（5）总结与优化

总结整个受众分析过程的经验，提炼出成功的经验和不足之处，为今后的广告投放和受众分析提供参考。

应根据实际情况不断优化受众分析报告的内容和流程，提高数据的准确性和可靠性，为广告主的决策提供更有价值的数据支持。

2. 制定目标受众的确定标准

制定标准涉及多个方面，包括人口统计学特征、消费者心理和购买行为等。

（1）人口统计学特征

这是制定营销战略的基础，包括年龄、性别、收入、职业、受教育程度和种族等。了解这些人群属性有助于选择最适合的方式接触目标受众，定制营销策略，最大限度地激发他们的购买欲望。

（2）消费者心理和购买行为

深入了解目标受众的真实兴趣和行为，是至关重要的。通过市场研究，可以揭示目标受众的需求和愿望，从而选择最有效的营销渠道接触他们。

（3）品牌定位分析

企业应根据自身的品牌定位分析目标受众的特点，如年龄、性别、职业、收入等，这有助于了解目标受众的兴趣、需求和行为特点，从而制定更具针对性的营销策略。

（4）市场调研

通过在线调查、线下访谈、数据分析等方式，了解目标受众的消费习惯、喜好、态度等方面的信息。

（5）社交媒体分析

社交媒体平台提供了大量的用户数据，通过分析用户数据，可以了解目标受众的兴趣和行为特点。

（6）竞品分析

通过对竞争对手的短视频进行分析，了解目标受众对竞品的关注度和兴趣点，从而制定更具针对性的营销策略。

（7）用户互动反馈

发布短视频，观察用户的互动反馈，了解用户对短视频的关注点和兴趣点，从而不断优化自身的营销策略。

综上所述，确定目标受众需要企业进行全面的市场调研和分析，了解目标受众的需求和兴趣点，从而制定更具针对性的营销策略。

## 课堂延伸

**We Are Social "2023 年全球数字报告"**

We Are Social "2023 年全球数字报告"

## 任务34　建立团队营销策略

### 一、任务解析

#### 1.任务目的
了解市场需求，结合会展项目的内容和目标受众，对会展项目产品进行营销定位，制定有效的营销策略，为会展项目品牌建立知名度并提高销售效果。

#### 2.任务目标
确定目标市场，划分类别并制定对应的策略，安排分工、制定目标并同步给营销团队。

#### 3.任务路径
（1）分析会展项目的目标市场和差异化优势。
（2）制定会展项目营销分类目标。
（3）依据营销团队需求罗列分工。
（4）建立营销管理机制。

### 二、核心知识与技能

#### （一）总体路径关键步骤
会展项目的目标市场是充满潜力和机遇的发展领域，市场规模庞大且呈现出持续增长的趋势。会展行业是一个竞争激烈的市场，需要不断创新、提高服务质量，以适应市场发展的变化。未来，会展行业将继续保持稳健增长，带来更多发展机遇和挑战，为行业发展注入新的活力和动力。

#### 1.差异化优势
会展项目的差异化优势主要体现在以下几个方面。

**差异化定位**：会展项目将采取差异化定位策略，以满足不同客户的需求。通过提供个性化的展览服务，能够在竞争激烈的市场中获得竞争优势。

**地理位置优势**：选择在城市中心建立会展中心，利用交通便利、邻近商业区等地理位置优势，吸引更多的客户和参展商。

**项目团队实力**：拥有一支经验丰富、专业能力强的团队，能够提供全方位的会展服务，包括展览设计、场地协调、宣传推广等。

大市场需求：随着经济的发展和全球化的推进，企业对于展示品牌、拓展市场的需求不断增加，会展行业有着巨大的市场空间。

创意和规模：会展行业注重创新和创意，通过设计独特的展位和主题活动等方式，吸引观众的注意，提高参展企业的知名度。同时，也能承办各种规模的会议和活动，满足不同需求。

2. 制定会展项目营销分类目标

主要包括明确参展目标、研究并选择展览会、市场细分及目标市场定位。

明确参展目标：参展目标的制定要配合企业整体的市场策略，具有实际性和可衡量性。企业参展的主要目标可能包括新产品宣传推广、融洽客户关系、接触更多的潜在客户和行业人士、企业形象宣传、产品品牌提升、收集市场信息、进行实地调研以及找到新的市场推销思路。每次参展的目标不会是单一的，根据各自的实际情况都会有所侧重。明确的参展目标是展会营销成功的关键，后续的工作都是围绕着参展目标展开的。

研究并选择展览会：选择参加哪些展会，需要结合参展目标，根据公司的市场策略，具体分析、认真选择。这包括研究行业动向，了解行业相关的公司、行业协会和行业杂志都参加了哪些重要的展会，拟定出可能参加的展览会名单。与各展会经理洽谈，了解前几届展会的观众数量、职业分布、地理分布和交易类别，了解往届参展商的数量，有哪些知名企业参展及其参展力度。同时，应尽可能要求展会经理寄上一份详细的招展说明和往届展会的分析报告，从中判断各展会的质量和特色。比较各展会举办的时间、地点和展位费用，这些与企业的整体市场计划是紧密联系在一起的。

市场细分及目标市场定位：会展市场可根据不同的标准进行细分，如地域、行业、产品、人群等。企业需要根据自身情况选择不同地区来参加展览，根据不同行业的特点来划分市场，以及根据不同的产品进行市场划分。目标市场定位是指企业在市场细分的基础上，确定一个最合适的细分市场，并在该市场中寻找最具优势的细分领域，从而确定自身的目标市场。

通过上述分类目标的实现，会展项目的营销活动可以更加有针对性地吸引潜在客户，提高参展效果，从而实现企业的营销目标。

（二）扩展知识

1. 会展项目的营销定位和有效营销策略的制定

这是确保项目成功的关键。

首先，会展项目的营销定位需要明确。这包括通过市场细分，确定展会要向参展商和观众提供的独特价值，以及与相同题材的其他展会的区别。选择目标参展商和观众也是关键步骤，通过市场细分选择适合本展会的潜在参展商和观众范围。例如，食品博览会可能面向食品生产加工企业、食品经营企业及食品生产设备的制造商，目标顾客则是对食品感兴趣的大众群体。

其次，在明确了会展项目的营销定位后，制定有效的营销策略至关重要。以下是一些关键的策略。

广告宣传：加大广告宣传力度，吸引更多参展商对展览会产生兴趣，扩大潜在市场规模。但需注意，广告并非多多益善，成本是需要考虑的因素，广告发布的渠道应根据不同行业的特殊情况区别对待。

成本控制与价格策略：通过严格控制成本和开展规模经营，降低展览会的报价，以增加有效市场购买者的数量。然而，展览会价格不宜轻易改动，严格控制成本和选择适当的经营模式是每个公司在每个时期都应注意的事情。

营销组合方案：制定更有竞争力的营销组合方案，力图在目标会展市场中占更大的份额。这包括产品、价格、促销和地点等多个方面的综合策略。

品牌营销：会展品牌营销应从参展商和观众的需求出发，通过经营会展品牌来促成与参展商和观众之间建立特殊关系，最终促成对会展的认同。

电话销售与网络营销：利用电话销售、直接邮寄、广告宣传、活动推广、网络营销、代理营销等多种方式扩大客户群，提高客户满意度。特别是在数字化时代，网络营销成为不可或缺的一部分。

积极宣传展会形象：成功地确定展会定位后，通过各种方式和手段，将展会的鲜明形象传递到目标参展商及观众那里。

综上所述，会展项目的营销定位和策略制定是一项综合性的工作，需要从市场细分、目标市场选择、成本控制、广告宣传等多个方面进行综合考虑和实施。

**2.建立营销管理机制的目的**

主要包括提高市场竞争力、提高营销决策的科学性、优化资源配置、提高团队协作和沟通效率、增强企业的品牌形象以及提高市场竞争优势。

提高市场竞争力：通过明确营销目标和策略，制订相应的执行计划，并进行有效的组织和协调，企业可以更好地应对市场的变化，积极主动地开展市场拓展和促销活动，提高产品和服务的市场占有率。

提高营销决策的科学性：建立市场调研和分析的机制，收集和整理市场信息，进行市场需求预测和市场竞争分析，企业可以更好地把握市场需求和趋势，制订科学合理的销售计划和价格策略，提升营销决策的准确性和有效性。

优化资源配置：通过制定市场营销预算和考核管理制度，对销售团队和渠道合作伙伴进行绩效考核和激励机制，企业可以更好地管理和利用有限的资源，提高资源利用率和经济效益。

提高团队协作和沟通效率：明确各部门的职责和权限，建立配合和协作的机制，加强内外部沟通和信息共享，可以提高团队的工作效率和执行力，减少资源浪费和重复劳动。

增强企业的品牌形象：通过建立品牌推广和形象管理的机制，提升产品和服务的品质和形象，企业可以树立良好的品牌形象，提高消费者对企业的认知和信任度，增强品牌竞争力和市场影响力。

提高市场竞争优势：通过科学、规范和有效的营销管理手段，企业可以更好地把握市场需求和趋势，制定更加符合市场的营销策略和方案，从而更好地满足消费者需求，增加市场份额，实现企业的可持续发展。

综上所述，建立营销管理机制的目的在于通过一系列规范化的管理和操作流程，提升企业的市场竞争力和品牌影响力，同时优化资源配置，提高决策的科学性和团队的协作效率，最终实现企业的可持续发展。

### 3.建立营销管理机制的方法

主要包括明确目标和策略、设立明确的流程、建立信息共享机制、制订培训计划、建立激励机制、定期评估和改进、营造良好的组织氛围以及持续优化和改进。这些步骤和方法共同构成了一个系统的营销管理机制，旨在提高营销绩效和市场竞争力。

明确目标和策略：需要明确组织的营销目标和策略，确保它们与组织的整体发展战略相契合。

设立明确的流程：包括市场调研、产品规划、销售预测、销售计划、销售实施、绩效评估等环节，每个环节都应有明确的责任人，并设立相应的审核和批准程序。

建立信息共享机制：为了更好地进行市场分析和决策，组织内的各个部门应及时、准确地共享市场信息和销售数据。

制订培训计划：确保组织内员工具备必要的知识和技能。培训应覆盖市场营销知识、销售技巧、团队协作等方面。

建立激励机制：根据员工的绩效表现来设定相应的奖励和晋升机会，同时注重公平性和透明度。

定期评估和改进：通过定期的绩效评估、市场调研、客户反馈等方式了解制度的运行情况，并根据需要进行相应的调整和改进。

营造良好的组织氛围：一种良好的组织氛围是建立有效的营销管理制度的基础。

持续优化和改进：营销管理体系的建立是一个长期的过程，需要不断地优化和改进，以适应市场的变化和公司的发展。

通过上述步骤，企业可以建立一种有效的营销管理机制，从而实现更好的市场业绩和效益，提高市场竞争力和可持续发展能力。

## 任务 35　确定营销计划

### 一、任务解析

#### 1. 任务目的

营销计划是营销的核心工具。了解营销计划的主要内容，结合目标市场、营销目标、目标受众、营销策略来制订营销计划，形成后续营销管理的依据。

#### 2. 任务目标

汇总会展项目产品和服务的市场、受众、策略、渠道等信息，制定分类营销计划。

#### 3. 任务路径

（1）明确会展项目受众信息和推广目标。

（2）分析目标受众的营销渠道。

（3）确定会展项目推广渠道和反馈机制。

（4）制订会展项目营销计划。

### 二、核心知识与技能

#### （一）营销计划的主要内容

营销计划的主要内容包括市场分析、目标市场、市场定位、营销策略、销售预算、绩效评估、销售预测和监控、客户关系管理等。

#### 1. 市场分析

这是营销计划的基础，包括对市场总体环境、行业发展状况、竞争对手情况、目标客户群体等方面的调查和分析。通过全面的研究，为后续的营销活动提供依据。

### 2. 目标市场

明确企业所要面向的具体客户群体，包括客户的特征、需求、购买行为等方面的描述。

### 3. 市场定位

企业在目标市场中树立自己的形象和地位，包括企业的定位策略、品牌定位、产品定位等方面的内容。

### 4. 营销策略

企业在市场推广和销售方面的具体行动方案，如产品定价策略、渠道策略、促销策略、广告策略等。

### 5. 销售预算

企业在一定时期内实施营销活动所需的资金预算，包括广告费用、促销费用、渠道费用、销售人员费用等方面的预算计划。

### 6. 绩效评估

对营销活动效果的监控和评估，包括销售额、市场份额、客户满意度等方面的指标评估。

### 7. 销售预测和监控

通过对市场趋势、销售数据和竞争情报的分析，制定准确的销售预测并做出相应调整，同时监控和评估销售情况和营销活动的有效性。

### 8. 客户关系管理

建立良好的客户关系，促进客户忠诚度和口碑传播，通过提供优质的售后服务、定期与客户互动和收集客户反馈，建立长期的合作伙伴关系。

这些内容的综合考量，有助于企业/品牌制订出全面且有效的营销计划，以实现营销目标。

## （二）选择市场推广渠道

选择市场推广渠道时，应综合考虑目标受众的特点、预算限制、竞争对手情况等多个因素，并通过不断的测试和优化，找到最适合自身产品的推广渠道组合。

为了有效地选择市场推广渠道，企业首先需要进行目标受众分析，深入了解目标受众的特点、喜好和消费习惯。例如，如果目标市场主要是年轻人，社交媒体和在线广告等数字渠道可能是更合适的选择；而对于老年人群体，传统媒体广告和直邮等渠道可能更为适合。此外，企业还应考虑竞争对手的推广策略和渠道选择，以避免直接竞争并寻找差异化的机会。

在选择了初步的推广渠道后,企业还需要通过测试和数据分析来优化推广策略。这包括监控推广活动的效果,如点击率、转化率等关键指标,并根据数据反馈调整推广内容和渠道。个性化营销也是一个重要的考虑因素,通过对消费者需求的深入了解,提供定制化的产品或服务,以满足消费者的独特需求。

此外,企业应利用社交媒体、行业展览和会议、搜索引擎等多种平台来找到目标受众群体。例如,通过社交媒体了解潜在客户的兴趣、爱好和行为习惯;参加行业展览和会议,与潜在客户建立联系,了解他们的需求和兴趣;利用搜索引擎了解潜在客户的搜索习惯和搜索关键词。

面对快速变化的市场环境,企业需要持续更新和优化目标受众的信息。这要求企业进行持续的数据分析和优化,以确保内容策略能够更好地满足目标受众的需求。同时,根据市场环境的变化进行全面的分析,并相应地调整企业的核心竞争力,可能涉及产品创新、服务升级或营销策略的调整。

综上所述,选择市场推广渠道是一个系统性的过程,需要企业综合考虑多个因素,并通过不断的测试和优化,找到最适合自身产品的推广渠道组合。

### (三)确定会展项目推广渠道和反馈机制

确定会展项目推广渠道和反馈机制的关键在于明确目标受众、设定目标和预算,并选择合适的推广渠道和手段。

#### 1. 明确目标和预算

在开始制定会展推广方案之前,需要明确展会的具体目标,如增加参展商数量、吸引更多观众或宣传新产品等。同时,设定预算有助于制定合理且有效的推广策略。

#### 2. 确定目标受众

了解目标受众的特点和需求对于选择合适的推广渠道和手段至关重要。通过市场调研和数据分析,确定目标受众的关注点和喜好,以便有针对性地进行推广。

#### 3. 选择推广渠道和手段

选择合适的推广渠道和手段。根据目标受众的特点和展会的预算,可以选择多种推广渠道和手段,如社交媒体、传统媒体广告、合作伙伴推广、官方网站等。

利用社交媒体平台创建活动页面,通过互动功能鼓励用户参与分享;在传统媒体上投放广告或进行新闻报道;与行业相关的合作伙伴进行合作,共同推广展会;建立官方网站,提供详细信息,吸引更多观众。

### 4. 确定制作创意和内容

创意和内容在推广中扮演关键角色。制作吸引人的宣传材料、社交媒体内容以及参展商信息，以吸引观众的注意力并提高参与度。

关于反馈机制的建立，可以通过收集和分析参展商和观众的反馈来评估推广效果。例如，通过问卷调查、在线评价系统或直接交流收集反馈，了解推广活动成功与否，以及哪些方面需要改进。

此外，应利用社交媒体和官方网站的互动功能，实时收集观众的意见和建议，以便及时调整推广策略。

## （四）制订会展项目营销计划

制订会展项目营销计划的关键步骤包括明确目标、市场调研、展位设计、营销活动规划、人员培训以及后续跟进。

明确目标是制订营销计划的首要任务。参展的主要目的可能是推广新产品、建立品牌形象或增加销售渠道等，明确目标有助于确保整个营销计划围绕核心目标展开，提高效率和效果。

市场调研是不可或缺的一环。通过了解目标市场的需求、竞争对手的参展情况以及潜在客户的兴趣点，可以为展会的营销策略提供有力支持。这一步骤有助于发现市场机会和潜在问题，为展会的成功打下基础。

展位设计也是非常重要的一环。设计一个吸引人的展位，确保能够突出新产品的特点，并提供足够的互动空间，是吸引参观者的关键。一个好的展位设计不仅能够吸引观众的注意，还能有效地传达展品的价值和特点。

在展会期间，规划营销活动也是至关重要的。通过组织产品演示、互动体验、抽奖活动等，可以有效地吸引参观者的注意，增加他们对产品和品牌的兴趣。这些活动不仅能够提升品牌的知名度，还能直接促进销售。

此外，人员培训也是不可忽视的一环。确保所有参与展会的员工都了解产品特性，并能够专业地与客户沟通，是提高客户满意度和促进销售的关键。通过培训，员工可以更好地向潜在客户介绍产品、解答疑问，从而提高展会的效果。

最后，后续跟进也是制订营销计划的重要部分。制定展会后的跟进策略，包括如何收集和分析展会数据，以及如何有效地跟进潜在客户，是确保展会效果持续的关键。通过后续的沟通和跟进，可以进一步促进销售，实现营销目标。

课堂延伸

Cvent：2024年会展行业10大趋势

课堂延伸

Cvent：2024年会展行业10大趋势

## 项目十一　宣传与推广

会展项目中的宣传与推广的作用是提升会展的知名度和影响力，吸引更多的参展商和观众，从而促进会展的成功和会展业的发展。

会展项目的成功不仅依赖于其本身的规模和质量，还在很大程度上取决于如何有效地宣传和推广这些活动。有效的宣传和推广策略可以帮助会展项目提升知名度和影响力，通过宣传和推广可以让更多的人了解到会展的信息和内容，增加其知名度和影响力，从而吸引更多的参展商和观众参与。

有效的宣传和推广可以吸引更多的企业和个人参与到会展中来，这不仅增加了会展的规模，还为参展商提供了更多的商业机会，同时也为观众提供了更丰富的观展体验。

会展作为一个重要的商业平台，通过宣传和推广可以更好地促进产业链、供应链、价值链的连接，推动相关行业的发展和进步。

加强宣传和推广，可以提高会展业的整体水平和质量，推动会展经济的健康发展，为地方经济的发展注入新的活力。

总之，宣传与推广在会展项目中扮演着至关重要的角色，是会展项目成功不可或缺的一部分。

## 任务 36　媒体策略与媒介选择

### 一、任务解析

**1. 任务目的**

根据项目的营销目标和受众特征，选择最佳媒介进行广告投放，综合考虑多个因素来制定媒体策略，为媒介选择做铺垫。

**2. 任务目标**

依据项目营销目标，掌握媒体策略制定的影响因素，遵循媒介选择的三大原则，制定符合项目的营销策略以及实施方案。

**3. 任务路径**

（1）依照营销目标和计划提炼分析目标受众特征。

（2）明确媒介的选择标准和内容标准。

（3）制定媒体策略。

（4）汇总媒介信息。

（5）编制会展项目营销实施方案。

### 二、核心知识与技能

**（一）总体路径关键步骤**

对会展项目的目标受众特征进行分析主要涉及市场需求、潜在受众的数量和质量、市场规模和趋势、竞争情况、参会客户量、展品销售额、市场份额的抢占以及知名度的增加等方面的内容。

**1. 市场需求**

会展活动的需求取决于市场的发展状况和行业的发展趋势。了解市场规模和趋势对于会展活动的规划和实施至关重要。

**2. 潜在受众的数量和质量**

潜在受众的数量和质量直接影响会展活动的市场竞争力和经济效益。因此，精准定位会展的主题和内容，提高参与者的满意度和参展商的投资回报率是关键。

### 3. 市场规模和趋势

了解目标市场的规模、增长率以及未来发展趋势对于会展活动的成功至关重要。

### 4. 竞争情况

分析竞争对手的市场地位、产品定位、品牌价值和市场份额等因素,有助于制定合适的策略,提高市场竞争力。

### 5. 参会客户量

参会客户量是判断会议成败的一个重要考虑因素。客户流量越大,促进交流和商业合作的机会也越多。

### 6. 展品销售额

展品销售额是衡量会展项目成功与否的重要指标之一。高的展品销售额说明会展项目的投入是值得的。

### 7. 市场份额的抢占

会展项目为公司所提供的最重要影响就是为公司未来的营销发展打下基础,抢占市场份额。

### 8. 增加知名度

会展活动有很好的宣传效果,能够大大提高品牌的知名度,增加品牌价值。

综上所述,会展项目的成功不仅取决于对目标受众的深入理解和精准定位,还包括对市场竞争的全面分析和策略制定,以及通过有效的市场营销手段提高品牌知名度和市场份额。

## (二)扩展知识

### 1. 会展项目的媒介选择

会展项目的媒介选择标准和内容标准涉及多个方面,全面考虑方能确保项目的成功举办和高效传播。

(1)媒介选择标准主要考虑因素

组织结构标准:在策划、组织、管理、实施和评估过程中,必须遵循的标准包括组织机构的设置、工作流程的制定、人员配备和职责分工等。

设备设施标准:所需各类设备和设施,如会场、展示装置、音响、灯光、通信设备等,必须具备安全、可靠、有效的性能和功能,并满足相关行业标准和法律法规要求。

安全管理标准:包括会场安全、消防安全、交通安全、人员安全等措施,基于风险评估和预警机制，确保参与者和工作人员的安全。

质量管理标准：会展内容的设计、执行、评估和改进等质量控制和质量管理措施，基于客户需求和反馈，不断优化会展质量和用户体验。

环境管理标准：环境保护和资源节约措施，如垃圾分类、能源利用、水资源管理、环境污染控制等，基于环境影响评估和可持续发展要求。

（2）内容标准侧重点

创造性标准：设计必须有新颖性和独特性，赋予产品鲜活的生命，给人留下深刻印象。

时代性标准：设计必须符合当前时代的要求和观念，如生态观念、信息科技观念等。

行业性标准：了解并遵守所在行业的规定和要求，体现行业特色。

文化性标准：设计的作品要符合当地习俗和文化，突出当地风格和品位。

环境性标准：设计的产品不应造成环境污染或影响社会发展，符合可持续发展的基本理念。

完整性标准：设计的作品应是一个完整的整体，各方面要素协调一致，形成和谐的整体效果。

综上所述，会展项目的成功举办不仅依赖于高质量的内容设计，还需要通过合适的媒介选择来确保信息的有效传播，从而吸引更多的参与者并提升活动的影响力。

**2. 制定会展项目的媒体策略**

这涉及多个关键步骤和策略，以确保活动能够有效地吸引媒体和公众的关注，从而提高会展的知名度和影响力。

以下是一些有效的策略和方法。

（1）确定宣传主题和内容

需要明确宣传的重点和想要传达的信息，如产品的特点、技术的创新、服务的优势等。这些信息将构成宣传的核心内容，吸引媒体的关注和公众的兴趣。

（2）制订宣传推广计划

前期预热：通过媒体新闻通稿、企业自己的融媒体矩阵、软文发布或行业"大V"等途径进行广泛宣传，提前吸引公众注意。

活动期间宣传：邀请媒体到场采访报道，对活动的重要阶段进行直播宣传，增加现场报道的机会。

活动后续报道：选择重点媒体进行深度报道，进行领导专访或行业深度报道，延续活动的影响力。

（3）选择合适的传播渠道

社交媒体渠道：利用微博、微信公众号、抖音等平台发布相关内容，吸引目标受众的关注度和参与度。

行业媒体渠道：选择专业的行业媒体平台发布会展信息，提高活动的行业影响力。

线下传播渠道：利用会展现场的广告牌、展板等媒体传播信息，吸引现场观众的注意。

利用公关活动和媒体直播：组织相关公关活动，如发布会、产品发布等，通过媒体报道和公众关注提升会展知名度。同时，选择合适的直播平台进行直播，扩大活动的覆盖范围。

（4）进行数据分析与评估

收集相关数据，如点击量、转发量、参与度等，通过分析了解活动的效果和受众反馈。根据数据分析结果，调整内容创作方式和传播渠道的选择，提高活动的效果和影响力。

通过上述策略，可以有效地制定会展项目的媒体策略，提高会展的知名度和参与度，实现宣传目标。

3. 管理会展项目的媒介信息

媒介信息管理包括优化企业各类资源、提高客户关系管理能力、提高会展服务质量和效率、拓展会展业务领域。

会展的信息化管理在多个方面发挥着重要作用。首先，它优化企业各类资源，通过计算机和互联网技术的应用，为企业提供了一个企业资源规划和整理的平台，提高了决策的效率和水平。会展行业的有形资源主要包括展览场馆和资金，而无形资源则包括客户信息和智力资源。信息化管理对这些资源的优化发挥了重要作用。

其次，信息化管理提高了客户关系管理能力。通过收集整理客户资源，建立和扩大客户数据库，分析客户偏好，与客户进行双向交流，实现了以客户为中心的管理模式。这种模式为会展的立项、宣传、配套服务提供了参考和依据。

再次，信息化管理提高了会展的服务质量和效率。通过使用信息技术，可以改进场馆日常管理，维持场馆的良好状态，并正确预测场馆需求，对场馆进行必要的更新、改造或扩建。

最后，信息化管理拓展了会展的业务领域。通过会展平台产生的和"发射"信息的"强媒介"特性，会展成为针对一个行业、一个城市，进行集中性、反常性和规模性聚合的平台，产生了广泛的影响力。这种影响力不仅吸引了大量的参展企业和机构，还促进了信息的传播和交流，从而拓展了会展的业务领域。

综上所述，会展项目的媒介信息通过信息化管理得到了全面的优化和提升，不仅提高了服务质量和效率，还拓展了业务领域，增强了客户关系管理能力，从而提升了会展的整体影响力和效果。

4. 编制会展项目营销实施方案

编制会展项目营销实施方案是一个系统性的过程，涉及多个关键步骤和要素，以确保项目的成功实施和最大化效果。

以下是会展项目营销实施方案的编制指南。

（1）做展会分析

对展会进行深入分析，包括展会的规模、参会人数、竞争对手情况等，以确定展会的优势和挑战。

（2）明确策划思路

明确展会的营销思路，包括差异化营销策略、强化内在优势、与民互动形成良好口碑等，以确保展会能从众多品牌中脱颖而出。

（3）制定详细的项目计划和时间表

安排和监控项目进度，确保各项任务按时完成。

（4）制定预算与资源规划

制定详细的预算，包括展位费、设计费、宣传费、人员费用等方面的支出。资源整合与利用，充分利用企业内部资源和外部合作伙伴。风险评估和管理，对策划中可能存在的风险进行评估，并制订相应的风险管理计划。

（5）实施与监控

将整个会展策划方案细化为具体的执行计划，确定责任人、时间节点等。

在会展策划实施过程中，及时进行监控和调整，对遇到的问题和困难进行及时解决。

5. 确定会展后评估与跟进方案

展后调研，对参展项目的效果进行调研和评估。

资料整理与分析，对会展期间所收集的资料进行整理和分析。

跟进并维护客户关系，积极跟进客户，采取有效措施维护客户关系。

继续品牌推广与宣传，通过媒体报道、社交媒体等渠道，对展会成果进行持续宣传和推广。

6. 项目总结与展望

对项目的实施过程进行总结和评估，是展望未来发展方向和机会。

通过上述步骤，可以系统地编制一个完整的会展项目营销实施方案，确保项目的顺利进行和预期目标的达成。

## 任务 37　制订传播计划

### 一、任务解析

1. 任务目的

媒体传播计划的制订和实施是项目营销活动中的重要环节，制订有效的传播计划，通过媒体渠道向目标受众传达产品或品牌信息，提升品牌知名度。

2. 任务目标

依照项目营销需求，通过有效的传播计划帮助品牌明确目标、分析受众、研究竞争对手，从而选择适合的传播渠道和内容，达到预期的传播效果。

3. 任务路径

（1）明确传播的具体内容。

（2）明确项目品牌的营销需求。

（3）分析传播受众的特征。

（4）创意匹配的传播内容。

（5）制订传播计划和方案。

### 二、核心知识与技能

（一）总体路径关键步骤

1. 会展项目传播受众的特征

会展项目传播受众的特征主要体现在信息需求旺盛、对决策参考性信息的需求增加、受众群体多元化与分化。

首先，受众在快速的社会变动和开放的社会联系面前，表现出旺盛的信息需求。这种需求不仅体现在对新鲜事物的追求上，还表现在对变化的心态上，即求新、求变之心表现尤为强烈。这表明受众对于获取信息的渴望强烈，对于任何新的、变化的信息都有极高的兴趣和需求。

其次，市场经济条件下，决策主体的增加导致了受众对硬性决策参考性信息的需求增加。这意味着，随着社会的发展和市场的变化，受众不再仅仅满足于获取一般的信息，而是更加需要那些能够直接影响其决策的信息，这种需求在会展项目的传播中显得尤为重要。

最后，受众群体多元化与分化也是会展项目传播受众的一个重要特征。在社会发展和经济变革的背景下，新的社会群体不断涌现，这些新群体的出现导致了受众需求的多元与分化。这意味着，会展项目的传播需要考虑到不同群体的不同需求和兴趣，以满足不同受众的需求。

以上这些特征共同构成了会展项目传播受众的基本画像。

### 2. 明确会展项目品牌的营销需求

在会展项目中，明确会展项目品牌的营销需求需从多维度切入。先剖析项目定位，明确是贸易型、消费型还是综合型会展，以此确定目标受众画像，如行业买家、终端消费者等，进而匹配其核心诉求。结合项目目标，如提升品牌知名度、促进交易转化等，拆解为具体营销指标，例如参展商数量、观众流量等。分析市场环境，了解竞争对手的营销亮点与市场空白，找到差异化突破口。同时，梳理项目核心卖点，如独特展示技术、高端嘉宾阵容等，转化为营销传播的关键信息。此外，还要考虑预算分配、营销渠道选择（线上线下结合）以及预期效果评估标准，确保营销需求与项目整体战略一致，助力品牌价值最大化。

### 3. 分析传播受众的特征

分析会展项目传播受众特征，可从"画像解构＋行为追踪＋场景还原"三个维度切入。先通过项目定位明确基础属性，如贸易展受众聚焦行业买家（企业规模、采购频次等），消费展侧重终端消费者（年龄、地域、消费偏好）。借助问卷调研、历史参展数据挖掘深层需求，像B端客户关注产业链资源对接，C端用户在意体验感与社交打卡点。

观察受众触媒习惯，B端多活跃于行业垂直平台、专业社群，C端偏好短视频平台、社交App。结合场景模拟其决策链路，例如行业买家从"展会官网了解展品"到"线下洽谈签约"的全流程关注点，普通观众从"刷到网红展区视频"到"现场打卡分享"的行为动机。最终形成包含人口属性、需求痛点、触媒路径、决策场景的立体画像，为传播内容定制提供精准依据。

### 4. 创意匹配的传播内容

在会展项目中，创意匹配传播内容需以"场景化叙事＋价值可视化"为核心。先提炼项目核心卖点，如技术创新、产业资源等，转化为具象化传播符号，例如用动态数据可视化呈现展会交易额增长轨迹，或通过三维建模还原展馆沉浸式体验场景。结合目标受众决策链路设计分层内容：给行业买家制作"产业链供需图谱动画"，突出参展商资源对接价值；为普通观众打造"打卡攻略短视频"，植入网红展区、互动装置等社交传播点。

借势热点构建内容记忆点，比如将展会环保材料应用与"碳中和"议题结合，策划"绿色布展实验室"直播；针对年轻群体开发"展会元宇宙虚拟导览"，用游戏化任务引导探索品牌展位。内容形态上融合 AR 试玩、互动 H5 等技术，例如扫描展品二维码触发品牌故事彩蛋，或通过 AI 生成专属观展海报强化社交传播。最终让传播内容成为"项目价值的感官翻译官"，以创意载体激活受众认知与参与欲。

5. 制定传播计划与方案

制定会展项目传播计划与方案，需以目标为纲、受众为核、渠道为翼。先拆解传播目标为展前引流（如线上曝光量）、展中引爆（如直播互动率）、展后沉淀（如行业报告传播量）三阶段 KPI。按行业买家、普通观众等分层受众需求定制内容，给前者推产业链资源对接案例，给后者做打卡攻略短视频。

组合线上线下渠道：线上用官网、短视频平台发布亮点预告，直播实时传递现场；线下在行业展会、商圈投海报，联合 KOL 做体验直播。搭配 AR 互动 H5、数据可视化长图等创意形式，按预热期（释亮点）、展期（强互动）、延续期（发报告）节奏执行，确保传播精准触达且闭环转化。

（二）扩展知识

1. 会展项目品牌营销

会展项目品牌的营销需求主要包括明确参展目标、研究并选择展览会、制定科学的展位价格策略、找准有效的促销方式、优质的人员服务、规范的服务过程以及规范化营销管理。

明确参展目标：参展目标的制定要符合企业整体的市场策略，具有实际性和可衡量性。参展企业应明确自己的主要目标，如新产品宣传推广、客户关系维护、接触潜在客户、企业形象宣传、产品品牌提升、市场信息收集以及市场推销思路的寻找等。这些目标的实现是展会营销成功的关键。

研究并选择展览会：参展企业需要研究并选择适合自己参展目标的展览会。这包括分析展览会的主题、规模、功能以及往届的参展情况，如观众数量、职业分布、地理分布等。选择合适的展览会对于实现参展目标至关重要。

制定科学的展位价格策略：展位价格是参展商与其他展览区别的重要指

标。制定价格时，不仅要考虑展位的价格水平、折扣范围等指标，还要考虑参展商对展览的认知价值、成本性能、差异系数等，以确保价格的合理性和可接受性。

找准有效的促销方式：在展览营销中，促销活动发挥着重要作用。有效的促销方式包括广告宣传、人员推广等，组合营销是一种非常有效的营销方式。通过多种促销方式的结合，可以显著提高展览的吸引力和效果。

优质的人员服务：在展览组织中，员工与客户的接触频率非常高。因此，对员工的选择、培训和激励至关重要。员工需要具备良好的服务态度和专业素养，以建立良好的行业声誉。

规范的服务过程：服务过程中，需要及时处理可能出现的各种问题，有效弥补展览中的缺失或错误。这需要多方面的协调与合作，确保服务的专业性和效率。

规范化的营销管理：营销管理涉及组织、人员、培训、绩效、考评、薪资等多个要素的综合制定和实施。招展招商专员是品牌营销的主要实施主体，他们的行为和态度直接影响品牌销售的效果和展会的品牌建设。

通过上述措施，会展项目可以有效地提升品牌知名度，增强参展商和观众的认同感，从而实现会展项目的成功。

### 2.传播内容

创意匹配的传播内容包括数字内容的创意、表达以及传播策略的设计。

在智能传播时代，网络内容建设的核心在于如何把握好数字内容与传统内容的核心区别。数字内容不仅提供有意义的信息，还搭载了传播者与受众的联系，这就要求数字内容的创意和表达既要考虑如何影响人，又要考虑如何让受众参与到内容传播中。因此，网络内容建设不仅要考虑正能量内容的建设，还要考虑如何让人们参与到传播正能量中。新媒体的多次传播特征使得驱动正能量内容的多次再传播成为网络内容建设的重要部分，这要求在内容创意和表达上提炼好、设计好价值点、切入点、共鸣点、共振点，达到打动用户、激发共鸣的效果。

此外，数字内容实质上是内容与传播策略的组合体，这意味着网络内容创意、设计表达必须注意传播策略，包括针对什么问题、在什么时机、如何进行此项内容的传播，以及将与其他内容传播产生何种协同效应等。在智能传播时代，传播策略的设计还应包括如何有效利用算法机制机理，从而实现更高效、更精准的传播。

互动广告传播策略强调创新传播内容，鼓励用户协同创造。好的内容创意应能引发用户兴趣、形成主动传播，互动广告传播的关键在于内容上吸引受众参与互动，这种互动可以体现在利益性和娱乐性等方面。利益性通过向用户提供实实在在的"好处"来吸引消费者主动参与互动，而娱乐性则通过提供娱乐化的体验作为诉求点，吸引用户主动关注和参与。

创意匹配的传播内容不仅包括数字内容的创意和表达，还包括有效的传播策略设计，以及如何利用新媒体的特性鼓励用户参与和互动。

## 任务 38　制作传播物料

### 一、任务解析

1. 任务目的

依照项目传播需求，通过规范的流程方案提高效率和制作质量，使物料能够更好地传递信息并吸引目标受众。

2. 任务目标

清楚项目的营销方式，通过目标受众的特点和需求，明确传播物料的内容，从需求到交付的全过程，全程把控质量，确保物料制作满足传播要求。

3. 任务路径

（1）确定宣传物料需求。

（2）依照传播方案确定物料内容信息。

（3）组织创意会并确认设计方向。

（4）确认设计方案，包含物料清单和样式。

（5）制作传播物料。

### 二、核心知识与技能

（一）总体路径关键步骤

1. 确定宣传物料需求

分析项目的营销目标和预期成果。了解目标受众的年龄、性别、兴趣等信息，以便确定宣传物料的类型（如海报、传单、社交媒体图像等）。此外，还需要考虑宣传物料的分发渠道和预期覆盖范围。

### 2. 依照传播方案确定物料内容信息

基于传播方案，确定宣传物料需要传达的核心信息。这包括项目的主要卖点、关键信息点、呼吁行动（CTA）等。同时，考虑如何通过视觉和文案设计来吸引目标受众的注意力。

### 3. 组织创意会并确认设计方向

召集设计师、市场专家和项目利益相关者参加创意会议。在会议中，讨论不同的设计概念，评估它们的创意性和实用性。最终确定一个或几个设计方向，为设计师提供明确的指导。

### 4. 确认设计方案，包含物料清单和样式

与设计师合作，将创意转化为具体的设计方案，这包括选择颜色方案、字体、图像和其他视觉元素。同时，制定物料清单，详细列出所有需要的物料和数量，确保设计方案符合项目的预算和时间限制。

### 5. 制作传播物料

在设计师完成设计后，开始制作宣传物料。这可能包括打印、装订、裁剪等物理制作过程，或者是在线发布和分发。在整个制作过程中，进行质量控制，确保每种物料都符合设计规范和标准。

会展项目的传播物料的内容包括实物展示的文字、示意图、图片，电视、等离子电视、电视墙、投影、LED显示屏、电脑触摸屏等电子媒介，以及互联网或局域网作为信息传达的一种方式。

## （二）拓展知识

### 1. 传播物料

实物展示：包括文字、示意图、图片等，这些物料通过印刷、打印或喷绘手段出现在展板或标牌上，为实物展示提供有益的补充说明。

电子媒介：包括电视、等离子电视、电视墙、投影、LED显示屏，以及电脑触摸屏等，这些设备利用最新的视频音频技术，在展会上及时出现，进一步在时间维度上传达展品信息，诠释抽象的文化精神，同时也起到营造氛围的作用。

新媒体：展台通过连接互联网或局域网，在信息量上进行有效的补充和无限的延伸。这种形式的信息传达不在于效果的好坏，而在于量的大小，是参展者最想表达的内容，相当于广告的诉求点。

这些传播物料共同构成了会展项目的多元化信息传达方式，旨在更有效地将信息传达给专业人士和广大观众，同时营造出特定的氛围和吸引力。

## 2.宣传物料需求

会展项目的宣传物料需求包括但不限于以下几种类型。

宣传海报与横幅：作为活动的第一印象，吸引眼球并传递信息。

背景板/展架：展示品牌标识、宣传资料，塑造专业形象。

印刷品/手册：提供会议活动流程、主讲者介绍等信息，为参与者提供全面参考。

签到表与签到笔：大多数活动都有签到步骤，需要提前准备好。

灯光与音响：提升演示效果和观众体验，通常需要租借。

电子设备：如投影仪、LED屏幕等，增强演示效果和观众互动。

摄影/摄像设备：捕捉精彩瞬间，留下宝贵回忆。

茶歇及饮品：为参与者提供休息和补充能量的时间。

会议用品：如笔记本、笔、便笺纸，提供便利，促进学习交流。

领导座位名牌：在正式会议的桌前摆放，便于识别。

此外，还包括员工名片、工作证、宣传单、折页、画册、手提袋、广告载体（如公仔、扇子、文化衫、帽子）、产品图册（组合/单个）、不干胶贴、促销台、招商手册、产品/公司宣传手册、形象背板、展架（门型/易拉宝/X型展架）、KT板、手举牌、名片盒、横幅、海报、挂画等。

这些物料共同构成了会展项目的宣传物料需求，旨在通过专业的视觉展示和实用的服务提升活动的专业性和参与者的体验。

## 任务39 营销渠道选择

### 一、任务解析

#### 1.任务目的

营销渠道选择是制定营销策略的重要一环，依照项目品牌的目标市场的特点和需求，结合产品的特性，选择适合的营销渠道。

#### 2.任务目标

营销渠道的选择对项目的成功至关重要，综合考虑自身产品或服务的特点、目标客户的特征和行为习惯、渠道的成本和效益等因素去选择营销渠道，为保障营销渠道效果，需持续关注市场变化，不断调整营销策略和实施方法。

3. 任务路径

（1）分析营销策略推广目标。

（2）分析营销渠道属性。

（3）分析营销渠道的核心用户。

（4）选择最佳推广路径。

## 二、核心知识与技能

### （一）总体路径关键步骤

#### 1. 分析营销策略推广目标

项目品牌营销策略推广目标主要包括增加品牌知名度、塑造品牌形象、增加销售额、拓展市场份额、建立品牌忠诚度以及提高品牌声誉。

增加品牌知名度：通过广告、社交媒体和公关活动等多种手段，将品牌传播给更多的潜在客户，使消费者在购买时更容易选择该品牌。

塑造品牌形象：通过广告、市场营销活动和公共关系等手段，塑造品牌对外传达的价值观和个性，建立积极的品牌形象，从而获得消费者的信任和忠诚度。

增加销售额：通过吸引更多的潜在客户并促使他们购买产品或服务，增加销售额和利润。

拓展市场份额：通过吸引更多的潜在客户和提高品牌知名度，在竞争激烈的市场中争取更多的市场份额。

建立品牌忠诚度：通过提供优质的产品和服务，获得消费者的信任和满意度，建立长期的关系，使消费者更倾向于选择品牌的产品或服务。

提高品牌声誉：通过公关活动、社交媒体和品牌形象的管理等手段，建立良好的声誉，提高消费者对品牌的评价和认可度。

品牌推广的目标是通过提高品牌知名度和形象，增加销售额和市场份额，建立品牌忠诚度和良好的声誉，最终实现品牌的成功和长期发展。

#### 2. 分析营销渠道属性

项目品牌营销渠道的属性主要包括渠道信息载体和渠道沉浸能力。

渠道信息载体：这是渠道传递信息所用的内容表现形式，通常包括文字、图片、视频、声音等。其中，视频包含的信息量最大，图片和声音最容易被理解，而文字则给人以最大的想象空间和留白。选择合适的渠道信息载体对于有效传达品牌信息至关重要。

渠道沉浸能力：指渠道有多大能力把人带入渠道中，被带入的程度越深，广告的到达率就越高，消费者就越不容易被外界环境所干扰，越容易被夹杂在渠道中的广告信息触达。渠道的沉浸能力直接影响广告效果和消费者的互动体验。

选择适合品牌营销的渠道时，需要综合考虑这些属性，以确保品牌信息能够有效地传达给目标受众，提高品牌知名度和影响力。

### 3. 分析营销渠道的核心用户

营销渠道的核心用户是指与企业关系最为密切，对项目品牌价值贡献最大的那部分客户群体。这些用户不仅为企业带来直接的现金收入，还可能带来更多的上下游资源，提供更多内容，垒高竞争门槛及核心竞争力。为了有效地管理和维护核心用户，企业需要采取一系列策略，包括了解用户需求、与用户沟通互动、提供个性化服务、建立用户社群等，从而提高用户忠诚度和企业的盈利能力。

核心用户的识别和管理对于项目品牌的成功至关重要。企业应该通过深入了解目标市场的特征和需求，选择最适合的营销渠道类型。

例如，如果目标市场是年轻人群体，可以选择电商平台或社交媒体渠道。此外，根据产品的特性，如高价值、复杂的产品可能更适合直接渠道，以便进行更直接的沟通和销售。竞争环境和成本效益分析也是选择营销渠道时需要考虑的重要因素。

在选择了适合的营销渠道后，项目品牌应不断优化和改进渠道策略。这包括与合适的合作伙伴建立良好的合作关系，提供渠道合作伙伴需要的培训和支持，以及设立激励机制以激励他们的积极性和销售动力。通过这些措施，企业可以更好地服务于核心用户，同时吸引更多的精准用户。

核心用户是营销渠道中不可或缺的一部分，对他们的管理和维护对于企业的长期成功至关重要。通过深入了解用户需求、选择合适的营销渠道，以及不断优化和改进渠道策略，品牌可以更好地满足核心用户的需求，从而提高用户满意度和忠诚度，实现企业的经营目标。

### 4. 选择最佳推广路径

会展项目的推广路径即营销渠道主要包括网络营销、电话营销、广告、活动推广、代理营销以及新媒体推广。

网络营销：利用互联网技术和新媒体平台进行营销，包括官方信息网站、搜索引擎排名优化、关键词广告等，以吸引参会者并提供个性化服务，降低营销成本，实现全过程、系统化、动态化的营销管理。

电话营销：通过电话有计划、有组织地扩大客户群，提高客户满意度并维护客户关系，尽管这种方式相对传统，但能快速准确地向目标客户传递信息并获得反馈。

广告：覆盖大众媒体和专业媒体，广泛传达展览信息，可加强直接联系的效果，但需要仔细控制和管理，以合理控制成本。

活动推广：通过新闻发布会、招待会等公关活动塑造良好形象和声誉，改善与公众的关系，间接销售展览项目。

代理营销：特别是对国际会展项目，使用代理可以提升专业性和效率，减轻组织者的营销压力，提高营销效果。

新媒体推广：随着移动互联网信息技术的发展，新媒体营销成为重要部分，可利用互联网、移动电视等高新科技承载下的媒体形态进行推广。

这些渠道各有特点，会展组织者可以根据项目需求和目标受众选择合适的营销策略。

### （二）扩展知识内容

会展营销渠道变化快，应突破传统框架，结合技术迭代与场景创新，从跨界融合、技术赋能、生态联动、数据反哺等多个维度进行考虑。

1. 跨界融合：打破行业边界的流量整合

异业场景渗透：与非会展行业渠道合作，例如在高端商场设置展会主题快闪体验区，借线下流量触达消费群体；与航空/酒店平台联合推出"观展套餐"，将营销嵌入旅行消费场景。

IP联名渠道：绑定热门IP（如动漫、影视、艺术IP）开发联名展区或衍生品，通过IP自有粉丝社群（微博超话、小红书话题）扩散传播，例如某家居展与国潮IP合作，借"IP粉丝打卡挑战"吸引Z世代关注。

公益渠道联动：将展会环保理念与公益组织合作，例如在展会现场设置"绿色布展公益展区"，通过公益平台（腾讯公益、支付宝公益频道）传播，既提升品牌调性，又触达公益关注群体。

2. 技术赋能：数字化渠道的场景创新

元宇宙虚拟渠道：搭建展会元宇宙展厅，允许用户通过VR设备沉浸式逛展，同步开发虚拟商品（如展品数字藏品），借区块链平台（如NFT交易市场）吸引科技与投资圈层。

私域技术工具升级：用企业微信SCRM系统整合渠道数据，例如观众扫码观展后自动打上"行业属性""兴趣展区"标签，后续通过个性化推送（如汽车行业观众接受新能源技术专题直播邀约）提升转化。

AI 智能推荐渠道：在官网／小程序嵌入 AI 导购机器人，根据用户搜索关键词（如"智能制造设备"）推荐对应参展商及同期活动，类似电商平台的"猜你喜欢"逻辑，优化渠道触达效率。

3. 生态联动：构建产业链传播矩阵

参展商共生渠道：发动参展商共建传播网络，例如要求展商在自有公众号、客户社群转发展会预热内容，换取展位曝光资源倾斜；联合头部展商举办"展前新品发布会"，借其行业影响力破圈。

下沉渠道网络：针对区域性展会，与县域经销商、社区团购平台合作，例如在乡镇超市电子屏投放展会农产品专区广告，通过"乡镇大集宣传＋线上预约"吸引下沉市场观众。

后链路增值渠道：展后将展会数据（如热门展品排行榜、行业趋势报告）包装成付费内容，通过行业知识平台（如 36 氪 Pro、艾瑞咨询）分销，既创造额外收入，又强化渠道专业属性。

4. 数据反哺：渠道效果的动态优化

通过 UTM 参数追踪各渠道流量来源（如区分朋友圈广告与行业媒体的观众转化率），用热力图分析官网／小程序用户浏览路径，及时淘汰低效渠道，将预算向高转化渠道（如短视频平台直播）倾斜，形成"渠道测试—数据复盘—策略迭代"的闭环。

## 项目十二　会展品牌

会展品牌的建设对于推动会展业的高质量发展具有重要意义。会展品牌的建设不仅能够提升会展活动的知名度和影响力，还能够增强会展活动的吸引力和竞争力，从而促进会展业的持续健康发展。此外，会展品牌的建设不仅能够提升城市形象和知名度，促进商务合作和交流，还能够推动品牌建设和提高展陈质量和效率，对于推动会展业的高质量发展具有重要意义。

## 任务 40　会展项目品牌化思路

### 一、任务解析

**1. 任务目的**

理解会展品牌的含义，会展品牌化是策展公司对于独立项目会展培育的目标，一个会展具备长效的品牌价值才能实现有效盈利，需要了解会展品牌的概念，建立品牌的价值，通过营销手段快速传播，以占领用户市场。

**2. 任务目标**

使用品牌定位法和目标人群定位，为特定项目设计系列会展主题及标语、口号。

**3. 任务路径**

（1）竞品调研，分析会展项目差异化优势。

（2）依照会展产品营销策略确定品牌形象定位。

（3）收集会展主题或口号。

（4）确定特定项目最终主题和口号。

（5）罗列会展项目品牌化思路大纲。

（6）编制会展项目品牌方案。

### 二、核心知识与技能

**1. 品牌会展的特点**

会展品牌是能使一个会展与其他会展相区别的某种特定的标志，它具有一定规模，能代表该行业的发展动态，反映行业的发展趋势，并对该行业具有指导意义和较强的影响力。

这种品牌会展通常具有以下特点。

规模性：品牌会展通常具有一定规模，能够吸引大量的参展商和观众，形成较大的市场影响力。

代表性：能够代表所在行业的发展趋势和动态，成为行业的风向标。

影响力：对行业具有指导意义并具有较大的影响力，能够引领行业的发展方向。

品牌会展的认定通常基于其规模、影响力以及其对行业的贡献等多个方面进行评估。例如，广州市商务局通过印发品牌会展认定办法，规范品牌会展的评定工作，旨在引导广州会展业向品牌化、专业化、国际化方向发展。品牌会展的评定包括重点品牌会展、优质品牌会展和成长型品牌会展，根据当前会展业发展情况，评定数量一般分别不超过 10 个、15 个、20 个。

会展品牌不仅是会展活动的标识，更是其质量、影响力和行业地位的体现，对于推动会展业的发展具有重要意义。

2. 会展项目的差异化体现

会展项目的差异化优势主要体现在品牌培育、专业化办展能力、原创设计和高质量生产、国际合作与资源共享等方面。

首先，政府作为会展项目的投资方，通过财政投入支持展会的运营和发展，这种投资不仅包括场地租用、品牌宣传，还包括对重要客商的接待等，有助于提升展会的整体水平和影响力。例如，南宁"东盟博览会"和"东北亚博览会"等，这些展会通过政府的全面统筹职能和专业化办展能力，有效运行展会项目，形成品牌力。

其次，原创设计和高质量生产是会展项目形成差异化优势的重要手段。

例如，HALO 光环家居通过组建全球创意设计大师团队，实现自我突破，将传统与现代、经典与创新碰撞融合，创造了许多让人期待和惊喜的产品。同时，它拥有自己的家具实验室和获得国家认可的检测机构，确保每一件产品的质量和功能性。

再次，国际合作与资源共享也是会展项目形成差异化优势的关键。通过与国际会展企业建立合作机制，参与和开拓海外会展项目，吸收国外优秀场馆的成熟与成功的运营经验，可以增强自身的竞争力。多样化的国际合作意味着可以获得更高层面上的会展资源共享，对办展活动产生密切而积极的互动作用。

最后，会展产业的全球性特点也为会展项目提供了广阔的发展空间。经济全球化和区域一体化的进程加速了资本、技术、人力资源的跨国界、区域流动，会展产业的全球化反过来又进一步加速了全球经济的一体化和区域集团化的发展步伐。

以上这些优势，共同构成了会展项目在市场竞争中的独特地位和价值。

3. 会展品牌化

会展品牌化的构成要素包括地域性、文化性、层次性、整体性、市场导向原则、目标性原则、系统性原则、针对性原则、诚信原则。

地域性：会展旅游品牌是在会展举办地形成的，具有明显的地域特色。

与其他区域相比，在自然背景、历史文脉、旅游资源、经济发展等方面存在差异。

文化性：会展旅游地品牌的文化底蕴是最具竞争力、冲击力、生命力的部分，具有特殊文化品格和精神气质的城市最具吸引力。

层次性：会展旅游品牌要实现高标准、高起点的发展，必须有明确的品牌定位，通过会展旅游品牌企业创建和推广具体的会展旅游产品品牌来支持会展旅游地的品牌。

整体性：会展旅游品牌作为有机联系的整体，是一个由会展旅游地品牌、品牌会展、旅游资源组成的复杂的、有序的动态系统，是多方面的综合体。

市场导向原则：会展品牌营销是从会展的参展商和观众的需求出发，通过经营会展品牌来促成会展与参展商和观众之间建立一种特殊的关系。

目标性原则：会展品牌营销的目的性很强，是通过经营会展品牌来形成一种品牌产权，取得参展商和观众对会展的品质认知。

系统性原则：会展品牌建设是一项富有层次的系统工程，必须具有全局性视野，进行多层次、多角度的长远规划。

针对性原则：会展品牌营销主要对象是会展的参展商和观众以及办展单位的内部员工，针对性强。

诚信原则：品牌的诚信是至关重要的，一旦客户发现被某品牌欺骗，就会毫不犹豫地抛弃该品牌，导致该品牌在市场上没有立足之地。

这些要素共同构成了会展品牌化的核心，确保了品牌的长期发展和市场竞争力。

**4. 会展项目品牌方案撰写**

会展项目品牌化思路大纲的撰写应包括以下几个关键部分。

（1）项目背景

介绍会展项目的名称、时间、地点、主办方和承办方，以及项目的整体目标和愿景。这部分内容为读者提供了一个基本的框架，帮助他们理解项目的背景和目的。

（2）品牌定位与目标客户群体分析

明确品牌的定位，即在目标市场中通过特定的产品或服务在消费者心目中形成的印象和地位。同时，分析目标客户群体，包括他们的需求、偏好和行为习惯，以便更好地制定品牌传播策略，提高品牌的吸引力和影响力。

（3）会展品牌营销策略

选取适合的展会：根据企业的定位和目标客户群体，选择与之相匹配的展览会，以确保品牌传播的目标和效果。

设定明确的营销目标：制定具体的、可量化的营销目标，如增加销售额、提高品牌知名度、扩大市场份额等，这些目标应与企业整体发展目标相一致。

增加展会吸引力：通过设计独特的展位布局和展示方式、提供有吸引力的产品或服务展示、设置互动区域或活动、提供小礼品或赠品、利用多媒体技术或虚拟现实技术等手段，提高展会的互动性和趣味性，吸引更多观众前来参观。

（4）项目预算

详细列出项目的各项费用，包括地租费用、展台设计费用、展品制作费用、市场营销费用、差旅费用等，以及总预算，这有助于评估项目的经济可行性。

（5）项目执行计划

包括筹备期、准备期和展会期的具体活动和任务，确保项目按计划顺利进行。

通过上述大纲的撰写，可以系统地规划和实施会展项目的品牌化策略，从而提高品牌知名度和影响力，实现项目的商业目标。

同类展会主题分析

同类展会主题分析

## 任务 41　产品与服务定价

### 一、任务解析

**1. 任务目的**

对会展产品与服务进行定价是一个综合性的过程，需要综合考虑市场、成本、竞争对手以及目标客户等多个因素，以确保定价策略的有效性和可持续性。

### 2. 任务目标

针对会展产品自身特点，对会展产品进行市场分析，是定价策略制定的基础，再结合目标客户以及竞争对手分析，完成价格体系设计。

### 3. 任务路径

（1）罗列会展项目产品和服务清单。

（2）分析产品和服务成本构成。

（3）做竞品价格分析与差异化定位。

（4）制定产品与服务的价格体系。

## 二、核心知识与技能

### 1. 罗列会展项目产品和服务清单

会展项目产品和服务清单包含的内容非常广泛，涵盖了从展品、旅游服务到技术支持等多个方面。

展品清单：包括各种类型的展品，如高精度5轴联动铣车复合加工中心、5轴联动叶片加工中心、数控叶片砂带磨床等，这些展品展示了先进的技术和产品，吸引了众多专业观众和参展商。

旅游服务：会展旅游产品专门为参与会展的旅行者提供，包括住宿、交通、餐饮等服务。这些服务旨在满足与会者的休闲愉悦需求，提供综合性的服务体验。

技术支持：会展中心配备了完善的设施和功能，如展览厅、展示厅、餐厅厨房等，以及相关的技术支持和服务，确保会议和展览活动的顺利进行。

其他服务：包括机票酒店预订、食宿安排、车辆调度、翻译、签证办理、保险购买等展会前期保障服务，以及展会注册、展位申请、协助企业布展、参展等服务。

此外，会展项目还可能包括新场景和新产品，如成都露天音乐公园和天府国际会议中心等，这些设施和活动旨在推动文化和经济的发展，提供音乐表演、文化传播、休闲运动和生态教育等多元化的活动和服务。

### 2. 会展项目的成本构成

会展项目的成本构成主要包括人力成本、物力成本、营销成本和管理成本。

人力成本是会展服务公司的核心成本之一，涵盖了员工的工资、福利和培训等方面的支出。人力包括策划、设计、执行、客服等方面的人才，他们确保会展项目的专业性和高效性。

物力成本涉及展馆租赁、展位搭建、设备租赁等，以及展会期间的物流、住宿和交通等费用。这部分成本直接关系到会展项目的物理环境和基础设施的搭建。

营销成本是指为了吸引参展商和观众，进行市场推广和宣传所产生的费用，包括广告投放、社交媒体推广、网络营销等。

管理成本则涵盖了日常运营中的各项开支，如办公室租赁、软硬件设备购置、行政费用等，这部分成本确保会展服务的正常运作和管理。

以具体的艺术展览策划为例，成本构成包括租赁费用（如展览场地的租赁费用、展览展柜的租赁费用等）、宣传费用（如宣传单页的印刷费用、宣传画册的设计费用等）、人员费用（如展览策划人员的工资、社会保险费等）以及物料费用（如展览展柜的购买费用、展览展架的装饰费用等）。进行这些成本的分析对于会展项目的成功实施和资源的有效利用至关重要。

3. 会展项目竞品价格分析与差异化定位

会展项目的竞品价格分析与差异化定位是确保项目成功的关键因素。

竞品价格分析是会展项目定位和定价策略制定的重要依据。通过分析竞争对手的价格策略，会展企业可以了解市场上的价格区间和趋势，从而为自己的项目定价提供参考。这种分析有助于企业避免定价过高或过低，确保价格策略既能吸引参展商和观众，又能实现利润最大化。竞品价格分析的方法包括收集竞品的价格信息、分析价格变化的趋势、理解价格差异的原因等。通过这些分析，会展企业可以更好地把握市场动态，调整自己的定价策略以适应市场需求。

差异化定位则是会展项目成功的另一个关键。在竞争激烈的市场环境中，会展项目需要通过提供与众不同的价值来吸引参展商和观众。差异化可以通过创新的服务、独特的产品展示方式、专业的展会内容等方面实现。例如，一个会展项目可以通过提供定制化的服务、增加互动体验、引入新技术等手段来提升参展体验，从而与竞争对手区分开来。差异化定位不仅能帮助会展项目在市场中脱颖而出，还能提高参展商和观众的满意度，进而增强项目的品牌影响力。

竞品价格分析与差异化定位是相互关联的。通过竞品价格分析，会展企业可以了解市场动态和竞争对手的策略，而通过差异化定位，会展项目可以在竞争中脱颖而出。这两者共同作用，有助于会展项目在复杂多变的市场环境中取得成功。

4. 制定产品与服务的价格体系

在以上分析的基础上，综合考虑市场、竞争对手、目标客户等多方面因素，制定合理的产品与服务价格，完成价格体系的整体设计。

## 任务 42　项目总结与持续改进计划

### 一、任务解析

**1. 任务目的**

项目结束后对整个项目进行总结、评估，帮助团队了解项目的成功之处和待改进之处，以便在未来的项目中更好地发挥。

**2. 任务目标**

针对阶段性营销推广项目或工作进行复盘，汇总传播信息，召开总结会并讨论持续改进计划。

**3. 任务路径**

（1）对项目营销推广数据进行汇总和梳理。

（2）依照分工汇总问题及思路。

（3）召开总结会。

（4）完善会议纪要并汇总改进计划。

### 二、核心知识与技能

**1. 营销推广数据整理**

会展项目营销推广数据的整理可以通过以下几种方法进行。

公式法：针对具体指标，通过公式层层分解，找到该指标的相关影响因素。例如，如果考核指标是门票销售总额，可以通过公式对门票销售总额进行拆解，找到影响指标的几个关键因素并给予重点关注。这种方法的核心是针对问题或目标做层级式解析，找到相关数据。

对比法：对比法在数据分析中是最通用的方法。孤立的数据往往是没有意义的，只有在比较中才能清晰地看到趋势和差异。例如，通过对比今年与去年的参展商数量，可以清晰地看到增长趋势和变化。

象限法：这是一种更高级的数据分析方法，将数据按 2 个或 2 个以上维度进行划分，利用坐标的形式表达出相互关系和价值大小，并根据数据分析同步输出策略。这种方法可以帮助分析广告效果，例如，如果广告效果处于第一象限，说明目标人群锁定精准、内容具有吸引力；如果广告效果处于第二象限，说明广告锁定人群与目标人群相符，但广告内容需要优化。

通过上述方法，可以系统地整理和分析会展项目的营销推广数据，从而评估营销策略的有效性，为未来的营销活动提供参考和改进方向。

### 2. 依照分工汇总问题及思路

首先，明确汇总流程。在项目推进过程中，各成员依据分工每日或定期记录遇到的问题及初步解决思路，形成个人工作日志。定期（如每周）开展小组会议，成员逐一汇报，将问题与思路集中整合到共享文档，按工作模块分类，如技术开发、市场推广等。

其次，执行要点要清晰。汇总问题时，需精准描述问题现象、出现场景及影响范围；记录思路时，要注明尝试过的方法、效果及下一步计划。成员间要相互交流，补充完善思路，确保不遗漏关键信息。对于复杂问题，可成立专项小组深入研讨。

最后，形成可视化输出。利用表格、思维导图等工具呈现汇总结果，问题与思路一一对应。通过标注优先级、责任人，便于后续针对性解决。同时，定期复盘汇总内容，根据项目进展更新，确保问题有效处理，思路持续优化。

### 3. 工作复盘总结

编写工作复盘总结的关键在于客观性、具体性、分析性和可操作性。

首先，确定总结的时间范围，根据需要确定工作复盘的周期，确定总结的时间范围，例如每周、每月、每季度或每年等。

接着，列出工作目标和计划，在总结的开头，列出一段时间内的工作目标和计划。这些目标和计划应该是具体、可衡量的，以便与实际结果进行比较。

然后，回顾工作进展，根据之前列出的工作目标和计划，回顾这段时间内的工作进展。对于每个目标或计划，简要说明实际完成的情况。

分析完成情况，对每个目标和计划进行分析，包括完成的质量、时间、成本等方面。与计划进行对比，找出实际完成情况与计划的差异。

总结经验和教训，根据分析结果，总结这段时间内工作的经验和教训。对于完成得好的方面，可以总结出成功的原因和经验；对于完成得不好的方面，可以分析原因并找出改进措施。

制订下一步计划，根据总结的经验和教训，制订下一步的工作计划和目标。这些计划和目标应该是具体的、可衡量的，以便与实际结果进行比较。

最后，可以提供一些附加材料来支持总结，例如数据图表、工作日志等。这些材料可以更直观地展示工作进展和成果。

通过复盘总结，不仅可以帮助个人或团队回顾过去的工作成果，还能从中学习到宝贵的经验和教训，为未来的工作提供指导和借鉴。

4.完善会议纪要并汇总改进计划

完善会议纪要时，首先要检查内容完整性，补充遗漏的关键讨论点、决策结果及未决事项。核对参会人员名单，确保无错漏，并标注缺席人员原因。语言表述需精练、准确，避免模糊词汇，用分点、小标题等方式提升条理。

汇总改进计划，应围绕会议决策展开，将任务拆解为具体事项，明确责任人和完成时间，制定里程碑节点。对复杂任务可配套子计划，确保可操作性。完成后与相关人员核对确认，同步至协作平台或工作群，便于实时跟进进度，定期复盘调整，保障改进计划有效落地。

## 进阶讲堂

>>> 会展营销与传播

# 第五章

# 第三方人员管理和运营

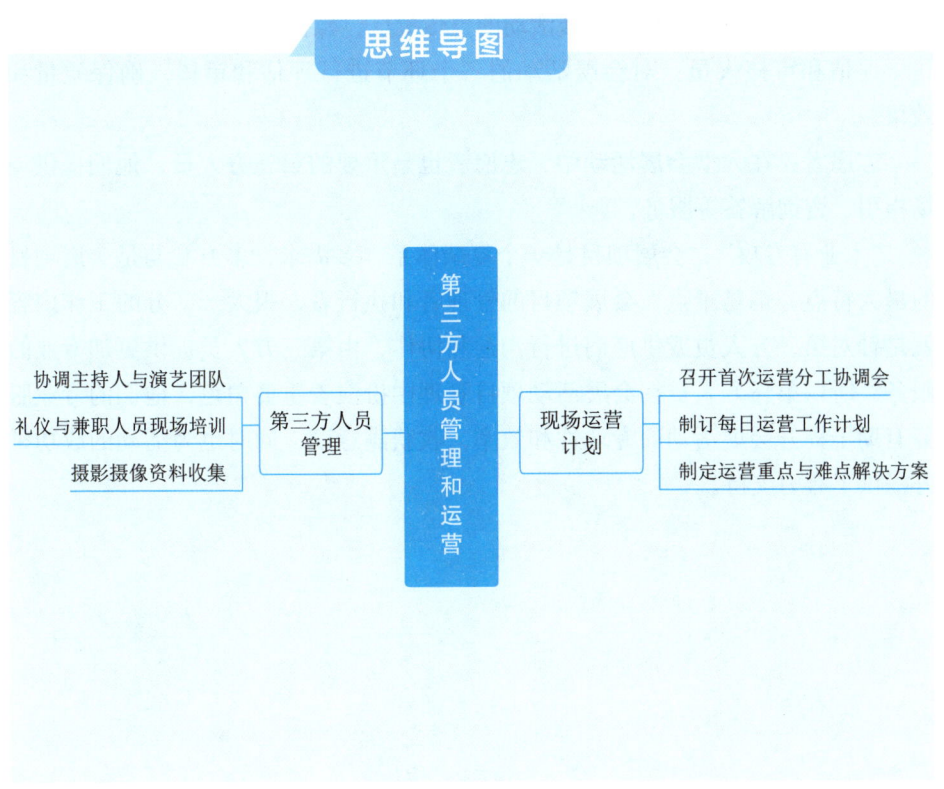

思维导图

会展活动的第三方人员，通常指的是除了会展活动的主要组织者（如主办方、承办方）和直接参与者（如参展商、观众）之外，由外部专业机构或个人提供的服务人员或专家。这些第三方人员可能包括但不限于以下几类。

**专业服务提供者**：如展览设计搭建公司、物流公司、翻译服务、餐饮服务等，他们为会展活动提供专业的配套服务。

**技术支持人员**：包括 IT 服务提供者、音响灯光技术员等，负责会展活动中的技术保障和支持。

**安全保障人员**：如保安、消防人员等，负责会展活动的安全和秩序维护。

**法律和财务顾问**：提供合同审核、财务审计等服务，确保会展活动的合法合规性。

**市场调研和分析人员**：进行市场调研，为会展活动提供市场分析报告和建议。

**公关和媒体人员**：负责会展活动的宣传推广、媒体关系维护等。

**评估和审核人员**：对会展活动的各个环节进行评估和审核，确保质量和效果。

**志愿者**：在大型会展活动中，志愿者也是重要的第三方人员，他们提供现场指引、咨询解答等服务。

"术业有专攻"，会展项目是一个复杂体系，多需求、多方参与是会展项目的最大特点，也是难点，会展项目的管理者和执行者，很大一部分的工作内容就是针对第三方人员或供应商进行沟通和协作，由第三方人员提供更加专业的服务。所以第三方人员在会展活动项目管理中扮演着重要角色，他们的专业服务有助于提升会展活动的专业性和效率，收获满意度，同时也为活动的成功举办提供了有力支持。

# 项目十三　第三方人员管理

## 任务 43　协调主持人与演艺团队

### 一、任务解析

1. 任务目的

对接并对主持人和演艺团队（下面统称为"艺人"）进行合理的安排与管理，配合整体的项目流程，达成策划需要实现的效果。

2. 任务目标

充分了解艺人经纪的职业特点，确定必要的对接和沟通内容，保障在项目所需的流程计划之内顺利完成主持或演出任务。

3. 任务路径

（1）了解艺人信息并收集相关资料。

（2）确定档期与合作细节。

（3）编制沟通文档，准备相关执行条件。

（4）现场彩排与调整。

（5）执行与评估。

### 二、核心知识与技能

（一）总体路径关键步骤

1. 了解艺人信息并收集相关资料

运用 Excel、Word、PPT 等办公工具收集整理归纳艺人相关信息，含身高、体重、政治立场、代表作品、特长、演出费用、档期、照片、参与同类项目情况等信息。

2. 确定档期与合作细节

根据项目的时间表，确定主持人及演艺团队的可用档期。与艺人及其经纪人进行合同谈判，明确合作的具体条款，如费用、工作时间、特殊要求等。确保所有细节都符合项目的需求和法律要求（大型活动需要收集艺人信息进行活动报批）。

**3. 编制沟通文档，准备相关执行条件**

根据活动的具体流程设计编制活动执行手册、人员培训手册，组织前期协调会，确保主持人、演出人员、礼仪各司其职。文档内容应包括艺人的日程安排、表演要求、特殊需求等。同时，准备必要的执行条件，如舞台设备、音响系统、化妆间等，确保它们符合艺人的专业要求。

**4. 现场彩排与调整**

运用执行手册，进行彩排，串联活动各部门确保达到节目效果，收集各部门反馈意见，如涉及舞台视听设备、主持串场、礼仪引导站位、演出人员进出场顺序等具体细节的意见，若出现协调问题当场进行调整，同时对应的负责人调整执行文件确保调整落实到位。在活动现场组织彩排，让主持人和演艺团队熟悉舞台环境和流程。根据彩排的表现，及时调整舞台布置、灯光、音响等，确保表演效果最佳。同时，与艺人沟通，确保他们对流程和表演内容有充分的了解。

**5. 执行与评估**

现场执行以执行手册为准，若出现紧急情况，由总导演、总负责进行决策，并全程记录相关数据进行活动后期评估。在活动执行阶段，确保主持人和演艺团队按照计划进行表演。同时，监控现场情况，处理任何突发事件。活动结束后，收集观众和参与方的反馈，评估艺人的表现和活动的整体效果，并总结经验教训，为未来的协调工作提供参考。

**（二）扩展知识**

**1. 艺人研究**

了解艺人的背景、风格、喜好和专业程度。

背景调查：研究艺人的成长经历、教育背景、职业生涯等，这有助于理解他们的专业素养和公众形象。

风格分析：分析艺人的表演风格、艺术特点，包括他们的声音、舞台表现力、互动方式等，以确保他们能够在活动中发挥最佳状态。

喜好了解：了解艺人的个人喜好，如偏好的音乐类型、表演风格、特殊要求等，这有助于在活动中满足他们的需求，提高他们的满意度。

专业要求：明确艺人的技术需求，如音响设备、灯光效果、化妆和服装要求等，确保活动的技术准备能够符合他们的专业标准。

资料收集：收集艺人的过往作品、演出视频、采访资料等。

作品收集：收集艺人的代表作品、专辑、音乐视频等，这有助于评估他们的艺术风格和受众接受度。

演出视频：观看艺人的过往演出视频，了解他们的现场表现力和观众互动技巧。

采访资料：收集艺人的采访资料，包括他们的言论、态度、价值观等，这有助于在活动中更好地与他们沟通和协调。

社交媒体：关注艺人的社交媒体账号，了解他们的最新动态和粉丝互动情况，这有助于把握他们的当前状态和公众形象。

2. 相应管理

时间管理：掌握项目的时间表，确定艺人的可用档期。

项目时间表：制定详细的项目时间表，包括活动的筹备、执行和后期工作的时间节点。

档期协调：与艺人及其经纪人沟通，了解艺人的日程安排，确定他们可以在项目中参与的具体时间。

时间预留：为不可预见的延误和额外准备留出时间，确保项目能够灵活应对突发情况。

合同谈判：与艺人及其经纪人协商合作细节，包括费用、合同条款等。

费用协商：与艺人及其经纪人就费用进行谈判，包括出场费、交通、住宿等费用，确保双方都能接受。

合同条款：明确合同中的条款，如工作内容、工作时间、保密协议、违约责任等，确保双方的权益得到保护。

法律审查：在签订合同前，进行法律审查，确保合同符合相关法律法规，避免未来的法律纠纷。

文档编制：编制详细的沟通文档，包括日程安排、任务要求等。

日程安排：制定详细的日程表，包括艺人的到达时间、彩排时间、表演时间等。

任务要求：明确艺人的任务要求，如表演曲目、舞台动作、互动环节等。

沟通计划：制定沟通计划，包括与艺人的沟通频率、沟通方式、紧急情况下的联络流程等。

执行准备：准备必要的设备和场地，确保符合艺人的表演要求。

设备检查：检查音响、灯光、视频播放等设备，确保它们处于良好状态并符合艺人的技术要求。

场地准备：确保场地符合艺人的表演要求，包括舞台大小、观众视线、后台设施等。

后勤支持：准备必要的生活支持，如化妆间、休息室、餐饮等，确保艺人在活动期间的舒适和便利。

彩排管理：组织彩排，确保艺人熟悉流程和舞台环境。

彩排计划：制订彩排计划，包括彩排的时间、地点、参与人员等。

流程熟悉：通过彩排让艺人熟悉活动的流程，包括上台、表演、退场等环节。

环境适应：让艺人适应舞台环境，包括舞台大小、灯光效果、音响效果等。

现场调整：根据彩排情况，及时调整舞台布置和表演内容。

调整方案：根据彩排的表现，及时调整舞台布置，如灯光、音响、道具等。

内容调整：根据艺人的反馈和观众的反应，调整表演内容，如曲目选择、表演顺序等。

应急准备：准备应急方案，以应对现场可能出现的突发情况，如设备故障、艺人健康问题等。

现场执行：确保活动按计划执行，处理现场突发事件。

执行监督：监督活动的执行，确保所有环节按计划进行。

突发事件处理：及时处理现场突发事件，如艺人临时变更、设备故障等。

沟通协调：与所有参与方保持沟通，确保信息的及时传递和问题的快速解决。

效果评估：评估艺人的表现和观众的反馈，总结经验教训。

表现评估：评估艺人的表现，包括他们的专业素养、观众互动等。

观众反馈：收集观众的反馈，了解他们对活动的满意度和改进建议。

经验总结：总结活动的经验教训，包括成功之处和需要改进的地方，为未来的活动提供参考。

3.大型活动报批流程

申请举办大型活动的法人和其他组织必须在活动举办前20日向公安机关治安管理部门提出申请，依法填写《大型群众性活动安全许可申请表》。

预计参与人数在1000人以上、5000人以下的，向活动举办所在地的县级以上公安机关的治安部门提出申请；参与人数在5000人以上的，向市公安局治安总队提出申请。

在对活动现场进行安全检查并如实记录后，承办者和场地单位负责人必须在《大型群众性活动安全检查记录》上签章。

对检查发现的安全隐患要责成承办者进行整改，并向其转发《大型群众性活动责令整改通知书》。

需申请者补充或修改材料的，应当向申请者下达《大型群众性活动补充/修改材料通知书》。

在演出活动举办前 24 小时，公安机关要向承办者出具《大型群众性活动安全许可决定书》或《大型群众性活动不予安全许可决定书》（各省市大型活动报批流程有所不同，可根据当地政策进行调整）。

4. 活动彩排注意事项

场务人员的分工：年会场务人员需要负责的内容主要有灯光、音响、大屏、布场等，还有导演、主持人、礼仪等工作人员各有分工，分工一定要明确，并需要对演出场地的情况很熟悉。

演出人员的顺序：所有的表演者都需要知道演出节目的具体时间、顺序、上下台方向等，并了解舞台的具体情况，排练走位。

舞台保障的组织：灯光保障、音响保障、大屏保障、道具保障、催场保障等系列舞台保障都真正落实，并确定其发挥该有的功能作用。

彩排走台的组织：彩排时最好把所有流程都进行一遍，预演可以帮助演员们熟悉位置和适应演出环境，同时场务人员也可以检查一下现场设备，抽奖、互动游戏的穿插等，出现的问题先提前解决。

演员与舞台融合：演出节目彩排不只是表演自己的节目，还要适应舞台的灯光、音响等，表演者要和舞美控制人员进行前期沟通，以达到最后呈现完美的节目效果。

## 大型活动策划现场中执行人员的管理

课堂延伸

大型活动策划现场中执行人员的管理

**课堂延伸**

文化和旅游部关于印发《关于促进旅游演艺发展的指导意见》的通知

课堂延伸

文化和旅游部关于印发《关于促进旅游演艺发展的指导意见》的通知

## 任务 44　礼仪与兼职人员现场培训

### 一、任务解析

**1. 任务目的**

使用临时聘用的礼仪人员和兼职人员前，完成现场工作岗位的培训，确保他们胜任现场的运营要求。

**2. 任务目标**

依照项目特点编制培训文档并实施现场服务岗位的说明和培训，确保每一个岗位职责可以被牢记，确保每一个现场工作参与者了解突发事件的处理办法。

**3. 任务路径**

（1）规划现场岗位和职责。

（2）整理工作内容和标准服务话术。

（3）培训来宾常见问题和突发事件应急流程。

（4）现场对岗培训并实施考核。

### 二、核心知识与技能

**（一）总体路径关键步骤**

**1. 规划现场岗位和职责**

结合活动流程、现场场地规划合理分布岗位，运用场地规划图确认人员点位，并根据点位服务范围确认岗位职责、职业素养要求、工作注意事项、工作标准等信息，编辑制作岗位脚本，进行踩点演练。

在现场对岗位工作人员进行培训，确保他们熟悉自己的工作内容和职责。这包括实际操作演示、模拟问答等。培训结束后，实施考核，评估工作人员对岗位职责、服务话术、应急流程的理解和掌握程度。考核可以通过问答、模拟演练、实际操作等方式进行。

2. 整理工作内容和标准服务话术

根据工作职责、点位图明确服务范围，梳理工作内容，确认常见沟通服务场景，根据场景设计标准服务话术等。

3. 培训来宾常见问题和突发事件应急流程

根据活动性质罗列常见问题，如如何注册、会场怎么走、厕所在哪等问题。根据问题设计服务话术，制定应急预案，还原工作流程。应急事件处置流程应在执行手册中体现。

4. 现场对岗培训并实施考核

根据现场工作职责、职业素养要求、工作注意事项、工作标准、服务话术、应急处理等板块进行岗前培训，并考核。

（二）扩展知识

### 接待人员分工及服务话术（参考）

| 位置 | 工作内容 | 第三方人员 | 人数 | 话术 |
| --- | --- | --- | --- | --- |
| 外场入口 | 引领嘉宾进入会场 | 礼仪人员 | 4人 | 欢迎参加×××品牌上市发布会，请您到里面进行安全检查，谢谢 |
| 安检区 | 安全检查 | 安检人员 | 4人 | 您好，请您配合安检进入会场，谢谢您的配合。实际执行时，安检人员数量由相关安全保障部门决定 |
| 签到区 | 签到 | 礼仪人员 | 4人 | 1. 您好，请出示并佩戴您的胸卡/邀请函，此卡为您进出其他区域的唯一通行标识，请妥善保管<br>2. 这是您的座位号码，请您在发布区域对号入座，谢谢<br>3. 请您到体验区休息并参观，会场内禁止吸烟，如果需要吸烟，请到会场外专设的吸烟区域 |

续表

| 位置 | 工作内容 | 第三方人员 | 人数 | 话术 |
|---|---|---|---|---|
| 休息区 | 体验环节 | 礼仪/兼职人员 | 若干 | 根据体验环节数量安排相应礼仪/兼职人员，根据体验环节步骤指定话术，注意礼貌用语"您好""欢迎""谢谢"等 |
| 会场入口 | 入场证件检查 | 礼仪/兼职人员 | 2人 | 1.请您出示您的通行证件，谢谢<br>2.会场您需对号入座，请您按照胸卡上的号码查找自己的座位，谢谢 |

## 任务 45　摄影摄像资料收集

### 一、任务解析

**1. 任务目的**

根据项目的传播需求和存档需求，指导摄影摄像团队配合项目管理团队完成影像资料的拍摄、收集和整理，便于后续使用。

**2. 任务目标**

明确拍摄工作范围、种类和拍摄标准，进行过程检查确认并完成资料的收集、整理和分类。

**3. 任务路径**

（1）编制拍摄需求文档。

（2）培训现场流程与拍摄内容。

（3）收集资料并进行分类整理。

（4）依照使用需求分类推送。

### 二、核心知识与技能

**1. 编制拍摄需求文档**

根据主办方活动性质与需求，编制拍摄需求文档，以 Word、Excel 等文件性质书面告知摄影摄像师，常规要求列明拍摄像素、清晰度、尺寸、时长、交付周期、角度、场景、参考案例、拍摄风格等需求。

## 2. 培训现场流程与拍摄内容

明确摄影摄像人员到场时间，提前进行空景拍摄，培训交流拍摄内容，强调重点环节拍摄记录，配合灯光确认拍摄点位等。

## 3. 收集资料并进行分类整理

根据活动环节整理摄影摄像作品，并根据需求进行剪辑修图，整理归纳进行存档。对有特殊需求的新闻通讯照片，需第一时间挑选处理并发送至媒体负责人。

## 4. 依照使用需求分类推送

对宣传需求分类素材，根据宣传进度计划进行推送发布。

# 项目十四　现场运营计划

## 任务 46　召开首次运营分工协调会

### 一、任务解析

#### 1. 任务目的

项目现场依照工作板块合理安排分工，制定协作标准，明确计划，确保执行和分管内容可以充分落实。

#### 2. 任务目标

依照常规会展项目六大工作板块进行分工讨论，确保每类事务都有清晰的责任人，明确执行任务的质量标准、成本控制和分工进程的推进原则，起草执行手册。

#### 3. 任务路径

（1）准备分工协调会资料并公布会议目的目标。

（2）召开首次运营分工会。

（3）整理重要事项纪要。

（4）编制执行手册。

## 二、核心知识与技能

### (一) 总体路径关键步骤

**1. 准备分工协调会资料并公布会议目的目标**

组织各部门收集整理项目资料,制定会议议程与议题,确定协调会的时间地点,发布会议通知。

**2. 召开首次运营分工会**

召开会议需按照会议流程进行,同时安排做好会议记录,通过会议解决相关问题,合理分工责任到人。

**3. 整理重要事项纪要**

整理会议记录并明确会议内容后期分工,会议记录整理后存档,根据实际情况考虑是否发送至团队项目群中。

**4. 编制执行手册**

执行手册,是提前计划每一个现场工作的时间、内容、负责人以及职责,编制该手册的目的,是帮助执行人员提前梳理清晰自己的工作,同时作为现场工作文档,指导工作有序开展,同时保障出现突发情况时可以快速轮岗或交接工作。

### (二) 扩展知识

**1. 会议记录**

会议记录是开会时由负责记录的人员当场把会议的基本情况和会议上的报告、讨论的问题、发言、决议等内容记录下来的书面材料。它是由会议组织者指定专人,如实、准确地记录会议的组织情况和会议内容的一种应用性文书,要求真实、全面地反映会议的本来面貌。

**2. 会议纪要**

会议纪要是根据会议记录和会议文件以及其他有关材料加工整理而成的,反映会议基本情况和主要内容的纪实性公文,明确会议议定事项和重要精神,并要求有关单位执行的一种公文。

 **课堂延伸**

活动中的执行手册

## 任务 47　制订每日运营工作计划

### 一、任务解析

**1. 任务目的**

制订现场阶段的精细化工作计划,提前进行合理安排,保障现场运营工作可以有序开展。

**2. 任务目标**

编制详细的现场行动计划,该计划应详细到进场时段内的每一个工作人员,以及人员全天在岗时段不同时间点的标准动作,必要情况下可以细化到分钟。

**3. 任务路径**

(1)日运营计划资料和标准材料整理。

(2)分发编制现场行动计划内容。

(3)召开运营工作会讨论计划可行性。

(4)汇总问题修正计划并形成最终版本的现场行动计划方案。

### 二、核心知识与技能

**(一)总体路径关键步骤**

**1. 日运营计划资料和标准材料整理**

根据项目情况设计日运营计划,整理相关材料,制定材料整理标准,根据标准明确日运营计划工作内容并合理分工。

2.分发编制现场行动计划内容

根据日运营计划中的人员分工，分发现场行动内容，并说明任务节点与执行标准，确保保质保量完成。

3.召开运营工作会讨论计划可行性

组织相关负责人进行可行性分析，并通过相关数据调研进行论证。

4.汇总问题修正计划并形成最终版本的现场行动计划方案

根据会议记录内容，从调研结果、论证结果、实操经验等多角度多方位进行汇总，最终形成现场行动方案。

（二）扩展知识

如何制订运营计划？

（1）明确目标

明确想要实现的目标，可以包括销售额、市场份额、客户满意度等。这些目标应该是具体、可衡量、可实现、相关性强且有时间限制的（SMART原则）。

（2）市场分析

了解目标市场，包括市场规模、增长率、消费者需求、竞争对手等。这可以通过市场研究、数据分析等方式来实现。

（3）资源评估

评估自身拥有的资源，包括人力资源、财务资源、技术资源等。确定哪些资源是充足的，哪些资源需要补充或改善。

（4）制定策略

根据目标和市场分析，制定相应的策略。这可以包括产品策略、价格策略、促销策略、渠道策略等。

（5）制订计划

将策略转化为具体的行动计划。这包括制定详细的任务分解表、时间表和资源分配计划。

（6）执行和监控

按照计划执行，并定期监控进度和效果。如果遇到问题，要及时进行调整。

（7）总结评估

定期对运营计划进行评估，总结经验和教训，以便持续改进。

课堂延伸

活动策划案思维导图

课堂延伸

活动策划案思维导图

## 任务 48　制定运营重点与难点解决方案

### 一、任务解析

**1. 任务目的**

作为现场应急处理方案的重点环节，整理和汇总现场运营工作的重点与难点问题，做好预案工作。

**2. 任务目标**

针对可能的问题进行汇总和整理，并分类区分优先级或重要级别，有针对性地完成重点难点事件的解决方案。

**3. 任务路径**

（1）分类汇总现场运营可能发生的情况和问题。

（2）针对现场情况进行分级计算。

（3）筛选难点与重点问题，明确应对方案。

### 二、核心知识与技能

**（一）总体路径关键步骤**

1. 分类汇总现场方运营可能发生的情况和问题

提前根据同类项目对现场运营可能发现的问题与情况做好整理，进行等级分级，针对相关问题进行解决方案与应对流程的讨论。

2. 针对现场情况进行分级计算

根据危险等级进行细分，可根据危害程度、发生概率等进行分类，尽可能完整覆盖所会发生的突发状况。

### 3. 筛选难点与重点问题，明确应对方案

根据问题的发生概率，结合社会、生活、法规等方面思考应对方案，并以书面形式呈现。

### （二）扩展知识

风险等级评估：风险等级评估是指机构识别和分析相关风险，选择恰当的控制活动对相关风险进行持续监控和有效管理，并将相关风险控制在合理范围的动态过程。风险评估是人民银行分支机构实施内控管理的基本环节，也是内部审计部门开展风险导向审计的基础。具体步骤包括收集相关法规、标准和事故案例等资料，按照确定的评估程序开展风险评估，认真梳理地区、行业（领域）的风险类型和级别，明确防控目标，核查应急资源，针对评估中梳理出的隐患风险，要加强整改防控并积极落实相关应对措施，按期完成评估报告的编制并报至上级主管部门，上级主管部门要组织专家对评估报告进行评审，各级各部门完成评估后，要及时在网格化监管平台提报评估报告及工作总结。

**课堂延伸**

**广州市重大活动突发事件应急预案**

课堂延伸

广州市重大活动突发事件应急预案

**进阶讲堂**

>>> 第三方人员管理与运营

# 第六章

# 科技与应用

思维导图

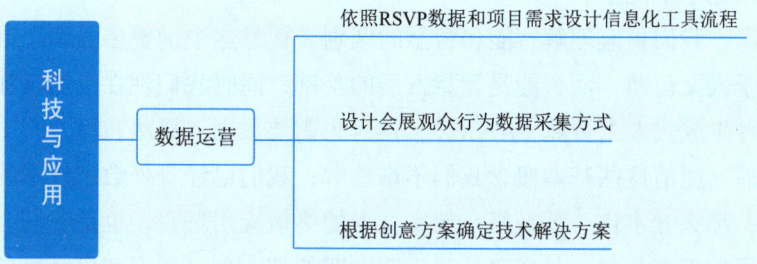

在实际的会展项目实施过程中，各种技术穿插其中，在项目开展全过程中的不同阶段，针对不同的工作内容，都需要运用不同的技术工具来解决不同的问题。解决问题的出发点，就是会展行业对于技术应用的两大动机：一个是信息效率，一个是现场体验。

关于科技，我们应该先了解一些基本概念和原理。

首先，会展项目执行过程中所用到的科技，不止于"电子"和"信息"，也应该包含诸如材料、工艺、物理、化学、气象、地理等科学领域的知识和现象。

其次，我们需要认识信息技术和数字技术的异同。我们现在所常见的信息技术，本身就包括数字技术和通信技术。数字技术带来的科技变革是巨大的，可以说从二进制被发明那一刻起我们就进入了数字化时代。同时，我们还要理解模拟信号和数字信号的差别。模拟信号：是一种在时间和幅度上都连续的信号。其信号的幅度，比如声音的强弱、图像的亮度等，会随着时间连续变化。例如，传统麦克风采集的声音信号，其电压值会随着声音的高低起伏而连续改变。数字信号：是一种在时间和幅度上都离散的信号。它通常用二进制数（0和1）来表示信息，每个信号点只能取有限个离散的值。比如，计算机中存储的音频文件，就是将模拟声音信号经过采样、量化和编码后，转化为一系列的0和1组成的数字信号。

再次，我们更应理解智能和智慧的区别。智慧这个词更多强调思维和创造性，属于人文范畴，而智能是智慧发展的基础，同时我们现在所热议和尝试使用的各种生成式人工智能（AIGC），本身也需要数据、算法和算力的支撑。

最后，厘清这些基本概念我们不难理解，我们已经身处数字技术的应用场景当中，那么元宇宙，就是所有数字技术的终极应用场景，也是我们会展产业未来发展的重要趋势。其实自从二进制发明的那一刻，我们就已经身处在元宇宙的世界里。

会展项目组的核心团队，并不属于技术的提供方，更多的是需要依照项目需求高效地对接和管理服务于项目现场的技术方，本质上会展执行管理所对应的内容是管理并完成各种技术相关的需求应用，通过更多的需求细化，通过了解技术原理和应用效果，选择对应的解决方案。因为所涉及的技术领域非常宽泛，更多的内容在其他教材中有详细的讲解，本章只列举几种常见的技术应用需求，用以了解会展企业中对于技术应用的通用流程。

## 项目十五　数据运营

### 任务 49　依照 RSVP 数据和项目需求设计信息化工具流程

#### 一、任务解析

1. 任务目的

充分分析项目需求，根据来宾邀约数据设计信息平台功能和流程，便于技术团队更有针对性地进行技术支持和服务。

2. 任务目标

充分了解常用信息平台的功能，整理不能满足的信息功能和流程，并为技术支持和服务方提供技术层面的开发需求文档。

3. 任务路径

（1）整理来宾相关项目需求清单。

（2）对照已有平台功能筛选不能满足的需求功能。

（3）针对欠缺的需求功能进行交互流程整理形成文档。

（4）召开技术沟通会。

#### 二、核心知识与技能

**（一）总体路径关键步骤**

整理来宾相关项目需求清单是至关重要的。

了解项目需求包含的内容，掌握需求分析法的使用，能够针对特定项目制定需求书。需求分析对于会展项目极其重要，所有项目人员必须掌握需求分析能力，才能开展工作，所以需求分析也可以说是会展项目的基础部分。对于优秀的项目人员，需求分析能力是必须具备的，并且对于需求的判断必须准确。通常在行业中的流程是收到需求说明文档，分析项目需求，形成需求列表，对于需求进行分配，责任到人。在每个项目提案和筹备阶段，需求分析都是必须经历的流程，无论项目复杂或简单，通常复杂的项目涉及的需求比较细致和烦琐，而简单的项目需求相对少和简单。例如，可对照已有平台功能筛选不能满足的需求功能；针对欠缺的需求功能进行交互流程整理形成文档；召开技术沟通会等。

### （二）扩展知识

数字化邀约是借助互联网技术和数字工具实现的高效沟通方式，覆盖多种场景与渠道。

#### 1. 线上即时通信工具邀约

通过日常使用的社交软件如微信、QQ、钉钉等直接触达目标对象，操作便捷且互动性强。

#### 2. 邮件邀约

邮件邀约是正式且规范的邀约方式，适合向客户、合作伙伴或陌生对象传递详细信息。

#### 3. H5 互动邀请函

通过 HTML5 技术制作的动态电子邀请函，兼具视觉吸引力与交互性。

#### 4. 短视频 / 直播邀约

短视频和直播邀约可通过动态视觉内容增强感染力，适合年轻化、娱乐化的场景。

#### 5. 社交媒体平台邀约

此种邀约方式是利用如微博等社交媒体的平台流量和社交属性触达目标群体。

#### 6. 小程序 / APP 邀约

基于品牌自有小程序 /APP 或第三方活动管理平台的定制化邀约方式，适合高频次或品牌化的活动。

#### 7. 短信 / 彩信邀约

短信或彩信邀约是简洁直接的触达方式，适合快速提醒或补充通知。

#### 8. 企业 OA 系统 / 企业管理软件邀约

通过企业 OA 系统（如泛微、钉钉等）或项目管理软件（如飞书等）创建日程邀约，自动同步至员工日历，支持审批流程和任务分配。这是企业内部高效协同的邀约方式，适合组织架构内的活动。

通过组合多种数字化方式（如"邮件＋微信＋短信"三重提醒），可进一步提升邀约成功率，同时结合数据分析优化触达策略。

 **课堂延伸**

## 会展大数据服务系统/智能服务体系建设实践

## 任务 50　设计会展观众行为数据采集方式

### 一、任务解析

1. 任务目的

现场观众的行为数据能更好地帮助主办方完成对目标用户的精准分析。

2. 任务目标

规划项目现场观众行为数据采集需求，确定行为数据的采集方式。

3. 任务路径

（1）确定会展观众行为数据采集目的。

（2）根据会展现场条件推荐采集方式。

（3）技术讨论与确认。

（4）内部测试。

### 二、核心知识与技能

（一）总体路径关键步骤

1. 确定会展观众行为数据采集目的

会展项目的观众往往是主办方需要服务好的客户，会展企业需要站在来宾视角进行充分的分析，并在整个活动流程和过程中"设计"体验感，体验感区别于亮点，是一种来宾视角下的综合感受。由此可见，观众的行为数据采集尤为重要，采集的目的一方面是为了更好地了解客户需求，另一方面则是为了更好地服务观众以达成交易。

2.根据会展现场条件推荐采集方式

常见的数据采集方式有人脸识别、H5海报问卷采集、大数据采集分析等。

3.技术讨论与确认

根据需求，结合技术实现，最终确认是否可行。

4.内部测试

根据项目实际情况进行场景还原并做内部测试。

（二）扩展知识

会展信息化管理的体现：

组织管理信息化：充分利用互联网、文档、图片数据数字化处理等信息技术，提高展会组织效率，减少组织管理中的无章可循。

经营服务信息化：作为现代服务业，展览的竞争归根结底是服务水平的竞争，只有实现信息管理的服务才是高水平的服务。

战略研究信息化：一些国际知名品牌和展览场所非常重视会展信息化的程度和表现。采集、整理、分析应用先进技术团队的信息，提供科学的服务进行评价，是经营机构生存和发展的核心竞争力。

 课堂延伸

会展产业数字化运营：展会观众数据的
分析与评估

课堂延伸

会展产业数字化运营：展会观众数据的分析与评估

## 任务51 根据创意方案确定技术解决方案

一、任务解析

1.任务目的

充分利用专业资源以及服务团队的专业性，针对创意方案的落地执行，进

行对技术解决方案做可行性分析。

2. 任务目标

根据确定的创意方案，通过有效途径搜集技术信息，并分析底层技术应用的实现路径，横向对比选择配套的技术方案。

3. 任务路径

（1）整理确定的创意方案和体验流程。

（2）整理专业服务团队资源。

（3）针对技术方案进行沟通与反馈。

（4）确定最终技术解决方案。

## 二、核心知识与技能

### （一）总体路径关键步骤

1. 整理确定的创意方案和体验流程

依照确定的创意思路，整理与创意实施相关的关键信息，包括信息技术、交互技术、再合作材质和工艺、交互机关等，并依照用户体验的视角整理体验流程、罗列需要使用到的非常规制作物的技术清单。

2. 整理专业服务团队资源

技术团队往往会有自己的圈子，虽然每一个技术分支专业性都很强，但是通过相类似的技术提供方的沟通往往可以得到更多有关技术支持的资讯。在自媒体高度发展的时代，也可以借助网络的力量查阅很多服务信息。对同类资源尽量多地收集记录并进行整理，便于后续对比。

3. 针对技术方案进行沟通与反馈

依照企业的介绍和案例做出初步的判断，重点遴选3~5家符合创意执行标准的技术团队单独沟通，并依照技术方案听取专业团队的建议，同时也需要依照供应商考察和遴选的基本原则，记录团队的其他基本情况。

4. 确定最终技术解决方案

根据详细沟通的技术方案，进行评估打分，确定最终技术实现路径及技术服务团队。

### （二）扩展知识

1. 常规制作物

会展项目执行中的常规制作物，通常是指利用常见的制作方式加工生产的展具或物料，他们往往具有常见的几何形状造型与稳定的结构，表面材质也由常规的材料构成。

2. 非常规制作物

非常规制作物往往会利用比较新奇的材料或工艺，或者在已有的稳定结构上增加可以变化的机关，或者是异形的结构或依托相对复杂的力学结构支撑组成，通常与交互技术相结合的制作物也属于非常规制作物，在装配和接口的位置往往会有特殊处理，也有可能会利用声光电的原理加以改造以实现某种独特的外在效果。

3. 来宾视角与体验流程

所有的交互设计在正式投入使用前必然要进行整体的联调和测试，而必须优先保障的是以假想顾客或者来宾的身份、情景、习惯去进行完整体验，完整的体验过程中会有几个或多个标志性的交互动作或结果节点，串联在一起构成了体验流程。了解体验流程的目的是依照不同的节点分析对应实现效果的技术能力。

4. 技术服务团队

在会展领域，最常见的技术服务团队是实现现场视听效果的设备服务公司（AV 供应商），他们不是简单地提供设备租赁，而是可以根据流程的需要搭配专业的视频、音响、灯光、特效等设备，并提供布置和操作服务。但是其他类型的供应商如舞台机械、交互多媒体、同传与直播、现实增强、全息投影等，都是属于现场环境营造和效果呈现的专业技术团队。围绕现场互动体验的技术服务团队也更加多元和复杂，除了信息类的技术服务团队外，很多交互技术往往会涉及硬件软件结合的定制加工和改造，也会用到一些特殊的材料和工艺，往往一种炫酷的舞台效果或者可以让你身临其境、流连忘返的体验区布置，都需要整合两家以上的技术团队合力完成。在实际的沟通过程中，我们要相信专业服务团队的技术能力，怀揣求教的心态沟通往往可以获取更多有用的信息，但我们必须努力让自己听懂问清，至少对交互逻辑流程关键节点的实现方式、核心技术等做到了如指掌，这样可以帮助我们更好地去做技术对比，更重要的是，我们在做选择决策的时候需要对这些信息作全盘的考量。

 **课堂延伸**

综合服务供应商会展供应链介绍

 **进阶讲堂**

 会展科技与应用

# 结束语　了解趋势，畅想未来会展

关于会展趋势与数字生产力：会展产业本身就是技术应用的前沿产业，伴随着技术的突飞猛进，许多会展现场新奇的创意和更多新技术的应用层出不穷，同时也催生着会展行业新业态的产生，但会展项目的现场性、聚集性、交互性、临时性等独有的特点，使得会展执行管理的工作任务本身并不会有太多的变化，参与会展项目策划、组织、筹备和执行工作的从业者本身的综合能力要求也不会降低。

如果说，会展执行管理六个核心工作模块中比较特殊的那个一定是科技与应用，因为只有科技的进步才会使得会展业务模式不断创新，进而促进整个产业的迭代升级。会展行业本身也因为信息的复杂性，所以对于效率的持续提升有着永恒不变的追求，近些年 AIGC 的突破为我们会展从业者带来更大的机遇和挑战。清晰地认知新质生产力的内涵，在常规执行工作中利用好科技手段，才能在未来产业高质量发展的过程中，真正发挥会展的专业特点，做好技术应用。

图书在版编目（CIP）数据

会展运营与执行管理 / 罗绮琦, 彭慧翔, 张媛主编. -- 北京 : 旅游教育出版社, 2025. 9. -- （会展策划与管理专业系列教材）. -- ISBN 978-7-5637-4880-8

Ⅰ．G245

中国国家版本馆CIP数据核字第20254PU773号

会展策划与管理专业系列教材

## 会展运营与执行管理

罗绮琦　彭慧翔　张媛　主编

武君　张磊　刘臻　副主编

| | |
|---|---|
| 总 策 划 | 丁海秀 |
| 执行策划 | 赖春梅 |
| 责任编辑 | 贾东丽 |
| 出版单位 | 旅游教育出版社 |
| 地　　址 | 北京市朝阳区定福庄南里1号 |
| 邮　　编 | 100024 |
| 发行电话 | （010）65778403　65728372　65767462（传真） |
| 本社网址 | www.tepcb.com |
| E - mail | tepfx@163.com |
| 排版单位 | 北京旅教文化传播有限公司 |
| 印刷单位 | 天津雅泽印刷有限公司 |
| 经销单位 | 新华书店 |
| 开　　本 | 710毫米×1000毫米　1/16 |
| 印　　张 | 16.75 |
| 字　　数 | 246千字 |
| 版　　次 | 2025年9月第1版 |
| 印　　次 | 2025年9月第1次印刷 |
| 定　　价 | 59.80元 |

（图书如有装订差错请与发行部联系）